Saggi

GIANNI VERNETTI

Il nuovo Grande Gioco

Dal Giappone all'Ucraina. Viaggio lungo la frontiera fra libertà e autoritarismo

SOLFERINO

SOLFERINO

www.solferinolibri.it

Published by arrangement with The Italian Literary Agency

Le mappe di pp. 6-7, 18, 48, 74, 104, 132, 174, 200 e 246
sono realizzate da Michelangelo Fornaro

ISBN 978-88-282-1798-5
Prima edizione: novembre 2025

Il nuovo
Grande Gioco

Groenlandia
Nuuk
8
Svezia
Finlandia
Norvegia
7
Russia
Lettonia
Danimarca
Lituania
Bielorussia
Polonia
Verso Nuuk
Kyiv
Cracovia
Lviv
Moldavia
Ucraina
Kazakistan
Chişinău
Odessa
Romania
Bulgaria
6
Turchia
5
Libano
Siria
Haifa
Israele
Amman
Iraq
Iran
Afghanistan
Dharamsala
Leh
Giordania
Pakistan
Mussoori
Delhi
Arabia
Saudita
Ryiad
Abu Dhabi
EAU
Oman
Yemen

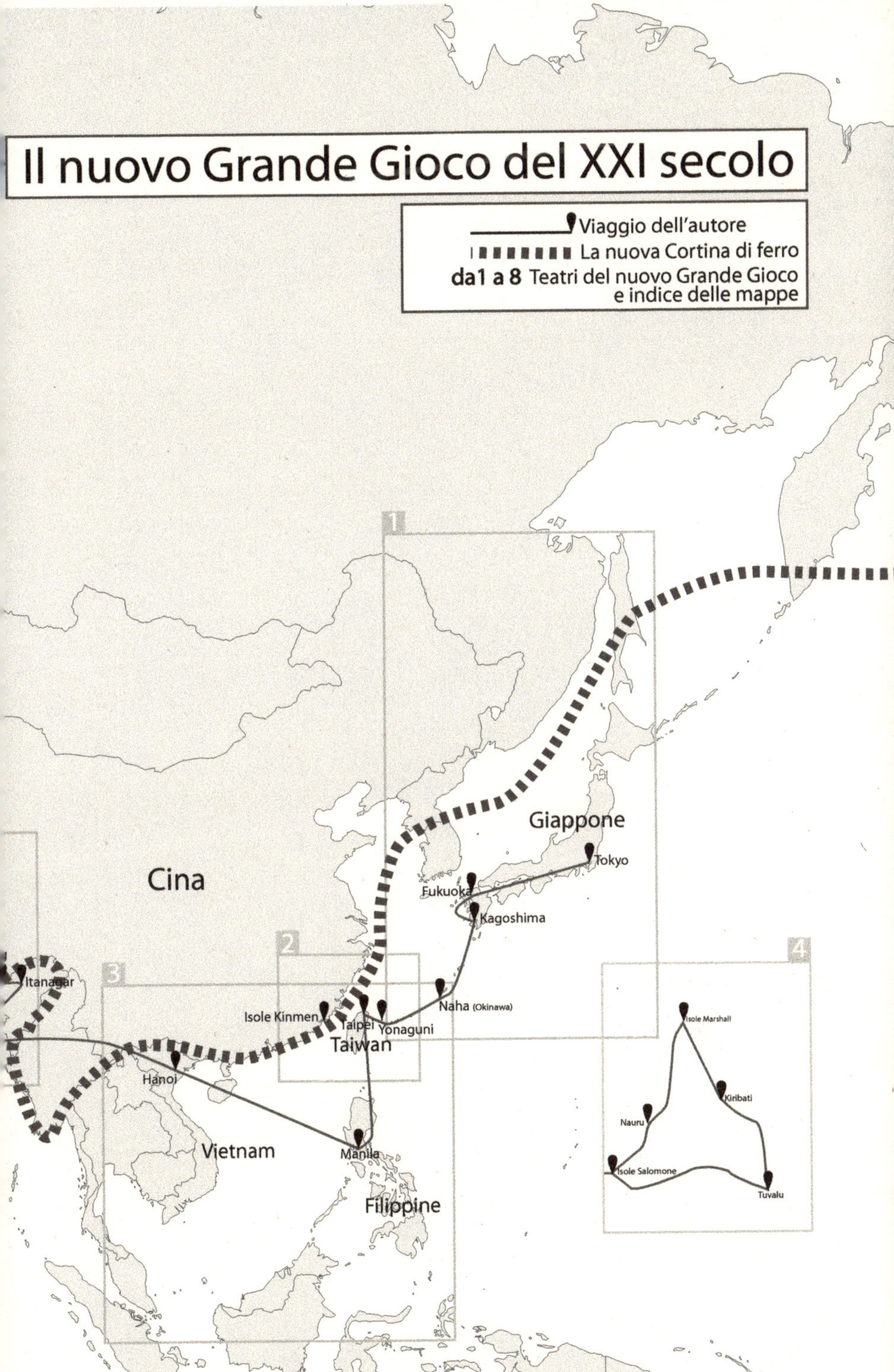
Il nuovo Grande Gioco del XXI secolo
Viaggio dell'autore
La nuova Cortina di ferro
da1 a 8 Teatri del nuovo Grande Gioco e indice delle mappe
1
2
3
4
Giappone
Tokyo
Fukuoka
Kagoshima
Cina
Naha (Okinawa)
Isole Kinmen
Taipei
Yonaguni
Taiwan
Itanagar
Hanoi
Vietnam
Manila
Filippine
Isole Marshall
Kiribati
Nauru
Isole Salomone
Tuvalu

A Laura, Pietro, Mosè,
Sibilla, Lorenzo Erasmo

Prologo

Un viaggio attraverso il nuovo Grande Gioco del XXI secolo

A Tokyo si discute di cambiare la Costituzione più pacifista del mondo. Taiwan costruisce nuovi rifugi e prepara una difesa a «porcospino» di fronte a una possibile invasione cinese. L'India festeggia i novant'anni del Dalai Lama, si scontra con il Pakistan e costruisce strade, tunnel, fortificazioni e basi militari lungo il confine con la Cina in alta quota. Iran e Israele si preparano al «secondo tempo» di un conflitto iniziato per procura il 7 ottobre e ancora non concluso. L'Ucraina resiste all'aggressione della Russia, cambiando le regole della guerra moderna con droni e robot. L'Europa guarda a Washington per capire se d'ora in poi dovrà fare da sola.

Storie che sembrano distanti fra loro, ma che in realtà sono sempre più un «unico teatro»: la Cina che potrebbe invadere Taiwan e minaccia le democrazie dell'Indo-Pacifico; l'Iran che non ha abbandonato il sogno nucleare e che potrebbe ancora attaccare Israele e le monarchie sunnite del Golfo; la Russia che non vuole la pace in Ucraina e minaccia l'Europa; l'India, il cui posizionamento sarà la vera «chiave di volta» di questo «nuovo Grande Gioco».

Sì, perché di questo si tratta: di un «nuovo Grande Gioco» che vede competere grandi e piccole potenze, autocrazie e paesi democratici su un terreno estremamente ampio.

Pochi giorni prima dell'invasione dell'Ucraina del febbraio 2022, Vladimir Putin e Xi Jinping hanno annunciato al mondo quella «alleanza senza limiti» fra Russia e Cina che in quel momento aveva ancora contorni, ampiezza e dimensione indefinite. Da lì sono iniziati una serie di eventi geopolitici che stanno mutando in profondità le relazioni fra le grandi potenze e provocando movimenti tellurici nel sistema delle relazioni internazionali su scala globale, con esiti ancora imprevedibili.

La storia ha ripreso a correre: la guerra in Ucraina e il tentativo della Russia di cambiare con la forza per la prima volta dal secondo conflitto mondiale i confini europei; l'attacco del 7 ottobre, la guerra fra Israele e Hamas, Hezbollah, gli Houthi e l'Iran; l'occupazione illegale da parte della Cina del Mar Cinese Meridionale e il rischio di un conflitto con le Filippine; le provocazioni militari cinesi nello stretto di Taiwan e la retorica bellica di Pechino sulla riunificazione con ogni mezzo fra Taiwan e la Cina continentale, sono alcuni dei tasselli che compongono uno scenario di instabilità permanente.

C'è un *fil rouge* che lega eventi che a prima vista paiono essere distanti fra loro, non solo geograficamente: la sfida da parte delle autocrazie di Russia, Cina, Iran e Corea del Nord alla comunità delle democrazie e a un ordine internazionale fondato sulle regole e sui diritti. Si tratta di un vero e proprio Asse delle autocrazie, un'alleanza politica e militare in diretta competizione con Europa, Usa, Occidente e comunità delle democrazie, con obiettivi comuni e di lungo periodo: cambiare in modo radicale il sistema delle relazioni internazionali anche con l'uso arbitrario della forza militare, sfidare le democrazie liberali, cancellare l'universalità dei diritti umani.

E per raggiungere l'obiettivo questi quattro paesi non esitano a promuovere una narrazione pressoché identica: c'è sempre una «minaccia esterna» da contenere (la Nato, l'egemonia del dollaro, il sionismo...); c'è sempre un improbabile «spazio vitale» (quel *Lebensraum* che avremmo voluto dimenticare...) da conquistare o da riconquistare, quasi sempre con azioni arbitrarie di riscrittura della storia; c'è sempre la necessità di affermare un'idea assolutistica di «sovranità nazionale», grazie alla quale il «sovrano» all'interno dei propri confini, può esercitare l'arbitrio più assoluto.

La Russia vorrebbe tornare indietro nel tempo per impedire la «grande tragedia geopolitica» del dissolvimento dell'impero sovietico; la Cina vorrebbe riscrivere la storia sostenendo che una porzione enorme delle acque territoriali di Filippine, Vietnam, l'arcipelago giapponese di Okinawa e Taiwan appartengono alla Cina da almeno un millennio; l'Iran vorrebbe «estirpare il cancro sionista», negando la presenza ebraica di oltre tre millenni nei territori sui quali è nato nel 1948 lo Stato di Israele.

La grande parata militare in piazza Tienanmen a Pechino del 2 settembre 2025 con Xi Jinping, Vladimir Putin, Kim Jong-un, insieme all'iraniano Masoud Pezeshkian e al bielorusso Aleksandr Lukashenko per celebrare la vittoria cinese contro il Giappone nel secondo conflitto mondiale (di nuovo un tentativo improbabile di riscrittura della storia...), è stata la rappresentazione più evidente della nuova coalizione globale delle dittature.

L'Asse delle autocrazie è purtroppo una realtà sostanziata da una lunga serie di accordi politici, militari ed economici per sostenere le avventure belliche con un obiettivo chiaro: indebolire su più fronti possibili l'Occidente.

La Cina mente sulla guerra in Ucraina e sostiene lo sforzo bellico di Mosca con la fornitura di tecnologie *dual use*, migliaia di droni commerciali facilmente modificabili; forniture di semiconduttori e macchinari utensili per la produzione bellica; nonché enormi quantità di *smokeless powder* forniti a Mosca.

Gli investimenti cinesi in Russia sono quadruplicati dall'inizio della guerra, nel sistema bancario ed energetico, soprattutto grazie ai contratti di acquisto di petrolio in yuan e Mosca ha aperto alle navi cinesi la rotta del Nord nel Mare Artico.

Infine le manovre militari congiunte russo-cinesi nel Mar Cinese Orientale, poco a nord dello stretto di Taiwan e di fronte alle isole giapponesi Senkaku, insieme alle esercitazioni russo-cinesi-iraniane nello stretto di Hormuz, hanno completato il quadro.

I rapporti fra la Russia, l'Iran e i suoi *proxies* sono noti da tempo: gli acquisti russi dei droni Shahed che ogni notte fanno strage di civili in Ucraina hanno superato i 900 milioni di dollari e sono stati realizzati accordi fra Teheran, Russia e Bielorussia per costruire almeno due impianti per la produzione di droni militari. L'Iran ha poi fornito a Mosca i missili R-122mm di fabbricazione nord-coreana e ha inviato istruttori militari in Crimea e trecentomila proiettili d'artiglieria.

I rapporti fra Cina e Iran non sono meno rilevanti: Pechino ha fornito a Teheran grandi quantità di ammonio perclorato, ingrediente fondamentale per produrre il combustibile solido per i missili balistici, acquista in valuta cinese il petrolio iraniano sotto embargo e promuove dal 7 ottobre un'ampia campagna di disinformazione sui social media cinesi e occidentali in supporto alla narrativa anti-israeliana, insieme a una violenta retorica contro Israele su tutti i media di Stato, a cominciare dall'ultranazionalista «Global Times».

La Corea del Nord ha inviato diecimila truppe nel Kursk a combattere contro l'Esercito ucraino ed è lo storico fornitore di mitragliatori e lanciagranate ad Hamas ed Hezbollah. L'Iran ha un programma di collaborazione militare con la Corea del Nord per lo sviluppo dei missili balistici intercontinentali (Icbm) con un raggio di azione superiore ai 5500 chilometri.

C'è dunque un nuovo «Asse» fra le principali autocrazie del pianeta; c'è un «unico teatro» di guerre «fredde» e «calde» fra Asia ed Europa; c'è una nuova frontiera fra libertà e autoritarismo; c'è una nuova «cortina di ferro»; c'è un «nuovo Grande Gioco».

Ho preso a prestito la definizione dallo splendido saggio di Hopkirk, *Il Grande Gioco*, soprattutto per il nuovo ruolo che l'India svolge e potrà svolgere nella nuova competizione fra autocrazie e democrazie.

L'India è uno dei centri di gravità più rilevanti di quel nuovo Grande Gioco che ci accingiamo a raccontare, ma con una differenza sostanziale rispetto a quello del XIX secolo:[1] allora l'India era la *preda* più ambita, da conquistare per l'impero zarista e da difendere per l'impero britannico, mantenendone il giogo coloniale. Oggi è invece il *protagonista* più importante, la cui scelta di campo e la cui collocazione strategica sarà determinante per gli equilibri globali del prossimo secolo fra il mondo delle autocrazie e quello delle democrazie, fra il nuovo *Asse* e la nuova *Alleanza*.

L'«ombelico *del mondo*» non è più l'Oceano Atlantico e l'asse fra Europa e America, bensì l'Indo-Pacifico, con al suo centro l'India e le nuove «linee di faglia»: il Mar del Giappone, lo stretto di Taiwan e il Mar Cinese Meridionale; la lunga frontiera himalayana fra India e Tibet occupato dalla Cina; il grande Medio Oriente fra il Mediterraneo e il Golfo Persico; la nuova frontiera europea dall'Ucraina, ai Baltici, al Mare Artico.

Sono profondamente convinto dell'esistenza di questo nuovo «Grande Gioco», di questo «unico teatro» che si svolge sostanzialmente fra Europa e Asia, fra Indo-Pacifico, subcontinente indiano, Mediterraneo e le pianure dell'Europa orientale, ma sono anche convinto che fosse necessario unire «punti» fra loro distanti, non soltanto geograficamente.

Per evitare di scrivere l'ennesimo libro di «fredda» geopolitica, ho quindi deciso di mettermi in viaggio lungo quell'arco di oltre 15.000 chilometri, fra il Giappone e l'Ucraina, che disegna la nuova frontiera fra libertà e autoritarismo, quel *limes* di una nuova guerra fredda che è già diventata «calda» in diverse parti del globo.

Ho cercato il più possibile di percorrere questo lungo itinerario via terra per cogliere meglio la complessità dei luoghi e delle sfide in corso, incontrando leader politici, semplici cittadini, esponenti di governo, militari, dissidenti, religiosi, spie, intellettuali.

Il viaggio inizia nella grande metropoli di Tokyo, sospesa fra la sua natura pacifista, la minaccia cinese alle sue porte e la nascita della dottrina di un «Indo-Pacifico libero e aperto», per poi proseguire lungo la cosiddetta «Prima catena di isole»: un viaggio fra terra e mare attraverso tutto il Giappone fino all'estremo Sud del Kyushu a Kagoshima, e poi a Okinawa, dove il trauma del secondo conflitto mondiale non è ancora passato e, infine, nella piccolissima isola di Yonaguni a 1900 chilometri da Tokyo e soltanto 110 dalla costa taiwanese.

A Taiwan, la Cina democratica e cuore tecnologico pulsante del pianeta, inaugura il nuovo presidente eletto e vive una sfida esistenziale, fra le incessanti manovre militari cinesi, i rischi di conflitto e un progresso scientifico e tecnologico che non si ferma mai.

Il viaggio prosegue poi a Manila e Hanoi, intorno a quel Mar Cinese Meridionale illegalmente occupato da Pechino, dove transitano due terzi del commercio globale e dove il Vietnam si candida a ospitare gli investimenti occidentali in fuga dalla Cina.

I piccoli Stati insulari del Pacifico non sono esclusi dalla competizione e il viaggio prosegue attraverso le isole-Stato, nuovamente al centro della competizione globale fra democrazie e autocrazie, dove i relitti del secondo conflitto mondiale affiorano ancora sulla barriera corallina: Guadalcanal, Nauru, Tuvalu, Kiribati e le Isole Marshall.

Poi l'India: quarta potenza economica mondiale e grande democrazia che potrebbe rappresentare per l'Occidente un solido pilastro su cui poggiare le proprie strategie in quel grande arco fra l'Indo-Pacifico e il Mediterraneo. Il viaggio inizia a Calcutta per raccontare la nuova guerra fredda fra la democrazia indiana e la Cina totalitaria lungo 3500 chilometri di frontiera himalayana, sulle strade della Border Roads Organisation, fra il monastero di Tawang nell'Arunachal Pradesh, interamente rivendicato da Pechino; Mussoorie e Chakrata in Uttarakhand, dove si combatte una guerra segreta sulle montagne più alte del pianeta; nelle valli di Spiti e Lahaul e in Ladakh lungo la *Line of Actual Control*, per finire a Dharamsala, il 6 luglio 2025, giorno del novantesimo compleanno di Tenzin Gyatso, il XIV Dalai Lama del Tibet.

Dal subcontinente indiano, raggiungo il Golfo Persico dove l'Iran conduce su più fronti una inedita «guerra degli stretti» per il controllo delle «strozzature» più ambite del pianeta: Hormuz e Bab el-Mandab, seguendo la rotta del nuovo Corridoio economico India-Medio Oriente-Europa fra Abu Dhabi e il porto di Haifa attraverso l'Arabia Saudita, dove lo scontro fra «Abramitici» (i paesi arabi firmatari dell'accordo di pace con Israele), Iran e Fratellanza Musulmana sta cambiando il panorama dell'intero Medio Oriente.

Il viaggio finisce in Europa dove, nelle sterminate pianure dell'Ucraina, la guerra fredda è già diventata calda. Da Chisinau, capitale della piccola Moldavia, raggiungo il porto di Odessa, dove la Marina ucraina senza flotta controlla il Mar Nero e i treni ucraini non hanno mai smesso di essere in orario durante tutto il conflitto. Grazie a loro arriverò a Kyiv e Lviv, luoghi feriti che raccontano la guerra di liberazione di un popolo coraggioso e del suo originale mosaico di culture che rifiuta l'omologazione di Mosca, combatte per la propria salvezza e protegge la frontiera orientale dell'Europa.

Lasciata l'Ucraina raggiungo la Polonia, pensando di avere qui terminato il mio viaggio. Ma le rivendicazioni statunitensi sulla Groenlandia rendono necessario un tempo supplementare: volo quindi a Nuuk, la capitale degli inuit, e inaspettata metafora del nuovo Grande Gioco, dove convergono le crisi e le opportunità del XXI secolo: i cambiamenti climatici, le nuove rotte nell'Artico e il rapporto sempre più instabile fra Europa e America.

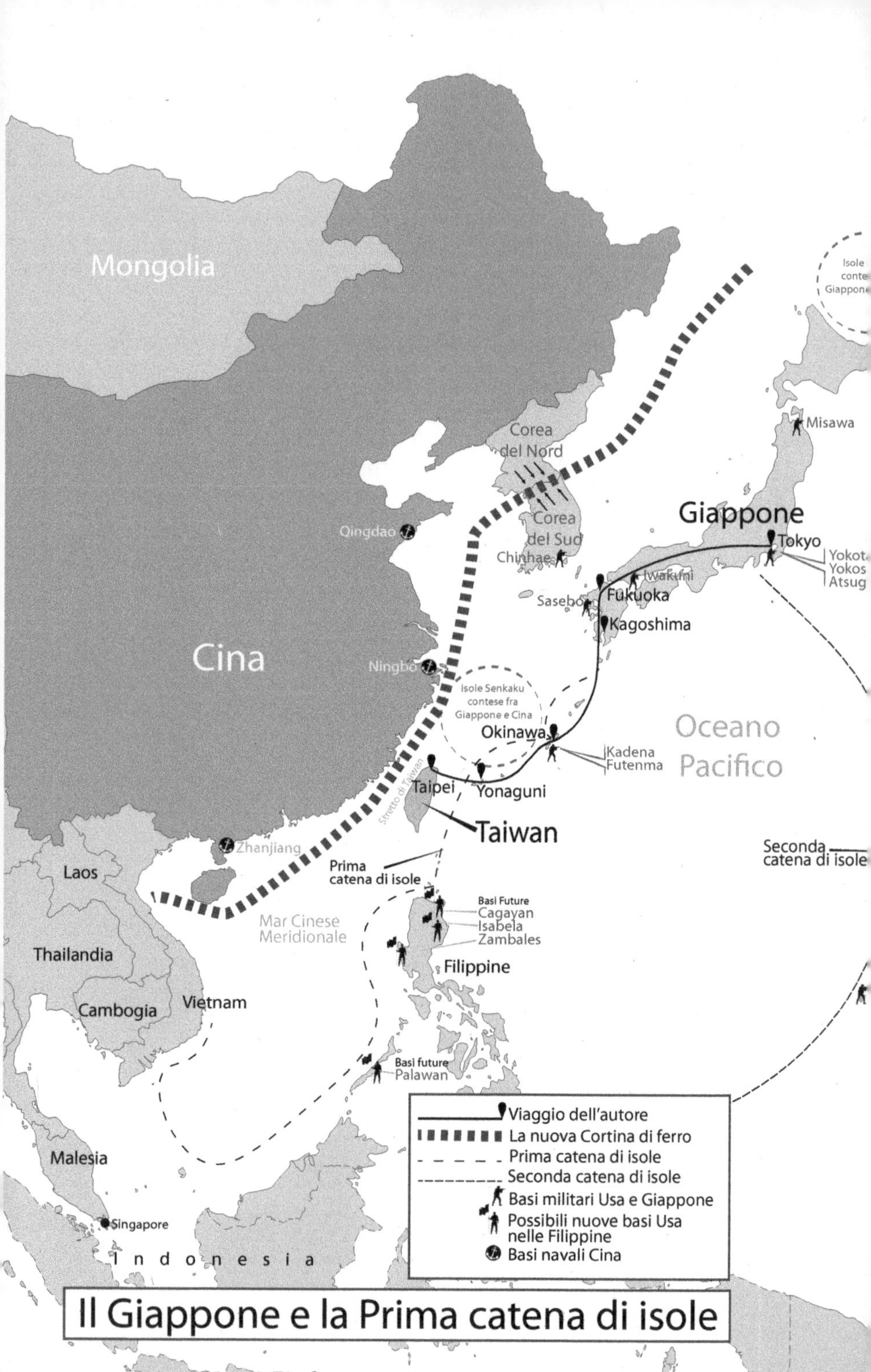

Il Giappone e la Prima catena di isole

1
Il Giappone e la Prima catena di isole

1. *Tokyo Calling*

Tokyo d'estate è calda e umidissima, ma tutto come sempre funziona alla perfezione. L'ultimo film di Wim Wenders *Perfect Days*[1] ha reso celebri anche i bagni pubblici, che non sono soltanto puliti e impeccabili, e dunque comodamente utilizzabili a differenza della gran parte delle città del mondo, ma anche molto belli, con una varietà e un design unici.

Nell'estate del 2025 il libretto *The Tokyo Toilet Book* è uno dei più venduti nelle librerie dei musei e nei chioschi turistici vicino al tempio di Senso-ji, nel cuore di Asakusa, nuovamente invasa dal turismo internazionale grazie anche a uno yen debole che ha reso il Giappone, se non a buon mercato, ampiamente accessibile.

Tokyo e il Giappone sono nuovamente un fenomeno globale in grado di esportare non soltanto tecnologia avanzata ma soprattutto molto *soft power*: la cultura nipponica contemporanea esercita un fascino crescente in tutta l'Asia, in Europa e in America: dalle graphic novel, ai manga, al design e all'architettura.

Il Museo Ghibli,[2] nel quartiere di Mitaka nella parte occidentale della città è impossibile da visitare se non prenotando con almeno due mesi di anticipo. Qui sono ospitate le opere di Hayao Miyazaki, geniale regista, sceneggiatore, fumettista e produttore cinematografico fondatore dello Studio Ghibli, dal quale sono nate le migliaia di storie «anime» a fumetti e i film animati che hanno letteralmente invaso l'Occidente.

La cultura dei fumetti giapponesi è ovunque, è pervasiva ed è diventata parte anche dell'iconografia ufficiale.

Il Ministero della Difesa ha pubblicato in questi giorni l'annuale e atteso *Libro Bianco* (*Defense of Japan 2025*)[3] che per la prima volta menziona apertamente la minaccia cinese e in copertina ha disegnato due giovani soldati e una soldatessa di Marina, Esercito e Aviazione, stilizzati con la tecnica fumettistica di Miyazaki.

Gen Nakatani, ministro della Difesa del governo di Shigeru Ishiba e sempre con lo stesso incarico nel gabinetto di Shinzo Abe nel 2014, non usa mezzi termini in occasione della presentazione del documento strategico del suo dicastero: «La comunità internazionale si trova ora ad affrontare la sua più grande prova dalla fine della Seconda guerra mondiale. L'ordine mondiale esistente, basato sulla pace, è seriamente messo in discussione, e il Giappone si trova nel contesto di sicurezza più grave e complesso dell'era post-bellica». Per poi puntare apertamente il dito nei confronti della Repubblica Popolare Cinese e del suo sistema di alleanze, «... la Cina ha rapidamente aumentato le sue spese per la difesa nazionale, migliorando in modo esteso e veloce le sue capacità militari sia dal punto di vista qualitativo che quantitativo, e intensificando le sue attività nel Mar Cinese Orientale e nel Pacifico. La Corea del Nord ha concentrato i propri sforzi sul potenziamento del proprio arsenale di armi di distruzione di massa e missili balistici... la Russia ha condotto intense attività militari nella regione, spesso insieme all'Esercito cinese, continuando allo stesso tempo la sua aggressione contro l'Ucraina».

È la prima volta che il Giappone accusa in modo così diretto Pechino di essere una minaccia alla propria sicurezza nazionale.

Il monitoraggio delle operazioni militari congiunte di Cina e Russia fra l'autunno del 2024 e l'inizio dell'estate del 2025 dà ragione a Nakatani. A partire dall'agosto del 2024 le Forze di autodifesa del Giappone hanno registrato un incremento senza precedenti di violazioni dello spazio aereo nipponico con una molteplicità di incursioni aeree e marittime da parte degli eserciti e delle aviazioni di Cina e Russia.

Il primo quotidiano del paese, «Nikkei Shinbun», con ancora oggi una tiratura di oltre un milione e trecentomila copie, aggiorna continuamente sul proprio sito un'infografica sulle intrusioni russe e cinesi dello spazio aereo e marittimo del paese.[4]

La progressione degli eventi, a partire dall'estate del 2024, è molto significativa: il 26 agosto un aereo spia cinese Y-9 entra, senza autorizzazione, nello spazio aereo del Sud del Giappone sul mare di fronte alla città di Nagasaki. È il primo caso che inaugura una stagione completamente nuova. Il 17 e 18 settembre è la volta della portaerei cinese *Liaoning*, accompagnata da due cacciatorpediniere, che attraversa le acque territoriali giapponesi fra le remote isole di Yonaguni e di Iriomote. Siamo a 1900 chilometri da Tokyo e a soli 110 chilometri da Taiwan, nel vasto arcipelago di Okinawa sotto piena e indubbia sovranità giapponese. Per la prima volta la Marina cinese «buca» quella cosiddetta «Prima catena di isole», che dal Nord del Giappone scende fino a Taiwan e alle Filippine.

In tutto il mese di ottobre il gruppo militare della portaerei *Liaoning* ha promosso una serie di esercitazioni nel tratto di mare fra Taiwan, le Filippine e il Sud del Giappone. Il 23 settembre è la volta dell'Aviazione russa che, con un aereo da pattugliamento IL-38, ha violato lo spazio aereo giapponese al largo dell'isola di Rebun, nei pressi di Hokkaido, realizzando la prima intrusione di un aereo militare di Mosca dal 2019.

Il 29 e 30 novembre dello stesso anno 27 aerei militari russi e cinesi, tra cui caccia e bombardieri, hanno effettuato voli congiunti nei cieli vicino al Giappone nelle esercitazioni Joint Sea, per testare l'interoperabilità delle due Marine ed elevando così il livello della cooperazione militare fra i due paesi. Il 3 dicembre, poi, un sottomarino nucleare ha percorso all'inverso la rotta della portaerei cinese *Liaoning* attraversando senza alcuna autorizzazione le acque del Giappone sempre fra le piccole isole di Yonaguni e Iriomote.

La nuova postura militare cinese (e russo-cinese) preoccupa molto il Giappone, sia per la sua notevole assertività, come dimostrato dalle inusuali manovre militari e intrusioni nel proprio spazio aereo e marittimo, sia per il *build-up* militare senza precedenti promosso da Pechino.

Seth Jones, presidente del Dipartimento di Difesa e Sicurezza del Center for Strategic and International Studies di Washington DC, in un suo recente rapporto pubblicato su «Foreign Affairs»[5] è stato esplicito fin dal titolo *La Cina è pronta alla guerra*.

«Nonostante le attuali difficoltà economiche del paese» analizza Jones «la spesa per la difesa è in forte aumento e l'industria della difesa cinese ha assunto un assetto bellico... la Cina ha già raggiunto gli Stati Uniti nella sua capacità di produrre armi su larga scala e in alcuni settori, è oramai leader diventando il più grande costruttore navale al mondo, con una capacità produttiva circa 230 volte superiore a quella degli Stati Uniti. Tra il 2021 e l'inizio del 2024 l'industria della difesa cinese ha prodotto oltre quattrocento moderni aerei da combattimento e venti grandi navi da guerra, ha raddoppiato l'inventario delle testate nucleari del paese e più che raddoppiato quello dei missili balistici e da crociera, e ha sviluppato un nuovo caccia bombardiere con tecnologia *stealth*, che lo rende quasi "invisibile" alla maggior parte dei sistemi di rilevamento radar. Nello stesso periodo, la Cina ha aumentato del 50 per cento il numero di satelliti lanciati nello spazio.»[6]

Il ritmo dello sviluppo militare cinese non ha equivalenti con nessun altro paese dai tempi della Seconda guerra mondiale e questa consapevolezza è ben diffusa nella calda estate di Tokyo del 2025, costringendo il Giappone a adattare la propria politica estera e di sicurezza alle nuove sfide.

E dunque: rilancio della dottrina di Shinzo Abe del Free and Open Indo-Pacific,[7] la risposta giapponese alla Via della Seta cinese; rafforzamento dell'Alleanza con gli Stati Uniti d'America; consolidamento delle alleanze regionali con le democrazie dell'Indo-Pacifico; accordi minilaterali e bilaterali con i paesi della regione in funzione di contenimento anticinese; creazione di un solido asse strategico con l'India di Narendra Modi.

«Insieme agli alleati statunitensi» ha proseguito Nakatani «stiamo realizzando un quartier generale congiunto fra le forze americane presenti sul suolo giapponese e le Forze di autodifesa del Giappone (nome con cui la Costituzione definisce le forze armate) per aumentare le nostre capacità di deterrenza nella regione.»

Ma forse l'elemento più interessante di tutti è il recente *upgrade* delle relazioni fra Giappone e India nel campo della sicurezza e della difesa: «Durante la mia recente visita in India a maggio del 2025» prosegue Nakatani «ho suggerito la nascita del Japan India Defense cooperation in the Indo-Pacific region (Jidip),[8] una cornice entro la quale collocare la cooperazione in materia di sicurezza fra i nostri due paesi, alla luce delle comuni preoccupazioni per un Indo-Pacifico libero e aperto, fondato sul pieno rispetto dello stato di diritto e sulla piena libertà di navigazione».

La visita di Nakatani a Nuova Delhi è stata accompagnata da insistenti *rumors* secondo cui il Giappone avrebbe esteso un invito all'India per partecipare al Global Combat Air Program (Gcap),[9] il progetto congiunto per la realizzazione di velivoli di sesta generazione sviluppato da Giappone, Regno Unito e Italia. Combinando il programma britannico Tempest, quello giapponese F-X e l'ampia esperienza dell'italiana Leonardo, il Gcap mira a sviluppare un aereo da combattimento estremamente avanzato (di sesta generazione) per garantire la superiorità aerea in un contesto di sicurezza sempre più complesso nell'Indo-Pacifico e a livello globale.

La crescente cooperazione fra le autocrazie di Russia, Cina e Iran e la costante minaccia di un cambio radicale dello *status quo* in molti teatri da Taiwan, alla penisola coreana, al Mar Cinese Meridionale, sta mutando in profondità lo scenario geopolitico in tutta l'Asia, rimettendo in movimento una storia che sembrava essersi quasi fermata e che invece ha ripreso a correre velocemente.

Il Giappone è forse il teatro nel quale il nuovo Grande Gioco fra *democrazie* e *autocrazie*, si sta dispiegando con maggiore chiarezza.

Ma occorre fare un passo indietro di qualche anno.

2. *L'eredità di Abe*

L'8 luglio 2022 nella città di Nara, a pochi chilometri da Kyoto, Shinzo Abe stava iniziando un comizio in occasione dell'apertura della campagna elettorale per il rinnovo della Camera alta del Parlamento giapponese, quando venne ferito da diversi colpi di pistola esplosi da Tetsuya Yamagami. Abe morirà poche ore dopo in ospedale, lasciando un paese sgomento in seguito a un attentato, dalla dinamica ancora oggi in parte oscura.

L'attentatore, dichiarandosi colpevole, ha motivato l'omicidio con i presunti legami fra Shinzo Abe e la Chiesa dell'Unificazione fondata dal reverendo coreano Sun Myung Moon, da Yamagami giudicata responsabile dei problemi finanziari della sua famiglia.

Il processo avrà inizio il 28 ottobre 2025.

Shinzo Abe è stato il più longevo Primo ministro del Giappone (oltre nove anni), nonché l'architetto di quella nuova proiezione globale che ha mutato il ruolo del paese nello scacchiere globale.

Shinzo Abe ha compreso prima di molti altri le caratteristiche «sistemiche» della sfida lanciata dalla Repubblica Popolare Cinese e ha conseguentemente riposizionato il Giappone nella nuova stagione di competizione fra le grandi potenze.

Per prima cosa Abe ha intuito come di fronte alla sfida della nuova Via della Seta, non fossero necessarie soltanto una serie di singole *policies* di contenimento, ma fosse indispensabile costruire una cornice più avanzata, un progetto sistemico in grado di agire su più fronti contemporaneamente: dalla libertà di navigazione, all'affermazione di un sistema di relazioni internazionali fondato sulle regole e sui diritti, alla costruzione di un sistema di alleanze militari in grado di garantire difesa e sicurezza alla comunità delle democrazie fra Asia, Europa e America, al consolidamento di catene di approvvigionamento sicure sulle tecnologie (chip e semiconduttori) e materie prime strategiche (terre rare, litio ecc...), alla promozione di nuove e più evolute forme di cooperazione con il cosiddetto «Sud globale».

Il campo non poteva che essere estremamente ampio: connettendo l'Oceano Indiano e quello Pacifico, la costa orientale delle Americhe, l'Asia del Sudest, il subcontinente indiano, per poi aprirsi alla creazione di nuove connessioni verso il Golfo e il Mediterraneo.

Da qui l'idea e la dottrina del Free and Open Indo-Pacific fondata su tre pilastri: la promozione nella vasta area dell'Indo-Pacifico dello stato di diritto, della libertà di navigazione e del libero commercio; la promozione dello sviluppo economico aumentando la connettività dell'intera regione, l'integrazione economica, lo sviluppo degli investimenti; l'impegno per pace, stabilità e sicurezza nel rispetto delle regole e del diritto internazionale.

L'idea di una nuova dottrina sull'Indo-Pacifico fu menzionata per la prima volta da Shinzo Abe in un discorso al Parlamento indiano nel 2007.[10] Nel suo discorso, intitolato *Confluenza dei due mari*, Abe affermò: «L'Oceano Pacifico e l'Oceano Indiano stanno ora creando un'unione dinamica, diventando mari di libertà e prosperità. Un'"Asia allargata" che ha infranto i confini geografici sta ora iniziando ad assumere una forma distinta».

E se si analizzano i progetti e gli investimenti promossi dal Giappone emerge con chiarezza il disegno di una concreta alternativa alla Via della Seta cinese. Le nuove vie marittime disegnate, creano una fitta rete di cooperazioni fra le democrazie dell'Indo-Pacifico di Giappone, India e Australia con i paesi in transizione del Sudest asiatico fino ad approdare nei porti dell'Africa Orientale, attraversando la grande area del Mar Cinese Meridionale occupata dalla Cina.

I progetti infrastrutturali promossi, dall'alta velocità Mumbai-Ahmedabad, alla ferrovia fra Yangon e Mandalay in Birmania, fino allo sviluppo dei porti di Colombo (Sri Lanka), Mombasa (Kenya), Sihanoukville (Cambogia), Apia (Samoa), Nacala (Mozambico), si fondano poi su sistemi di finanziamento «sostenibile» per evitare i rischi della «trappola del debito», che hanno raffreddato molti entusiasmi nell'Indo-Pacifico e in Africa nei confronti di Pechino.

Non mancano in tal senso anche dei clamorosi «cambi di campo» fra Cina e Giappone, come dimostra il caso della linea ad alta velocità nell'isola di Giava in Indonesia.

Il progetto dei primi 140 chilometri assegnato ai cinesi nel 2015, nella cornice della Belt and Road Initiative, ha visto un crescente incremento dei costi e continui ritardi che hanno rallentato anche il processo di finanziamento della China Development Bank. Da qui l'idea del governo indonesiano di Joko Widodo di coinvolgere il Giappone nella realizzazione dell'intera linea fino a Surabaya, con ulteriori 700 chilometri di rete.

Ma dove si può cogliere appieno la nuova proiezione globale del Giappone è nella cooperazione strategica nel settore della difesa e della sicurezza. Fra il 2018 e il 2025 sono stati siglati decine di accordi di cooperazione praticamente con tutte le democrazie dell'Indo-Pacifico e con diversi paesi del Sud e del Sudest asiatico: Australia, Nuova Zelanda, India, Filippine, Vietnam, Indonesia, Thailandia hanno tutti sottoscritto intese che prevedono attività di formazione e addestramento nel controllo della navigazione, nonché la fornitura di decine di navi per il pattugliamento dei mari.

«È una grande idea» è il commento entusiasta di Atsushi Sunami, presidente della Sasakawa Peace Foundation,[11] che incontro nei suoi uffici nel cuore di Minato a poca distanza dal Palazzo imperiale. Sunami viene definito l'«Ishiba Indo-Pacific Scout», per la sua vicinanza al nuovo Primo ministro Shigeru Ishiba e per le sue idee innovative sull'Indo-Pacifico.

«Il Giappone» prosegue «ha capito da tempo che fosse necessario costruire una rete di alleanze nell'Indo-Pacifico, fra i paesi che condividono gli stessi valori, a cominciare dall'India, la più grande democrazia del mondo. Il partenariato strategico fra India e Giappone è uno degli assi portanti sui quali si fonda l'idea di un Indo-Pacifico libero e aperto, nel quale la libertà di commercio, di scambio e di navigazione non può essere condizionata da attori politici, come la Cina, che vogliono imporre il proprio dominio.

«Sta emergendo una grande alleanza» conclude Sunami «fra paesi democratici che dall'India giunge al Giappone e agli Stati Uniti, passando per l'Australia e i paesi del Sudest asiatico, e questa è la strada da seguire.»

3. *Quad/Squad/Aukus/Gcap: un mondo di acronimi e una rete di alleanze per contenere Xi*

Il lascito forse più importante dell'eredità politica di Shinzo Abe risiede nella nascita del Quad, il Quadrilateral Security Dialogue,[12] fra Australia, Giappone, India e Stati Uniti d'America, che dopo una partenza in sordina nel 2007, ha preso nuovo vigore dopo la svolta cinese di Xi Jinping del 2014.

Nato come un semplice «dialogo» politico-diplomatico di coordinamento sulle politiche di difesa e sicurezza fra i quattro paesi, ha negli anni visto accrescere il proprio status e ampliare il proprio mandato.

Il presidente Joe Biden ha ospitato alla Casa Bianca nel settembre del 2021 il primo summit in persona dei leader dei quattro paesi del Quad, incontrando Narendra Modi, Yoshihide Suga e Scott Morrison, che hanno fissato insieme le coordinate della nuova cooperazione avanzata per contenere la Repubblica Popolare Cinese.

Il Quad è così diventato negli anni sempre più un'alleanza politica e militare a tutto campo fra le grandi democrazie dell'Indo-Pacifico per coordinare le proprie politiche in materia di sicurezza, libertà di navigazione, lotta alla pandemia, consolidamento della catena di approvvigionamento di chip e semiconduttori, libertà del cyberspazio, tutela delle democrazie minacciate, a cominciare da Taiwan.

All'interno della cornice del Quad vengono promosse ogni anno le esercitazioni congiunte Malabar[13] con una presenza massiccia delle forze navali dei quattro paesi con simulazioni su come rendere libera la navigazione nelle arterie dove transita gran parte del commercio marino mondiale, dal Golfo Persico fino al Mar del Giappone.

Sta prendendo dunque forma una sorta di «Nato d'Oriente», per iniziativa delle principali democrazie dell'Indo-Pacifico che hanno sempre più interesse a coordinare politiche comuni di sicurezza dopo che Pechino ha deciso di cambiare lo *status quo* dell'intera area.

Come confermato da diverse fonti al Dipartimento di Stato Usa, sono già tre i paesi che hanno avviato un confronto per l'allargamento del progetto Quad: Vietnam, Corea del Sud e Nuova Zelanda andrebbero ad aggiungersi ai quattro soci fondatori per completare la nuova architettura di sicurezza dell'Indo-Pacifico.

Le implicazioni geopolitiche della nascita della «Nato d'Oriente» sono molteplici.

L'India certificherà in modo definitivo il proprio approdo nel campo occidentale e rappresenterà un solido «pilastro» sul quale Europa e Usa potranno poggiare le proprie politiche nel cuore dell'Asia. Il Giappone vedrà rafforzare il progetto della Free and Open Indo-Pacific Initiative, la risposta delle democrazie asiatiche al disegno autoritario della nuova Via della Seta. L'Australia, potenza politica nel cuore dell'Indo-Pacifico, ritroverà il proprio posto dopo una lunga stagione di coercizione economica da parte di Pechino.

Ma per comprendere meglio la nuova stagione di alleanze in cui è impegnato il Giappone, incontro a Tokyo l'ambasciatore Kenichiro Sasae, presidente del Japan Institute of International Affairs[14] dove, negli uffici della centrale via Kasumigaseki, oltre cinquanta ricercatori dal 1959 sfornano analisi e idee sulla politica estera e di sicurezza del Giappone.

«Joe Biden ha dato un impulso significativo» inizia Sasae «nel rilanciare e rafforzare la dottrina di un Indo-Pacifico libero e aperto, non solo rilanciando il Quad, ma creando anche quella serie di accordi cosiddetti "minilaterali" che hanno rafforzato la cooperazione fra le democrazie della regione: lo Squad[15] (Australia, Filippine, Giappone, Usa); l'accordo trilaterale di Camp David fra Usa, Giappone e Corea del Sud;[16] Aukus[17] con Australia e Regno Unito per la produzione di sottomarini nucleari.

«Se poi pensiamo al rapporto fra Giappone e Asean (l'Associazione degli Stati del Sudest asiatico)» prosegue «si può comprendere come stiamo passando da una cooperazione esclusivamente economica e commerciale a una cooperazione anche nel settore della sicurezza e della difesa: in particolare stiamo lavorando con Vietnam e Filippine per incrementare in modo significativo le loro capacità di difesa marittima.»

L'Indo-Pacifico è forse l'unica area del mondo nella quale è possibile cogliere una qualche forma di continuità fra l'amministrazione Biden e quella di Donald Trump. Il pomeriggio del 20 gennaio del 2025, poche ore dopo l'inaugurazione presidenziale del secondo Trump, il neo-nominato segretario di Stato Marco Rubio ha ospitato un incontro con i ministri degli Esteri di Australia, Giappone, India confermando il fatto che il Quad e il contenimento di Pechino saranno una priorità strategica anche per la nuova amministrazione.[18]

Mi sposto alla Dieta nazionale, il Parlamento del Giappone, nel quartiere di Nagata-cho antistante il Palazzo imperiale. È un edificio austero con un sincretismo che unisce le forme del neoclassicismo occidentale a elementi che richiamano l'estetica giapponese. Fu costruito negli anni Venti con un concorso pubblico vinto dall'architetto Watanabe Fukuzo.

La struttura è dominata da una torre centrale piramidale alta 65 metri con una costruzione a gradoni in pietra, realizzata con granito proveniente dalle varie regioni del Giappone. La scelta non fu solo architettonica, ma con un forte valore simbolico: un edificio realizzato esclusivamente con materiali giapponesi, in contrasto con le influenze straniere che avevano dominato la vita politica e conseguentemente molti edifici pubblici durante l'era Meiji.

È qui che trovano sede la Camera dei rappresentanti (*shugiin*, la Camera bassa) e la Camera dei consiglieri (*sangiin*, la Camera alta) composte rispettivamente da 465 e 248 membri.

Ed è qui che incontro Nobuhide Minorikawa, deputato da ventidue anni del Partito liberal-democratico, con molti incarichi ricoperti nei successivi esecutivi guidati dal partito che dal dopoguerra in poi ha dominato la vita politica giapponese.

È eletto nella prefettura di Akita nel Nord del paese e il suo ufficio stride con l'austerità della Dieta ed è costellato di foto e disegni manga della razza canina più famosa del paese. Con lui riprendo le riflessioni sulle nuove alleanze del Giappone, a cominciare dalla più complessa di tutte, quella con la Repubblica di Corea.

«Non tutti i dissidi e le questioni storiche che hanno contrapposto Giappone e Corea sono risolti» attacca Minorikawa «ma l'accordo di Camp David del 18 agosto 2023 promosso dal presidente Joe Biden, dal Primo ministro Fumio Kishida e dal presidente Yoon Suk-yeol, che ha dato vita al trilaterale Usa-Giappone-Corea, è certamente un fatto storico che apre una nuova stagione nelle relazioni fra i nostri paesi.»

L'inedita «trilaterale» fra Corea del Sud, Giappone e Stati Uniti ha determinato una fase nuova nella quale le due potenze asiatiche, già legate fra loro da accordi di alleanza e reciproca assistenza militare con gli Stati Uniti ma storicamente rivali e in competizione, hanno inaugurato una nuova alleanza strategica.

Gli interessi comuni sono molteplici a cominciare dal contenimento della Corea del Nord, che ora non è più soltanto una minaccia per il suo vicino meridionale. Il coinvolgimento di oltre diecimila truppe di Pyongyang nella guerra in Ucraina e le massicce forniture belliche della Corea del Nord alla Russia, stimate in oltre un milione di pezzi di artiglieria e missili balistici, sono ritenute un pericoloso «cambio di passo» da parte del regime di Kim Jong-un.

Ma non c'è soltanto la richiesta della completa denuclearizzazione della penisola coreana e l'interruzione dei test balistici intercontinentali di Pyongyang.

«Ciò che preoccupa in particolare» prosegue Minorikawa «è l'esperienza di combattimento che le truppe nord-coreane acquisiranno nel conflitto con l'Ucraina e il crescente coordinamento militare fra Russia e Corea del Nord. Non c'è dubbio che questi elementi rappresentano un rischio reale per la nostra regione.»

Il secondo pilastro della nuova relazione concerne il rilancio della dottrina del Free and Open Indo-Pacific e il contenimento della Repubblica Popolare Cinese: dal Mar Cinese Meridionale, occupato illegalmente da Pechino, al pieno sostegno alle Filippine, fino alla contrarietà ai tentativi di alterare lo *status quo* nello stretto di Taiwan.

Il terzo riguarda l'avvio del Dialogo trilaterale sulla sicurezza economica per rafforzare la sicurezza delle catene di approvvigionamento, in particolare su semiconduttori e batterie, nonché per accrescere la cooperazione tecnologica su energia pulita, biotecnologie, minerali essenziali, prodotti farmaceutici, intelligenza artificiale (IA) e informatica quantistica.

Ultimo, ma non meno significativo, l'impegno congiunto per un accresciuto sostegno economico e militare all'Ucraina insieme all'inasprimento del regime sanzionatorio nei confronti della Russia.

Il nuovo protagonismo del Giappone nella vasta area dell'Indo-Pacifico non sembra fermarsi qui.

Lo sguardo di Nobuhide Minorikawa si incupisce quando pensa alle nuove minacce che provengono dalla Corea del Nord, ma prima di lasciarci torna a parlare della sua città Akita e del suo collegio elettorale e qui ritorna un grande sorriso.

Gli ricordo di quanto in Europa i cani akita siano apprezzati, soprattutto dopo l'uscita dieci anni fa del noto film con protagonista Hachiko, un cane appunto di razza akita, famoso per la sua incrollabile amicizia con il suo padrone, il professor Hidesaburo Ueno. Ogni giorno, dopo il lavoro, il professore e Hachiko si incontravano alla stazione di Shibuya, dove il cane lo aspettava per tornare a casa insieme. Questa routine si interruppe bruscamente quando il professore morì. Nonostante ciò, Hachiko continuò a recarsi alla stazione ogni giorno, per quasi dieci anni, aspettando invano il ritorno del suo amato padrone.

Nobuhide prende di colpo dalla sua libreria un peluche di un cane akita e insiste per regalarmelo. Ovviamente non posso rifiutare e da quel momento il mio zaino perderà una parte significativa della sua capienza...

4. *L'articolo 9 e un esercito senza nome*

L'articolo 9 della Costituzione del Giappone[19] è uno dei passaggi più significativi della carta costituzionale adottata nel 1947, subito dopo la Seconda guerra mondiale. Con esso il Giappone si impegnò solennemente a rinunciare alla guerra come mezzo per risolvere le controversie internazionali: il testo afferma che il paese non farà uso della forza, né minaccerà di usarla, e che non manterrà forze armate con finalità offensive.

Non c'è dubbio che questo articolo è nato in un contesto molto particolare: il paese era stato appena sconfitto e occupato dalle forze alleate guidate dagli Stati Uniti. Le bombe atomiche che avevano raso al suolo Hiroshima e Nagasaki erano ancora un ricordo vivido nella memoria profonda e un trauma profondo.

La nuova Costituzione fu redatta sotto la supervisione del quartier generale alleato guidato dal generale Douglas MacArthur e l'articolo 9 fu proposto principalmente dai redattori americani, con l'obiettivo di impedire al Giappone di tornare a essere una potenza militare aggressiva.

Nel corso degli ultimi settant'anni il Giappone ha però interpretato diverse volte l'articolo 9 per adattarlo a una situazione geopolitica radicalmente mutata.

Oggi il Giappone si è dotato di un esercito moderno che non si chiama «Esercito» ma «Forze di autodifesa», ha partecipato a diverse missioni internazionali di pace fornendo sostegno finanziario e migliaia di «Caschi blu» sotto l'egida delle Nazioni Unite: le missioni Unmiss (Sud Sudan), Unamid (Darfur), Unmil (Liberia).

Nel 2015, durante il secondo governo di Shinzo Abe, ha approvato una legge che consente alle Forze di autodifesa di intervenire anche a sostegno di paesi alleati sotto attacco, pur escludendo ancora l'adesione a vere e proprie alleanze militari che per loro natura prevedono forme di «difesa collettiva».

Oggi, l'articolo 9 è ancora un tema centrale nel dibattito politico e culturale giapponese e il nuovo Grande Gioco che si sta dispiegando sotto i nostri occhi ha riaperto a tutto campo il confronto su un tema, fino a poco tempo fa considerato un tabù intoccabile.

Da un lato, c'è chi considera l'articolo 9 della Costituzione un pilastro dell'identità pacifista del Giappone moderno, un impegno morale e civile che ha garantito stabilità e sviluppo per decenni. Dall'altro, c'è chi sostiene che il mondo sia radicalmente mutato e che il Giappone debba potersi difendere con maggiore autonomia, soprattutto di fronte alle minacce regionali rappresentate dal programma nucleare della Corea del Nord, dal massiccio riarmo della Repubblica Popolare Cinese e dal crescente coordinamento fra le autocrazie di Russia e Cina nell'Indo-Pacifico.

Il nuovo Primo ministro Shigeru Ishiba, durante la campagna elettorale nel settembre 2024 e pochi giorni prima di essere nominato a guidare il paese ha lanciato la proposta di realizzare una «Nato asiatica», che inevitabilmente renderebbe necessaria una riforma della Costituzione a partire proprio dall'articolo 9 per permettere al Giappone di partecipare a una forma di «difesa collettiva», intervenendo militarmente anche in difesa di un alleato minacciato.

«Non credo che siano maturi i tempi per un cambio della nostra Costituzione» mi ricordava ieri a poca distanza da qui l'ambasciatore Kenichiro Sasae, presidente del Japan Institute of International Affairs «e credo sia meglio un approccio più pragmatico: aumentare le nostre capacità militari di difesa, aumentare la spesa militare anche oltre l'obiettivo già fissato del 2 per cento del Pil e proseguire gli accordi di coordinamento militare con gli alleati della regione.»

In questi ultimi anni il Giappone ha siglato diversi Accordi di reciproco accesso (Reciprocal Access Agreement) che permettono attività di formazione ed esercitazioni militari congiunte con paesi amici e alleati, nonché l'utilizzo reciproco delle basi e delle installazioni militari.

Mi sposto vicino all'Ambasciata d'Italia per incontrare alcuni giornalisti della stampa estera nel ristorante Soba Tokiwa, specializzato in *kake soba*, spaghetti di grano saraceno in brodo.

«Questi accordi» mi dice Gabriel Dominguez, editorialista ed esperto di difesa del quotidiano «Japan Times» «sono già una forma di cooperazione militare molto avanzata fra gli eserciti di paesi alleati finalizzata all'interoperabilità delle rispettive forze armate e poi ci sono i "minilaterali" a cui partecipa già il Giappone, insieme alle diverse intese nel campo della difesa e della sicurezza siglati con molti paesi, anche europei. Tutto ciò è già una significativa evoluzione dalle rigidità fissate nell'articolo 9 della Costituzione.»

In effetti il Giappone ha firmato Accordi di reciproco accesso (Raa) con l'Australia il 6 gennaio del 2022; con il Regno Unito l'11 gennaio del 2023 e con le Filippine l'8 luglio del 2024 ed è in fase avanzata la negoziazione di un ulteriore accordo con la Francia, la potenza europea con il maggior numero di basi militari nell'Indo-Pacifico: dall'isola di Réunion, alla Nuova Caledonia, alla Polinesia Francese.

Infine il Giappone partecipa al dialogo strutturato fra la Nato e quattro paesi dell'Indo-Pacifico, il formato Nato-IP4,[20] che, a partire dal summit di Madrid del 2022, ha visto i vertici di Australia, Nuova Zelanda, Corea e Giappone partecipare a un confronto a tutto campo sui temi della sicurezza dell'Indo-Pacifico con i leader euro-atlantici.

L'ipotesi di apertura di un ufficio della Nato a Tokyo, proposta dal segretario generale dell'Alleanza Jens Stoltenberg nell'estate del 2023 e congelata per l'opposizione del presidente francese Emmanuel Macron, non è mai stata archiviata del tutto e anzi potrebbe tornare di attualità proprio alla luce dell'accresciuto coordinamento politico e militare fra Cina, Corea del Nord e Russia.[21]

Infine c'è l'Italia.

Nel dicembre 2022 Regno Unito, Italia e Giappone hanno promosso la nascita del Global Combat Air Programme (Gcap) con l'obiettivo di sviluppare un nuovo cacciabombardiere di sesta generazione entro il 2035. Il programma nasce dall'unione di due precedenti progetti: il Tempest (promosso da Regno Unito e Italia) e il programma F-X giapponese.

Il 7 luglio 2025 è stata inaugurata a Reading, nel Regno Unito la sede della Gcap International Government Organisation (Gigo),[22] l'agenzia intergovernativa con la funzione di coordinamento politico e tecnico tra i tre governi. A livello industriale è stata costituita nel 2024 la joint venture paritetica Edgewing, che riunisce i principali attori aerospaziali dei tre paesi: Bae Systems per il Regno Unito, Leonardo per l'Italia, e Jaiec per il Giappone. Edgewing ha il compito di guidare tutte le fasi del programma, dalla progettazione alla produzione, fino alla gestione dell'intero ciclo di vita dell'aeromobile, che si estenderà fino al 2070.

L'obiettivo del Gcap è quello di realizzare un velivolo *stealth* estremamente avanzato, pensato per operare in scenari multidominio (aria, terra, mare, spazio e cyber). Il nuovo caccia sarà dotato di un'infrastruttura di «cloud da combattimento», sfrutterà l'intelligenza artificiale, potrà operare in sinergia con droni autonomi e sarà equipaggiato con sensori altamente integrati. Non si tratta soltanto di un aereo, ma di un vero e proprio «sistema di sistemi» (come dichiara con orgoglio l'azienda Leonardo), capace di collaborare in tempo reale con altre piattaforme, assetti terrestri e satelliti.

Il Giappone è entrato in una nuova fase della propria storia.

5. *Un unico teatro*

L'ex Primo ministro giapponese Fumio Kishida che ha guidato il paese per tre anni fino al 1° ottobre 2024 lo ha ripetuto spesso: «L'Ucraina di oggi potrebbe essere l'Asia orientale di domani».

La prima volta che ha svolto questa riflessione è stato nel giugno del 2022 durante lo Shangri-La Dialogue,[23] la più importante conferenza asiatica sui temi della sicurezza internazionale e della difesa e una delle rare occasioni di confronto fra gli esponenti occidentali e i dirigenti politici e militari di Pechino.

Era da poco iniziata l'invasione su larga scala dell'Ucraina da parte delle forze armate russe, che aveva fatto seguito all'annuncio dell'«alleanza senza limiti» fra Vladimir Putin e Xi Jinping.

Kishida aveva ben compreso come l'alleanza fra le autocrazie fosse oramai una realtà consolidata e una minaccia per il mondo libero. Lo stesso concetto lo ha ripreso poi nel mese di ottobre dello stesso anno durante un discorso alla Dieta nazionale del Giappone per illustrare le linee di politica in materia di difesa del suo gabinetto.

Siamo a ottobre 2022 e durante l'estate, usando come pretesto la visita della speaker del Congresso Usa Nancy Pelosi a Taipei, Pechino ha promosso una serie di manovre militari estremamente aggressive intorno all'isola di Taiwan, che da allora sono diventate un pericoloso *new normal* nella regione.

Il 21 marzo 2023, nell'anno della presidenza giapponese del G7 il concetto dell'«unico teatro» viene riaffermato e rilanciato, quando Fumio Kishida si reca in visita ufficiale a Kyiv per incontrare Volodymyr Zelensky, creando così un precedente storico, essendo la prima volta da più di settant'anni che un Primo ministro giapponese si recava in visita ufficiale in un paese in guerra.[24] Kishida si reca anche a Bucha per rendere omaggio ai civili torturati e uccisi durante l'occupazione russa e in quell'occasione conferma che il Giappone «continuerà a compiere ogni sforzo possibile per aiutare l'Ucraina a ristabilire la pace».

Nei giorni successivi il Giappone annuncerà un pacchetto di 12,1 miliardi di dollari di aiuti economici soprattutto finalizzati alla ricostruzione del paese, invitando poi oltre trenta imprese ucraine a Tokyo per partecipare alla Japan-Ukraine Conference for Promotion of Economic Reconstruction del febbraio 2024.[25]

«L'Ucraina di oggi potrebbe essere l'Asia orientale di domani», per l'appunto.

Cresce dunque fra molte cancellerie, la convinzione che il confronto fra le autocrazie di Russia, Cina, Corea del Nord e Iran, in teatri molto diversi e distanti fra loro, faccia parte in realtà di un «unico teatro».

«La recente scelta della Corea del Nord di inviare oltre diecimila truppe nella provincia del Kursk a combattere insieme alle forze russe contro l'Ucraina è una conferma dell'esistenza di un crescente coordinamento fra le autocrazie di Asia ed Europa» mi racconta a Tokyo Thomas Gnocchi, il numero due della delegazione dell'Unione Europea in Giappone.

«È un interesse strategico dell'Unione Europea» continua Gnocchi «proseguire nel coinvolgimento del Giappone sul dossier dell'Ucraina e questo è anche il motivo per cui il Giappone è stato il primo paese dell'Indo-Pacifico con il quale l'Europa ha siglato il 1° novembre 2024 una partnership in materia di difesa e sicurezza.»[26] L'accordo prevede una serie di esercitazioni militari congiunte fra le forze armate dei paesi europei e una accresciuta cooperazione nell'industria della difesa.

Devo però tornare alla Dieta nazionale per incontrare uno dei leader emergenti dell'opposizione: Yosuke Suzuki,[27] cinquant'anni, eletto deputato nelle liste del Partito democratico costituzionale nel decimo distretto della città di Tokyo e direttore del dipartimento delle Relazioni internazionali del partito. È uno degli esponenti politici di punta fra le fila di un'opposizione che è riuscita a battere il Partito liberal-democratico soltanto per un breve periodo, con Naoto Kan nel 2010 e con Yoshihiko Noda nel 2011.

Yosuke Suzuki è in piena campagna elettorale e mi riempie di gadget del suo collegio (tazze con il suo volto, spillette, penne...). Fra pochi giorni ci saranno le elezioni di mid-term e mi racconta le sue strategie elettorali. Poche settimane dopo il nostro incontro mi manda un messaggio con il quale mi conferma la sua rielezione alla Dieta. Il messaggio finisce con «*Slava Ukraini*»... Yosuke Suzuki era stato a Kyiv nel 2022, a conflitto già iniziato, ed è stato grazie al suo impegno in Parlamento che il governo Kishida ha aperto le porte ad alcune migliaia di rifugiati ucraini. «Il mondo sta cambiando e il Giappone sta cambiando» mi racconta nel suo ufficio alla stanza 1216 della Dieta. «Siamo sempre più impegnati in accordi di sicurezza nell'area dell'Indo-Pacifico, come nel caso del Quad con India, Australia e Stati Uniti, ma non possiamo girare lo sguardo a quanto sta succedendo in Europa. Gli ucraini si battono per i nostri stessi valori di democrazia e libertà.»

6. *La lunga catena di isole*

Dalla Dieta nazionale vado a piedi fino al quartiere di Jimbocho, costeggiando le mura e il fossato d'acqua del Palazzo imperiale con un duplice obiettivo: letterario e geopolitico.

Avevo letto un po' di tempo fa il libro di Satoshi Yagisawa *I miei giorni alla libreria Morisaki*[28] che descrive in modo mirabile il quartiere di Jimbocho con le sue duecento librerie, molte di libri usati, i caffè, un ambiente un po' retrò che mi pareva affascinante e dunque da esplorare, ma, al tempo stesso, volevo trovare qualche carta geografica, anche storica, sulla «lunga catena di isole» che dalla grande isola di Kyushu, nel Sud del Giappone, si spinge per oltre 1000 chilometri negli arcipelaghi di Osumi, Amami, Okinawa, Miyako e Yaeyama, ognuno composto da centinaia di isole, che un tempo facevano parte del regno indipendente di Ryukyu.

Jimbocho non delude e dopo aver recuperato un po' di mappe sono pronto per il lungo viaggio verso sud, lungo la cosiddetta «Prima catena di isole».

Quando si parla di «Prima catena di isole», ci si riferisce a quell'arco naturale che si estende lungo la costa orientale dell'Asia fra le isole Curili, vicino alla Russia, il Giappone, le isole Ryukyu, Taiwan, le Filippine, per arrivare fino al Borneo malese. È una fascia di territori marittimi e insulari che, pur non formando una vera e propria barriera fisica, ha un grande valore strategico.

Il concetto nacque negli anni Cinquanta, in piena Guerra Fredda e fu formulato per la prima volta da John Foster Dulles, segretario di Stato degli Stati Uniti durante l'amministrazione di Dwight D. Eisenhower.

Gli Stati Uniti, preoccupati per l'espansione del comunismo sovietico e cinese, ritenevano la «Prima catena di isole» l'asse naturale lungo il quale costruire una prima «linea di contenimento» per impedire che l'Unione Sovietica o la Repubblica Popolare Cinese potessero espandere la loro presenza militare verso il Pacifico.

Per gli Stati Uniti, la *First Island Chain* è stata a lungo la stella polare che ha guidato la localizzazione di ogni insediamento militare strategico, da Guam, alle Isole Marianne, fino a Okinawa.

La nuova assertività cinese, la crescente coesione fra le autocrazie di Russia, Cina e Corea del Nord, ha reso sempre più importante consolidare il controllo della lunga catena di isole per tutelare alleati rilevanti come Taiwan, Giappone e Filippine, e garantire la piena libertà di navigazione in mari fondamentali per il commercio globale.

La Cina considera la Prima catena di isole una sorta di «gabbia strategica» che le impedisce di avere pieno accesso agli oceani e che «blocca» la possibilità di riunire con la forza Taiwan alla madrepatria.

Le crescenti incursioni della Marina cinese e della sua flotta ibrida di pescherecci nel Mar Cinese Orientale di fronte al Giappone, le esercitazioni militari intorno a Taiwan e l'occupazione illegale, con la trasformazione in basi militari di decine di atolli nel Mar Cinese Meridionale, sono tutti tentativi di «sfondamento» di questa catena.

Per il Giappone la Prima catena di isole non è però soltanto un'astratta dottrina geopolitica, ma coincide con la propria fondamentale sovranità nazionale: il Giappone e la lunghissima catena di isole sono una sola cosa. Un buon motivo per attraversarla, utilizzando il meno possibile il mezzo aereo.

Alle 9.09 del 20 giugno 2025 salgo sul Nozomi 225, uno dei tanti Shinkansen che collegano Tokyo e la metropoli meridionale di Fukuoka, percorrendo 1089 chilometri in sole 4 ore e 46 minuti. Da cinquant'anni i treni ad alta velocità sono diventati una vera e propria metropolitana dell'intero paese, con frequenze anche ogni 7-10 minuti nelle ore di punta.

Lascio Tokyo con i suoi 14 milioni di abitanti, che diventano 37 milioni considerando l'intera area metropolitana, e velocemente scompaiono i ministeri, gli edifici delle istituzioni finanziarie, i quartier generali dei *keiretsu*, i grandi conglomerati che hanno fatto la storia industriale del Giappone moderno, gli spazi residenziali verticali, le infrastrutture elettriche tutte esterne e «a vista». Il Giappone verticale lascia rapidamente il passo a quello orizzontale.

Poi Shinagawa, Shin-Yokohama e infine Nagoya, la ex «one company town», la città-Toyota, che ha saputo diversificare la propria economia verso ricerca, tecnologia e cultura mantenendo però ancora una solida base manifatturiera automobilistica.

Da torinese, sempre un po' in ansia sul futuro post-industriale della mia città, negli anni ho letto molto sulla città di Nagoya e sui suoi sforzi per costruirsi una nuova identità oltre il legame con la grande casa automobilistica. Ci sono stato anche un paio di volte, ma ora mi limito a guardarla scorrere veloce dal finestrino del treno: il mio obiettivo è l'estremo Sud del paese.

Il treno entra nel Kansai con la città di Kyoto, cuore culturale del Giappone e la sua collina sacra costellata di templi. Un unico rimpianto: non tornare a piedi lungo il Tetsugaku-no Michi, il sentiero della filosofia, che unisce i templi di Nanzen-ji e Ginkaku-ji: forse i 2 chilometri più affascinanti di tutto il Giappone.

Fra Kyoto e Osaka non c'è soluzione di continuità, oramai unite in un'unica area urbana. Lo Shinkansen si ferma per tre minuti a Osaka, la seconda metropoli del paese, che sta ospitando in questi mesi l'esposizione universale (aprile-ottobre 2025).

Superata Osaka il paesaggio cambia, l'urbanizzazione è più rarefatta e le risaie si insinuano in un paesaggio che diventa sempre più montuoso. Si iniziano anche a vedere alcuni campi di tè verde. Il Monte Fuji lo immagino soltanto, completamente coperto dall'umidità e dalle fitte nubi del mese di giugno.

Poi Kobe, Okayama, Hiroshima, Kokura, e infine il tunnel sottomarino che unisce le isole di Honshu e Kyushu attraverso lo stretto di Kanmon per giungere rapidamente a Fukuoka, città che negli ultimi decenni ha assunto un ruolo sempre più importante come hub verso la Cina e la Corea del Sud. Fukuoka è una città storicamente di «frontiera», con un'economia dinamica e una popolazione più giovane della media nazionale.

Arrivo alla stazione di Hakata alle 13.59. Qui devo cambiare treno e ho già un biglietto per il Sakura 585 delle 16.38 che unisce Fukuoka con Kagoshima, la città più meridionale del Giappone.

La puntualità assoluta dei treni giapponesi mi permette con certezza di fissare un pranzo vicino alla stazione ferroviaria con Idetoshi Ishi e sua moglie Yoko Ishi.

Idetoshi ha fondato un think tank, l'Indo-Pacific Human Rights Information Center, che si occupa di sostenere le minoranze oppresse in Cina e in Russia: uiguri, mongoli e tibetani sotto il giogo di Pechino e yakuti, buriati, tuvini e tatari sotto quello di Mosca.

Yoko Ishi ha scritto recentemente un bell'articolo sulle interferenze cinesi nel processo di reincarnazione del prossimo Dalai Lama. Idetoshi è il riferimento giapponese del Free Nations of Post Russia Forum,[29] con sede a Kyiv, che si occupa della «decolonizzazione» della Federazione Russa e scommette su un suo possibile collasso sul modello dell'Unione Sovietica con la nascita di nuove repubbliche.

Mi regala una copia del suo ultimo libro, non ancora tradotto in inglese, «The Coming Collapse of Russia»... ancora conferme sull'«unico teatro».

Mi imbarco sul treno per Kagoshima e il paesaggio è radicalmente mutato: una vegetazione molto fitta di conifere e grandi piante di bambù, con la loro iconica forma a ciuffo e risaie alternate da piantagioni di tè, dominano la scena. L'isola di Kyushu è scarsamente urbanizzata e molto tropicale. Il treno ad alta velocità Sakura è diventato trilingue: gli annunci non sono più soltanto in giapponese e inglese, ma anche in cinese: Taiwan è più vicina di Tokyo, come le coste della Cina continentale.

Stanotte Donald Trump ha dato il via libera al bombardamento di tre siti nucleari iraniani, Fordo, Natanz e Isfahan, rendendo non più soltanto «bilaterale» il confronto fra Israele e Iran. Ci torneremo più avanti.

Arrivo nella città di Kagoshima e sono ancora in corso le esercitazioni congiunte fra le guardie costiere di Giappone, Filippine e Stati Uniti[30] iniziate l'altro ieri. Sono le prime esercitazioni congiunte fra i tre paesi che si svolgono al largo di un porto giapponese e dureranno in tutto cinque giorni.

La nave giapponese *Asanagi* da seimila tonnellate, insieme al cutter statunitense *Stratton* con un equipaggio di 170 marinai e alla nave della guardia costiera delle Filippine, la *BRP Teresa Magbanua*, hanno simulato operazioni di soccorso, collisione e incendio e testato l'interoperabilità delle tre guardie costiere.

Il comunicato ufficiale che ha annunciato le esercitazioni, ha espresso le «più gravi preoccupazioni per il comportamento pericoloso e aggressivo della Repubblica Popolare Cinese nel Mar Cinese Meridionale con un uso pericoloso e coercitivo di navi della guardia costiera e della milizia marittima», riaffermando poi la «ferma opposizione a qualsiasi tentativo da parte di Pechino di modificare unilateralmente lo *status quo* con la forza o con la coercizione nel Mar Cinese Orientale».

Il vulcano Sakurajima domina l'orizzonte di Kagoshima, emettendo fumo e cenere in maniera praticamente costante e le sue eruzioni sono diventate parte della vita quotidiana della città, tanto che il profilo del vulcano si staglia anche nello stemma ufficiale cittadino.

Appena usciti dalla stazione ferroviaria di Kagoshima-Chuo, dove finisce la linea ad alta velocità più lunga del pianeta, inizia il viale alberato Napori-dori che unisce la stazione al fiume Kotsuki. *Napori-dori* non vuol dire altro che «viale Napoli», a testimoniare un gemellaggio fra le città di Napoli e Kagoshima, a cui qui tutti tengono molto e che è stato siglato il 3 maggio del 1960.

7. *Il regno di Ryukyu*

La mattina presto prendo il volo della Soleseed Air fra Kagoshima e Okinawa. L'aereo fa sorridere: la fusoliera, i sedili, i vani portaoggetti sono tutti decorati con una molteplicità di Pokemon dai colori sgargianti, a ricordare come l'isola di Okinawa sia oggi una delle più importanti destinazioni del turismo giapponese.

Atterro a Naha, il capoluogo dell'isola, con 34 gradi e 88 per cento di umidità. La Kokusai-dori, l'arteria principale della città, è un viale alberato di palme, affollato di negozi di souvenir e cianfrusaglie che la rendono molto colorata e invasa da giovani e famiglie in vacanza.

Poco a sud il mercato di Makishi ricorda più un suk coperto mediorientale che un ordinato mercato giapponese e ancora oltre il quartiere di Tsuboya testimonia la storica tradizione delle ceramiche di Okinawa che fin dai tempi dell'antico regno di Ryukyu venivano esportate in tutta l'Asia e in Europa.

Gli oltre 1000 chilometri di isole, che creano un lungo ponte fra la città di Kagoshima, nella parte meridionale del Kyushu e Taiwan, sono diversi da tutto il resto del Giappone, sia per il passato che per la storia recente.

Un tempo gli arcipelaghi di Osumi, Amami, Okinawa, Miyako e Yaeyama con le loro centocinquanta isole, di cui un terzo abitate da molti secoli, facevano parte del regno di Ryukyu, un antico Stato insulare che per circa quattro secoli, dal 1429 al 1879, governò su quella vasta area di mare fra il Giappone e Taiwan.

Grazie alla loro posizione strategica tra Cina, Giappone e Sudest asiatico, il regno di Ryukyu divenne una importante potenza commerciale marittima, intrattenendo rapporti diplomatici e commerciali con Corea, Cina, Giava, Siam (la Thailandia oggi) e con gran parte degli Stati del Sudest asiatico.[31]

Da un punto di vista politico, il regno di Ryukyu ha sempre oscillato fra le due potenze vicine di Cina e Giappone: prima mantenendo stretti rapporti con le dinastie cinesi Ming e Qing, per poi passare progressivamente sotto una crescente influenza giapponese con l'invasione di molte delle sue isole a partire dal 1609 da parte dei samurai del clan Satsuma nel Giappone meridionale.

Nel 1879, durante l'epoca Meiji, il governo giapponese decise di porre fine definitivamente all'indipendenza delle Ryukyu. Il regno fu abolito e trasformato in quella che oggi è la prefettura di Okinawa. L'ultimo re, Sho Tai, fu costretto ad abbandonare il castello di Shuri a Okinawa e a trasferirsi a Tokyo.

Non molti analisti e storici avrebbero però potuto immaginare che l'antico regno di Ryukyu sarebbe diventato un capitolo importante del nuovo Grande Gioco del XXI secolo. Almeno fino al 4 giugno del 2023.

Nel giorno dell'anniversario del massacro di Tienanmen, sulla prima pagina del «Quotidiano del popolo», l'organo ufficiale del Partito comunista cinese, è apparso un lungo articolo nel quale il presidente cinese Xi Jinping ha parlato in dettaglio della storia del regno delle Ryukyu, l'odierna Okinawa.[32]

Nella miglior tradizione orwelliana, il giorno dell'anniversario del più terribile massacro della storia moderna cinese, il quotidiano del partito non solo ha ignorato la ricorrenza, ma ha usato la giornata per riscrivere la storia a suo piacimento, sfidando il Giappone sulla sovranità di una parte del proprio territorio.

L'articolo del «Quotidiano del popolo» racconta della visita di Xi agli Archivi nazionali cinesi delle pubblicazioni e della cultura, durante la quale Xi si è soffermato a lungo su un libro storico del regno delle Ryukyu, nel quale si afferma che i discendenti delle trentasei famiglie che emigrarono dalla Cina alle Ryukyu nel XIV secolo tornarono a Fuzhou per venerare i loro antenati e che la continuità delle relazioni nei secoli fra la provincia cinese del Fujian e il regno di Ryukyu rende evidente la sua origine cinese.

Da quel giorno la narrazione cinese su Okinawa e sulla parte meridionale della Prima catena di isole è diventata una costante del revisionismo di Pechino nei confronti del Giappone, con il quotidiano ultranazionalista «Global Times» che si è spinto a ipotizzare persino che la Cina dovrebbe appoggiare apertamente l'indipendenza di Okinawa dal Giappone.

Pochi mesi dopo la dichiarazione di Xi, l'università della città portuale di Dalian, nella provincia cinese di Liaoning, la Dalian Maritime University, ha annunciato l'apertura di un Centro di ricerca sulle Ryukyu e contemporaneamente è iniziata anche un'ampia campagna di disinformazione sui social media cinesi e giapponesi, con centinaia di account che hanno diffuso video di finte manifestazioni indipendentiste a Okinawa, con cartelli che dichiaravano «le isole Ryukyu non fanno parte del Giappone».

8. *La tragedia di Okinawa*

La propaganda cinese tenta di fare leva sulla storia recente e tragica dell'arcipelago che è tornato a far parte del Giappone soltanto nel 1972 dopo la prolungata occupazione militare statunitense successiva al secondo conflitto mondiale.

Sulle spiagge e nelle foreste di Okinawa venne combattuta fra aprile e giugno del 1945 l'unica battaglia sul suolo giapponese e senza dubbio la più cruenta di tutto il Pacifico: Okinawa fu completamente rasa al suolo con il 90 per cento degli edifici distrutti e un bilancio drammatico per la popolazione civile.

Le vittime civili e militari delle due parti in conflitto nella battaglia di Okinawa furono oltre duecentoquarantamila, più di quanti persero poi la vita in seguito alle bombe atomiche di Hiroshima e Nagasaki.

Dal capoluogo Naha con il pullman di linea 82 si raggiunge in trenta minuti la cittadina di Itoman nella parte sud dell'isola dove si trova il grande Peace Memorial Park con 40 ettari che si affacciano sull'oceano, dedicati al ricordo di quella immane tragedia.

Il Peace Memorial Museum racconta nei dettagli la battaglia di Okinawa con le testimonianze dei sopravvissuti e la faticosa ricostruzione dell'isola. Ma ciò che fa più impressione è il cosiddetto *Cornerstone of Peace*, il grande memoriale a forma di arco sulla collina di fronte al mare, con una lunga serie di grandi lastre di granito nero sulle quali sono iscritti i nomi di 241.467 vittime, tra cui 149.634 civili okinawani, 77.823 soldati giapponesi, 14.010 soldati americani.

Ancora oggi il 25 per cento del territorio di Okinawa è occupato dalle due grandi basi militari di Kadena e Futenma nella parte nord dell'isola, dove stazionano in modo permanente oltre trentamila soldati americani con le loro famiglie.

E se l'economia dell'isola è stata rilanciata negli ultimi anni dal significativo incremento del turismo prevalentemente giapponese, il Pil dell'arcipelago è ancora fra i più bassi di tutto il Giappone, con una forte dipendenza dall'indotto prodotto dalle stesse basi militari statunitensi.

Denny Tamaki è l'attuale governatore della prefettura di Okinawa in carica dal 4 ottobre 2018. È stato rieletto nel 2022 con il 50,84 per cento dei voti, battendo Atsushi Sakima, sostenuto dal Partito liberal-democratico.

Tamaki è storicamente un sostenitore della riduzione della presenza delle basi militari statunitensi a Okinawa e nel luglio del 2023 si è recato in visita ufficiale a Fuzhou nella provincia cinese del Fujian,[33] inaugurando una sorta di diplomazia regionale, molto criticata a Tokyo.

Nel frattempo le Forze di autodifesa del Giappone hanno completato il dispiegamento di diverse batterie di sistemi di difesa missilistica Patriot (PAC-3) sulle isole di Miyako, Ishigaki e Yonaguni suscitando la forte reazione di Pechino che le considera un ennesimo tentativo del Giappone di interferire illegittimamente nella vicenda di Taiwan.

La scelta delle Forze di autodifesa giapponesi di schierare batterie Patriot lungo la «Prima catena di isole» è stata motivata dal Ministero della Difesa per «contrastare eventuali lanci di missili balistici a lungo raggio da parte della Corea del Nord», motivazione che non ha convinto Pechino che ha rapidamente sottolineato come le localizzazioni scelte sono molto più vicine a Taiwan che alla Corea del Nord.

«Il dispiegamento dei missili Patriot da parte del Giappone nelle sue isole sudoccidentali ovviamente non ha nulla a che vedere con la penisola coreana, che è molto distante» ha dichiarato al «Global Times» l'esperto militare di Pechino Wei Dongxu.

«Il vero scopo» ha dichiarato Wei Dongxu «è armare le isole con missili antiaerei e antinave per prepararsi a un eventuale intervento militare per difendere Taiwan e questa è una mossa molto provocatoria nei confronti della Cina.»[34]

9. *I pony di Yonaguni*

Con un breve volo sull'Atr-42 della Ryukyu Air Commuter, raggiungo l'ultima delle isole del Giappone, la piccolissima Yonaguni[35] a 1900 chilometri da Tokyo e a soli 110 chilometri da Taiwan.

Yonaguni è un mondo a parte: 1400 abitanti vivono divisi fra i tre piccoli centri di Sonai, Kubura e Higawa e si occupano prevalentemente di pesca e agricoltura. Qui si parla una lingua molto diversa sia dal giapponese che dal cinese: il dunan-munui. «Grazie» si dice *fugarassa*, qualcosa di molto distante dall'*arigato* giapponese o dallo *xie-xie* cinese.

L'isola è piccola e sonnolenta e in soli 10 chilometri si possono raggiungere le sue due estremità: il faro di Irizaki a occidente e quello di Agarizaki a oriente. Senza patente internazionale di guida non ti affittano però neanche uno scooter e quindi opto per l'unica opzione possibile: una bicicletta elettrica.

Il mio obiettivo è raggiungere la parte occidentale dell'isola dove, poco oltre il faro di Irizaki si può assistere all'«ultimo tramonto del Giappone», come annunciato con una certa enfasi nella mappa turistica che si recupera gratuitamente nel piccolo aeroporto. L'ossimoro dell'«ultimo tramonto» nel «paese del Sol levante» mi sembrava un motivo sufficiente per pedalare sfidando il caldo torrido del mese di giugno.

L'isola è popolata da una specie endemica di cavalli (i pony di Yonaguni), un tempo utilizzati in agricoltura e oggi lasciati liberi e si può anche osservare la falena più grande del Giappone (la falena Atlas).

Yonaguni ha assunto una qualche notorietà quando, nel 1986 Kihachiro Aratake un pescatore e subacqueo locale scoprì a circa 25 metri di profondità, nella parte sud dell'isola, un monumento sommerso con forme geometriche, gradinate e piattaforme perfettamente scolpite nella roccia.

Il monumento sommerso di Yonaguni ha diviso la comunità scientifica, fra chi (pochi) la ritiene la prova di una civiltà scomparsa ancora mai studiata e chi invece crede si tratti di una formazione naturale, creata dall'erosione e dalle spaccature tipiche della roccia arenaria.

Ma è la geopolitica che sta cambiando davvero i connotati della piccola e remota isola. Poco distante dal faro di Irizaki e a sud del villaggio di Kubura, la foresta sub-tropicale e gli appezzamenti agricoli discendenti sulle ripide scogliere di fronte all'oceano, sono bruscamente interrotti da un'ampia recinzione con fitte telecamere di sorveglianza, che delimitano la base militare, recentemente rinnovata e ampliata, delle Jgsdf, le Japanese Ground Self-Defense Force.

«Il governo intende sviluppare strutture per il dispiegamento di unità di missili guidati terra-aria sull'isola di Yonaguni, nella prefettura di Okinawa.» Così il ministro della Difesa Gen Nakatani, rivolto ai giornalisti in occasione della sua visita alla base militare e durante un incontro con il sindaco di Yonaguni, Kenichi Itokazu.[36]

«Ritengo che sia urgente» ha proseguito «rafforzare il sistema di difesa nella parte sudoccidentale del paese, anche alla luce delle troppe incursioni delle forze navali della Repubblica Popolare Cinese in queste acque e per la vicinanza con le isole contese di Senkaku.»

Intanto le forze americane di stanza in Giappone hanno chiesto alla Marina giapponese di installare, sempre qui a Yonaguni, un radar di sorveglianza per monitorare le molteplici intrusioni di droni cinesi nell'area.[37]

Il ministro non ha mai nominato Taiwan, ma non c'è dubbio che l'isola ribelle sia «l'elefante nella stanza».

Un paio di anni fa lo speaker del Parlamento di Taiwan You Si-kun,[38] uno dei fondatori del Partito democratico progressista, ed ex Primo ministro, ha affittato un traghetto, lo ha riempito di deputati, imprenditori e operatori turistici per poi attraversare in un paio d'ore lo stretto che divide il porto di Suao nella contea di Yilan, dall'isola di Yonaguni. L'idea era semplice: realizzare un nuovo collegamento marittimo per incrementare le relazioni economiche, politiche e turistiche fra Taiwan e l'ultima isola giapponese sulla «lunga catena di isole».

Quel traghetto non c'è ancora, ma è tempo di raggiungere in qualche modo l'isola di Taiwan.

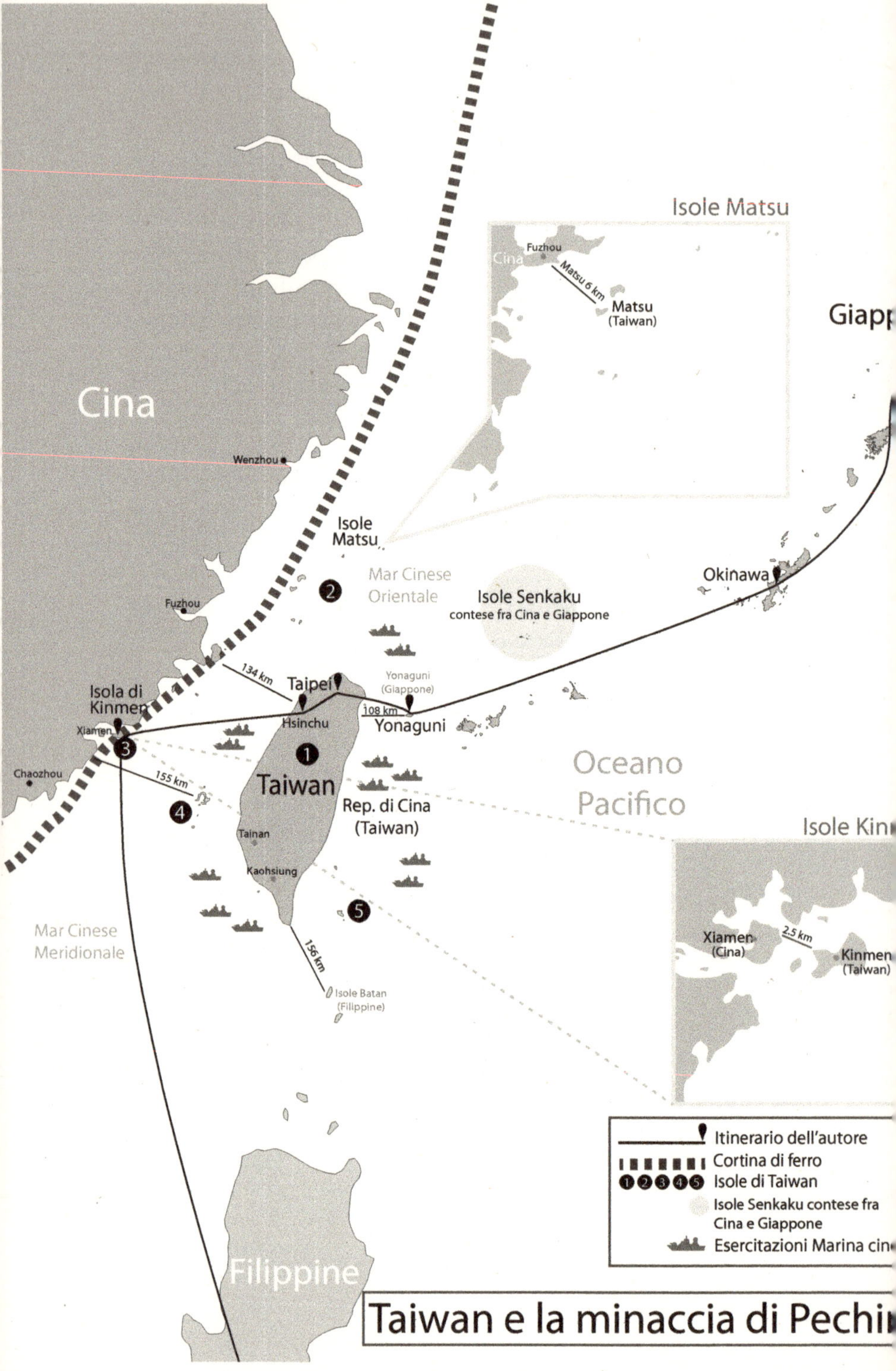

Cina
Wenzhou
Fuzhou
Isole Matsu
Fuzhou
Cina
Matsu 6 km
Matsu
(Taiwan)
Giapp
Isole
Matsu
Mar Cinese
Orientale
Isole Senkaku
contese fra Cina e Giappone
Okinawa
134 km
Taipei
Yonaguni
(Giappone)
108 km
Yonaguni
Isola di
Kinmen
Xiamen
Hsinchu
Chaozhou
155 km
Taiwan
Rep. di Cina
(Taiwan)
Oceano
Pacifico
Tainan
Kaohsiung
Isole Kin
Mar Cinese
Meridionale
156 km
Isole Batan
(Filippine)
Xiamen
(Cina)
2,5 km
Kinmen
(Taiwan)
Itinerario dell'autore
Cortina di ferro
Isole di Taiwan
Isole Senkaku contese fra
Cina e Giappone
Esercitazioni Marina cin
Filippine
Taiwan e la minaccia di Pechi

2
Taiwan, la Cina democratica, capitale mondiale dei semiconduttori minacciata da Pechino

It is true we are in great danger,
the greater therefore should our courage be.
WILLIAM SHAKESPEARE

1. *Dihua Street*

Da Okinawa si può volare direttamente a Taiwan: oltre dieci voli al giorno operati dalla low-cost giapponese Peach Airlines e da quella taiwanese TigerAir uniscono Naha a Taipei, confermando così la *special relationship* e il legame molto forte fra Taiwan e Giappone.

Arrivo a Taipei, la capitale della Repubblica di Cina (il nome ufficiale del paese) e vado subito a Dihua Street uno dei luoghi più affascinanti della città nel cuore del quartiere di Dadaocheng, utile per comprendere la storia recente dell'«isola ribelle».

Durante la dinastia Qing, Dihua divenne rapidamente un punto nevralgico per il commercio di una grande varietà di prodotti locali: tè, erbe medicinali, tessuti e incenso venivano qui stoccati per essere spediti poi nella Cina continentale. Dopo la Seconda guerra dell'oppio (1856-60), quando i porti di Taiwan furono aperti al commercio internazionale, diversi mercanti occidentali, soprattutto britannici, si stabilirono nella zona per esportare principalmente il tè *oolong*, considerato ancora oggi una eccellenza della produzione agricola del paese.

Con l'arrivo dei giapponesi nel 1895, Dihua si arricchì di elementi barocchi e modernisti, dando vita a uno stile architettonico sincretico sino-giapponese. Dopo la sconfitta delle forze nazionaliste di Chiang Kai-shek nel 1947, la vittoria di Mao

Tse-tung, la nascita della Repubblica Popolare Cinese e la conseguente fuga dalla Cina delle forze nazionaliste, nasce la Repubblica di Cina di Taiwan, che in settant'anni realizza un vero e proprio miracolo riuscendo a trasformare una dittatura militare di un esercito sconfitto, in una vibrante democrazia e cuore tecnologico del pianeta. La via di Dihua è anch'essa metafora di questo processo che tiene insieme l'orgoglio del passato con le sfide della modernità.

Molti degli edifici storici, con quella originale combinazione di stili Qing, occidentali e giapponesi, sono stati restaurati e negli ultimi quindici anni grazie a una serie di progetti di rigenerazione urbana[1] le vecchie strutture commerciali tradizionali di tè, erbe e tessuti, sono state affiancate da caffè, gallerie d'arte, e artigianato di design.

Taiwan è dunque tante cose allo stesso tempo, tutte antitetiche alla visione di Pechino: è una Cina che ha saputo conservare cultura, religione e tradizioni del passato; è una Cina che è stata in grado di evolvere da una dittatura militare a una piena democrazia; ed è anche una Cina amica del Giappone.

Fra i giovani taiwanesi è di moda studiare e parlare giapponese e la cultura giapponese pervade la società dell'isola. Il ricordo del passato coloniale (l'isola è stata occupata dal Giappone fra il 1895 – fine della guerra sino-giapponese – e la conclusione del secondo conflitto mondiale nel 1946) non è «rabbioso, né revisionista»[2] e molti tendono a valorizzare più gli aspetti positivi del periodo coloniale rispetto a quelli negativi dell'occupazione militare.

Ma ciò che conta soprattutto è l'attuale situazione geopolitica nella quale Giappone e Taiwan non sono soltanto i terminali di quella lunghissima «Prima catena di isole» che abbiamo percorso fra Tokyo, Kagoshima, Okinawa, Yonaguni e Taipei, ma sono due alleati importanti.

Ritorno a Taipei nei giorni dell'investitura del nuovo presidente Lai Ching-te nel maggio del 2024 e incontro Lo Chih-Cheng, giovane deputato del partito di maggioranza (il Democratic Progressive Party)[3] e presidente della Commissione Affari Esteri e Difesa del Parlamento di Taiwan.

Ci vediamo negli austeri palazzi adiacenti allo Yuan legislativo (la Camera dei deputati taiwanese). Sul tema del rapporto fra Taiwan e Giappone il suo giudizio è netto: «Il Giappone è un paese amico e alleato» afferma con decisione «e non abbiamo dubbi che in caso di conflitto con la Cina ci fornirebbe tutte le garanzie di sicurezza necessarie. Stabilità, pace e mantenimento dello *status quo* nello stretto sono un obiettivo comune».

Mi fa poi sfogliare una copia del *Diplomatic Bluebook* giapponese, una sorta di vademecum prodotto ogni anno dal Ministero degli Esteri, nel quale viene esplicitata la visione del mondo di Tokyo. Nell'ultima edizione, Taiwan viene definita un «partner estremamente importante» e in più il Giappone sostiene apertamente la reintegrazione di Taipei come osservatore all'Organizzazione mondiale della sanità, dopo la sua esclusione dal 2017 in seguito alle fortissime pressioni di Pechino.

Il generale Yamashita Hirotaka, ex comandante in capo delle forze di terra dell'Esercito giapponese, ha sottolineato la necessità di una sempre maggiore cooperazione militare fra i due paesi. «Il Giappone» ha dichiarato «ha bisogno di una legislazione per facilitare scambi militari più stretti con Taiwan. La sicurezza collettiva nella regione è una questione critica per il nostro paese. Tuttavia, a causa della sua Costituzione, le Forze di autodifesa sono limitate in ciò che possono fare [...] per rafforzare la cooperazione con l'Esercito taiwanese è necessaria una legge simile al Taiwan Relations Act[4] (Tra) siglato fra Taiwan e Stati Uniti e all'interno di questa cornice la cooperazione militare fra Giappone e Taiwan potrà aumentare in modo significativo.»[5]

2. *Lai Ching-te figlio di un minatore*

Taipei è bloccata con misure di sicurezza eccezionali.

È il 20 maggio 2024 e questa mattina si insedierà il nuovo presidente della Repubblica di Cina-Taiwan Lai Ching-te, leader del Partito democratico progressista di ispirazione centrista e liberale. Lai Ching-te, ha oggi sessantaquattro anni ed è figlio di un lavoratore delle miniere di carbone. Dove morì quando lui aveva soltanto due anni. Dopo essersi laureato in medicina, Lai ha iniziato una lunga esperienza amministrativa locale nella sua città, Tainan, per poi diventare uno dei leader del Partito democratico progressista, assumendo l'incarico prima come Primo ministro e poi come vicepresidente della giovane Repubblica.

La cerimonia si svolge nella piazza di fronte al Palazzo presidenziale. Alle 8.30 del mattino Lai giura di fronte al capo della Corte Suprema e poi ringrazia Tsai Ing-wen, la presidente che per otto anni ha guidato il paese.

La cerimonia di insediamento è sobria e il colpo d'occhio dell'intera nomenklatura taiwanese stride con le immagini che siamo abituati a vedere durante gli eventi ufficiali della Repubblica Popolare Cinese: ci sono molte donne, molti giovani e soprattutto molto colore a marcare la distanza dalla «cromofobia» del regime al di là dello stretto, con le leadership quasi esclusivamente maschili e vestite sempre di nero.

Nelle ultime ventiquattro ore, decine di migliaia di attacchi hacker cinesi hanno cercato di compromettere la cerimonia di inaugurazione del nuovo mandato presidenziale. La guerra ibrida è qui un terribile *new normal* e *resilience* è la parola chiave per cogliere il clima della giornata.

Le forze armate taiwanesi volano a bassa quota sulla piazza gremita dalle delegazioni internazionali e dai media. Il neo-presidente Lai annuncia le priorità del suo mandato: «Mantenere lo *status quo* nello stretto di Taiwan e non cedere alle pressioni di Pechino; rafforzare il sistema costituzionale che fa di Taiwan una democrazia matura, dimostrando come sia possibile una "via cinese" alla democrazia liberale; proseguire il cammino che ha fatto di Taiwan la diciannovesima economia mondiale con un Pil di 800 miliardi di dollari, diventando in pochi anni il "cuore tecnologico" del pianeta».

A Taiwan si produce, infatti, il 93 per cento di tutti i semiconduttori di ultima generazione del pianeta (quelli di 3 nanometri, cioè 3 milioni di transistor per millimetro quadrato), senza i quali semplicemente la nostra tecnologia si fermerebbe del tutto: dalle auto, ai cellulari, ai computer.

«Proseguiremo» ha continuato il presidente Lai «il cammino che ha trasformato l'isola in pochi anni da una dittatura a una società aperta, libera e democratica: che si tratti di lotta alla pandemia, diffusione dei diritti civili o sviluppo economico, le democrazie surclassano le autocrazie.»

Nella giornata di oggi si coglie anche un elemento di novità: la fine dell'isolamento internazionale di Taiwan con le delegazioni straniere cresciute in numero e rappresentanza.

Gli Stati Uniti sono presenti con un'ampia delegazione bipartisan di senatori e membri del Congresso guidata da Laura Rosenberg, già a capo dell'ufficio Cina del National Security Council e oggi ambasciatrice *de facto* di Washington, alla guida dell'American Institute of Taiwan.[6] Il messaggio di auguri dell'allora segretario di Stato Antony Blinken ha poi confermato il sostegno a tutto campo dell'amministrazione Usa e il senatore repubblicano Marco Rubio (oggi segretario di Stato dell'amministrazione Trump) ha proposto un gemellaggio fra le città di Washington DC e Taipei.

Ben quindici paesi dell'Unione Europea hanno inviato delegazioni parlamentari e la Lituania, paese con una relazione speciale con Taiwan, era presente con l'ex presidente della Repubblica Dalia Grybauskaite.

L'Ucraina, il cui conflitto è seguito a Taiwan in maniera quasi ossessiva, era presente con Hanna Hopko, deputata della Commissione Affari Esteri della Rada di Kyiv e il Giappone con Akie Abe, la vedova di Shinzo Abe, alla guida di una delegazione di trentuno parlamentari di tutte le forze politiche.

Ci sono poi i dodici paesi che ancora intrattengono rapporti diplomatici con Taiwan e sono soggetti a costanti e fortissime pressioni da parte di Pechino per rompere le relazioni con «l'isola ribelle». In tutta la città si vedono ovunque le loro bandiere: Paraguay, Guatemala, Belize, Isole Marshall, Tuvalu, Palau, Haiti, Saint Lucia, Saint Kitts e Nevis, Saint Vincent e Grenadine, eSwatini e Vaticano.

Sono undici paesi con seggio permanente alle Nazioni Unite (più il Vaticano con status di osservatore), che mettono in discussione la narrazione di Pechino sull'«unica Cina», rendendo evidente come esistano già due paesi cinesi: una Cina più grande e totalitaria, che fatica sempre più a proporsi come attore responsabile sulla scena globale e una più piccola e democratica, Taiwan, sempre più integrata nella comunità delle democrazie e nell'economia globale.

La *boundless energy of a free Taiwan*, come ricordato dal presidente Lai è ciò che Pechino teme di più: quell'energia vitale e contagiosa che un giorno potrebbe raggiungere l'altra sponda dello stretto.

Ed è proprio la crescente internazionalizzazione della questione di Taiwan che fa innervosire Pechino. Sono molti i paesi, a cominciare dagli Usa, che chiedono il reintegro di Taiwan come osservatore nell'Organizzazione mondiale della sanità anche per gli ottimi risultati ottenuti dal governo insulare nella lotta alla pandemia di Covid-19 e il recente patto trilaterale fra Giappone, Filippine e Usa nasce proprio per costruire una «cintura di sicurezza» intorno a Taiwan, in grado di rispondere alle crescenti minacce nello stretto e nel Mar Cinese Meridionale.

A ciò si aggiunge la scelta della nuova vicepresidente che affiancherà Lai Ching-te per i prossimi quattro anni. Si tratta di Hsiao Bi-khim, cinquantatré anni, esperta di politica internazionale, già vicepresidente dell'Internazionale liberale e a lungo deputata e vero *mastermind* delle relazioni fra Taiwan e gli Stati Uniti d'America, dove fino a ieri ha svolto il ruolo di ambasciatrice del suo paese.

Una vera «globetrotter democratica» che, nei giorni immediatamente precedenti alla sua nomina a vicepresidente della Repubblica, ha promosso un tour de force diplomatico fra Repubblica Ceca, Lituania, Polonia e Parlamento europeo che ha fatto infuriare Pechino.

L'intelligence della Repubblica Ceca ha rivelato recentemente che proprio durante la visita di Hsiao Bi-khim a Praga nel marzo del 2024[7] i servizi segreti di Pechino avevano pianificato a tavolino un incidente stradale ai danni della vicepresidente. Il piano per quanto mai realizzato è stato giudicato dal capo dell'intelligence militare di Praga, Petr Bartovský un'operazione «senza precedenti» di guerra ibrida nel contesto europeo.

3. *Un porcospino salverà Taiwan*

Sono passati soltanto tre giorni dall'insediamento del nuovo presidente Lai Ching-te e Taiwan è nuovamente accerchiata dalla Marina della Repubblica Popolare Cinese: 42 aerei da combattimento, 15 navi militari, 16 navi della guardia costiera hanno stretto in una morsa la «Cina democratica», la cui stessa esistenza è considerata da Pechino una minaccia costante.

L'Esercito dell'isola ha risposto schierando le batterie di sistemi missilistici supersonici Hsiung Feng III (HF-3) e attivando il sistema difensivo ai massimi livelli.

La città vive con un certo disincanto l'ennesima provocazione di Pechino e nulla si è fermato: i mercati notturni pullulano della vita di sempre e il cuore tecnologico del pianeta fatto di ventisei parchi scientifici e tecnologici fra Taipei e Kaohsiung, decine di fabbriche di chip e semiconduttori distribuite in tutta l'isola, non smettono di sfornare a ritmo continuo quelle tecnologie così fondamentali per la nostra vita.

Ma qualcosa sta cambiando sia sul fronte interno che su quello esterno. La svolta autoritaria e sempre più assertiva di Xi Jinping, la fine della città libera di Hong Kong con la morte del modello «un paese, due sistemi» e l'obiettivo dichiarato da Pechino di voler raggiungere la riunificazione con tutti i mezzi, ha costretto Taiwan a cambiare strada.

Se nei primi dieci anni del nuovo secolo il paese si era concentrato esclusivamente sulla crescita economica interna, sostenuta anche da un forte interscambio commerciale con la Cina popolare (le esportazioni fra Taiwan e Cina hanno raggiunto il 40 per cento del totale), il rischio di un conflitto fra i due lati dello stretto ha costretto Taiwan a cambiare passo.

La leva obbligatoria è stata allungata di quattro mesi e il budget della difesa è passato nel 2024 dal 2 per cento al 2,5 per cento del Pil con l'obiettivo di raggiungere il 3 per cento entro il 2026.

«L'invasione dell'Ucraina da parte della Russia è stata per noi una lezione importante» mi racconta Tien Chung-Kwang, viceministro agli Affari Esteri «per aggiornare le nostre politiche difensive e il nostro sistema di alleanze. La resilienza della società ucraina, la capacita di affrontare sfide asimmetriche, l'innovazione continua delle tattiche militari, la determinazione a difendere la propria democrazia e il proprio stile di vita, la costruzione di un'ampia coalizione di paesi democratici, sono stati per noi una fonte di grande ispirazione.»

Da qui la richiesta alle democrazie di Asia, Europa e America di essere progressivamente più presenti nello stretto. «La Cina sta minacciando un ordine internazionale fondato sulle regole e sul diritto e vuole dettare le proprie condizioni su ampie aree di mare che non le appartengono» ha proseguito Tien Chung-Kwang «quindi dobbiamo fare in modo che sia garantita la piena libertà di navigazione nell'Indo-Pacifico.

«Come già hanno fatto diversi paesi, dagli Usa, al Giappone alla Germania» prosegue «invitiamo altri paesi europei ad attraversare lo stretto di Taiwan e il Mar Cinese Meridionale con le proprie navi per affermare la libertà di navigazione che è un diritto universale.»

Taiwan non sta soltanto aggiornando la propria politica di difesa e sicurezza, ma sta anche tentando di mettere in sicurezza la propria produzione industriale, a cominciare dalle tecnologie più pregiate e sensibili dei semiconduttori.

Questo è il senso delle joint venture che sono state realizzate negli anni recenti fra il colosso dei semiconduttori Tsmc e Giappone, Usa, Germania e India per ampliare i siti di produzione, con una strategia chiara: mantenere la proprietà intellettuale e contemporaneamente evitare che un conflitto con Pechino metta a rischio la produzione di tecnologie così vitali.

Ma la guerra asimmetrica fra Cina e Taiwan è già iniziata. Ogni giorno l'isola subisce circa duecentomila attacchi informatici provenienti dalla struttura di cyber-war promossa da Pechino, che inonda quotidianamente i social network di fake news per screditare la leadership politica dell'isola e metterne in discussione la legittimità. A tutto ciò vanno aggiunte le numerose azioni per provocare black-out della fornitura di energia elettrica; l'interruzione dei canali di telefonia mobile e i continui tentativi di carpire i segreti industriali delle produzioni più strategiche.

Taiwan unisce tradizione e modernità ed è sufficiente lasciare per un attimo le vie principali dense di grattacieli per trovarsi in un dedalo di vicoli con caffè, piccoli centri che riparano biciclette, negozi di alimentari.

Ed è in un piccolo ristorante del quartiere di Da'an che incontro Eve Chiu, direttore del Taiwan FactCheck Center,[8] un team di giornalisti, docenti ed esperti di comunicazione impegnati nel tentativo di limitare i danni della massiccia attività di disinformazione di Pechino. «Solo nelle ultime settimane» mi racconta Eve Chiu «abbiamo analizzato molte campagne di disinformazione che hanno inondato l'isola con notizie false sui temi più disparati: i rischi imminenti di una nuova pandemia; il presunto isolamento internazionale di Taiwan; lo screditamento sistematico della leadership politica di Taiwan.»

L'ho risentito telefonicamente nel marzo del 2025, durante la scrittura di questo libro e il Centro era impegnato ad analizzare una serie ripetuta di azioni di disinformazione cinese promosse da Pechino sul presunto cambio di politiche dell'amministrazione americana nei confronti di Taiwan: notizie false sul ritiro da Taiwan da parte di molte aziende statunitensi (Apple, Nvidia, Qualcomm, Boeing, Tesla, Starbucks ecc...); notizie sull'imminente fine del sostegno politico degli Usa verso Taiwan[9] e via dicendo.

Nel pomeriggio mi sposto negli uffici del Taiwan AI Labs & Foundation fondato da Ethan Tu che ha un obiettivo chiaro: occuparsi di *Cognitive Security in Modern Warfare*, la sicurezza cognitiva nella guerra moderna, usando l'intelligenza artificiale per svelare la manipolazione delle informazioni in rete, scoprire la diffusione di informazioni dannose per la sicurezza nazionale e identificare narrative utilizzate dai gruppi di account *troll*. La piattaforma che hanno inventato[10] permette al pubblico, ma anche alle aziende private, di analizzare le campagne di disinformazione; capire la natura e la dimensione dell'attacco; identificare i gruppi di account pirati e le loro eventuali connessioni con entità straniere.

In un caffè del quartiere di Da'an incontro nuovamente Wu'er Kaixi, uno dei leader più noti della rivolta di piazza Tienanmen del 1989, riuscito a evitare l'arresto con una fuga rocambolesca da Pechino verso gli Stati Uniti, per poi giungere qui a Taipei, dove vive in esilio da oramai trentacinque anni. Oggi è un noto editorialista e anche segretario della Commissione per i diritti umani del Parlamento di Taiwan. Ho raccontato la sua storia nel mio libro *Dissidenti*[11] e incontrarlo mi aiuta sempre ad avere una visione aggiornata su dove stiano andando la Repubblica Popolare Cinese e la piccola «Cina democratica» di Taiwan.

Wu'er Kaixi mi fa oggi da traduttore e così riesco a chiacchierare con un po' di giovani taiwanesi nel caffè dove ci troviamo. La minaccia crescente di Pechino ha prodotto una certa ansia diffusa e il *leitmotiv* è uno soltanto: «Quanto potrà resistere Taiwan in caso di attacco della Cina? Saremo una nuova Ucraina in grado di resistere? Saremo aiutati dai paesi amici o saremo soli e crolleremo nei primi giorni del conflitto?».

Il governo ha approvato in questi giorni il nuovo budget della difesa con un aumento del 14,9 per cento rispetto all'anno precedente per un totale di 523,5 miliardi di dollari di Taiwan (17,4 miliardi di euro). Il nuovo budget verrà presto discusso e approvato in Parlamento e nel paese si scontrano diverse scuole di pensiero sulla migliore strategia militare da adottare. In molti chiedono di aumentare i riservisti, estendere la leva obbligatoria, costruire un sistema di difesa territoriale diffuso.

In questo contesto, ha fatto molto discutere una recente intervista, rilasciata al quotidiano giapponese «Nikkei Asia», dell'ex capo di stato maggiore, l'ammiraglio Lee Hsi-min, che ha sostanzialmente proposto un modello di «difesa asimmetrica a porcospino»: «vanno abbandonate scelte estremamente costose, come la costruzione di nuovi sommergibili, va invece costruita una forza di difesa territoriale più economica, mobile, con maggiori capacità di sopravvivenza e soprattutto in grado di far pagare un prezzo molto alto ai possibili occupanti».[12]

Il riferimento all'Ucraina è evidente.

Vicino al mercato notturno di Gongguan, nel quartiere di

Da'an, ha sede la Prospect Foundation,[13] il più autorevole think tank di Taipei, molto vicino al partito di governo. Qui incontro il presidente della fondazione I-Chung Lai, il quale anche lui crede che «Pechino potrebbe tentare un azzardo militare a Taiwan nel 2027, quando finirà il terzo mandato di Xi Jinping alla guida della Cina. Entro quella data Xi vorrà passare alla storia come colui che ha portato a termine la riunificazione e ricondotto all'ordine l'isola ribelle e democratica».

Ciò che preoccupa della leadership di Xi Jinping è la sua spregiudicatezza nel far prevalere la geopolitica sull'economia, interrompendo una tradizione di almeno vent'anni, nella quale gli interessi strategici cinesi collimavano sostanzialmente con quelli economici.

«Basta analizzare» prosegue I-Chung Lai «quanto è successo a Hong Kong. Il regime di Pechino aveva un obiettivo prioritario: soffocare ogni libertà politica e azzerare il multipartitismo e per raggiungere questo obiettivo non ha esitato a distruggere anche il polo finanziario e il dinamismo economico che l'aveva resa una delle capitali della finanza globale.»

La Prospect Foundation organizza anche ogni anno ad agosto il Ketagalan Forum,[14] diventato negli anni la più autorevole conferenza regionale sui temi della sicurezza.

La fondazione dista un paio di chilometri dal Ministero della Difesa, che percorro a piedi prima passando accanto al Memoriale di Chiang Kai-shek, con la sua imponente scalinata di 89 gradini, la statua gigante del leader e il tetto blu, affacciati sulla grande piazza della Libertà.

L'Institute for National Defense and Security Research[15] si trova al piano terreno di uno degli edifici del Ministero della Difesa ed è senza dubbio il più autorevole think tank dell'isola in materia di sicurezza e difesa.

Qui incontro Wu Tzu Li, direttore dell'istituto e a lungo capitano di vascello della Marina taiwanese. «Pechino» mi racconta «ha tre opzioni militari nei confronti di Taiwan: il blocco totale dell'isola per impedire l'accesso alle risorse energetiche e spezzare le catene di approvvigionamento; l'invasione con attacchi missilistici, mezzi anfibi con elevate perdite umane; la guerra ibrida con attacchi cyber e forse con azioni militari limitate.»

Wu Tzu Li non si sbilancia sui possibili tempi di una forzatura militare nello stretto, ma mi fa capire che in base alle analisi dell'Istituto, unite alle molte informazioni di intelligence che Taiwan raccoglie ogni giorno, la Repubblica Popolare non avrebbe ancora le capacità navali per tentare un'invasione tradizionale. «La caratteristica delle esercitazioni militari cinesi che vediamo crescere di giorno in giorno, mi fanno propendere al fatto che la Cina si stia preparando al primo scenario (il blocco dell'isola) più che a un'invasione su larga scala di Taiwan.»[16]

Il pensiero corre inevitabilmente al blocco di Berlino del 1948 e al ponte aereo di oltre un anno che gli alleati organizzarono per salvare la città. Taipei come Berlino è una possibilità da non escludere nel nuovo Grande Gioco che si sta dispiegando sotto i nostri occhi.[17]

Due parole emergono costanti in tutti gli incontri sull'isola: «deterrenza» e «alleanze». La «deterrenza», ovvero, come evitare la guerra, rendendo i costi della stessa insopportabili per il nemico. Le «alleanze» con i paesi democratici che condividono gli stessi valori della piccola Taiwan, per non lasciarla sola al suo destino.

Concludo la mia giornata al tempio di Lungshan, nel quartiere storico di Wanhua, passando fra le sue colonne ornate di draghi e i tetti ricurvi, e l'imponente cancello di legno intarsiato, si è avvolti dal fumo dell'incenso che racconta secoli di tradizioni buddiste e taoiste, con i fedeli che si raccolgono in preghiera sotto grandi lanterne rosse.

Fondato nel 1738 dai coloni del Fujian e dedicato a Guanyin, la dea della misericordia dal volto dolce e dallo sguardo compassionevole, non è solo un luogo di contemplazione: è un crocevia di culti, un sincretismo che riflette l'anima eclettica di Taiwan. Accanto alla dea buddista, altari minori ospitano divinità taoiste, come Matsu, la protettrice dei marinai, o Guan-Gong, il dio della guerra, creando un dialogo silenzioso tra fedi diverse, unite sotto lo stesso tetto.

4. *Il whisky di sorgo e i coltelli di Kinmen*

Il volo della compagnia taiwanese Uni Air che collega il piccolo aeroporto cittadino di Songshan, nel centro di Taipei, con l'isola di Kinmen ricorda più un volo Ryanair per la Spagna o la Grecia che un collegamento con un avamposto militare. Siamo a inizio giugno e il volo è pieno di famiglie e giovani in *flip-flop* che raggiungono Kinmen per le prime vacanze estive.

Su tutto l'aereo gli unici senza ciabatte siamo il sottoscritto e Lee Yian, il giovane redattore del sito di giornalismo d'inchiesta «Initium Media»,[18] che pubblica in lingua cinese con sede a Singapore.

Non conoscevo Lee Yian prima di venire a Taipei, ma dopo aver letto un suo lungo reportage sulla storia dei semiconduttori a Taiwan e su come la piccola isola sia diventata in pochi anni il cuore tecnologico del pianeta, l'ho contattato e, dato che prevedeva di andare a Kinmen, abbiamo coordinato il viaggio.

Il volo fino alla piccola isola di Kinmen dura un'ora scarsa. Siamo a 280 chilometri dalla capitale Taipei, ma soltanto a 2 chilometri dalla costa della Repubblica Popolare Cinese. Come si dice per l'appunto: «a un tiro di schioppo».

I grattacieli della città di Xiamen della provincia del Fujian sono a pochissima distanza e dominano il paesaggio della piccola isola, avamposto taiwanese quasi nelle braccia della Cina di Xi Jinping. È qui che potrebbe avvenire il primo sbarco delle forze armate cinesi in caso di conflitto.

Quando nel 1949 l'Esercito di Chiang Kai-shek sconfitto da Mao Tse-tung decise di ritirarsi a Formosa, l'odierna Taiwan, la piccola isola di Kinmen fu uno dei primi punti di approdo a essere immediatamente fortificato.

Da allora Kinmen è una groviera di tunnel capaci di far attraversare carri armati e mezzi pesanti e in grado di ospitare decine di migliaia di soldati e tutta la popolazione dell'isola per lungo tempo.

In due riprese, nel 1954 e nel 1958, Mao Tse-tung tentò di riprendersi l'isola. Dopo una prima campagna militare durata un mese e conclusasi con uno stallo e una tregua fra le parti, il 23 agosto del 1958 venne avviata la seconda e ben più ampia operazione militare: in pochi giorni piovvero sull'isola 140.000 granate con l'obiettivo di distruggere le fortificazioni e la rete di tunnel nei quali erano asserragliati oltre centomila soldati di Taiwan. Gli Stati Uniti inviarono la 7ª flotta nell'area senza intervenire direttamente, fornendo però sostengo logistico e militare con un'ampia fornitura di obici da 155mm all'Esercito di Taiwan, che furono determinanti per fermare le forze di Pechino. In tre mesi di combattimenti le perdite aeree e navali da entrambe le parti furono ingenti e condussero a una tregua durata fino a oggi.

Di quella guerra sono rimaste soltanto migliaia di tonnellate di proiettili di artiglieria che hanno dato vita a una inedita industria artigianale di coltelli di alta qualità che continuano a essere prodotti con i «rifiuti» di quel conflitto.

A poca distanza dal porto, un piccolo monumento nascosto dalla vegetazione ricorda due soldati americani: il tenente colonnello Alfred Medendorp e il suo pari grado Frank Lynn che persero la vita in quei combattimenti. Entrambi facevano parte del Maag (Military Assistance Advisory Group), il piccolo contingente di addestratori statunitensi che affiancò, sessantotto anni fa, l'Esercito di Taiwan.

Da allora l'isola di Kinmen ha vissuto in relativa tranquillità fino alla cosiddetta «quarta crisi» dello stretto, quella avviata da Pechino in seguito alla visita di Nancy Pelosi a Taiwan il 2 agosto del 2022.[19]

La speaker del Congresso statunitense, giunta a Taipei insieme a una delegazione bipartisan di sei deputati democratici e repubblicani, aveva un obiettivo chiaro: «Onorare il nostro impegno per la democrazia e affermare che la libertà di Taiwan, e di tutti i paesi democratici del mondo, va rispettata, rafforzata e sostenuta».

La visita produsse un'onda tellurica di reazioni da parte di Pechino che da quel momento ha promosso una serie di esercitazioni militari navali intorno all'isola praticamente senza soluzione di continuità fino a oggi.

Taiwan fa paura a Pechino perché la sua stessa esistenza contribuisce a indebolire la narrazione relativista dell'eccezionalità «non democratica» cinese, secondo la quale il gigante asiatico non sarebbe pronto a un'avventura democratica di stampo liberale, avendo attraversato in tutta la sua storia plurimillenaria solo modelli di governance di tipo assolutistico, tanto nella versione imperiale, quanto in quella del partito unico da Mao Tsetung a Xi Jinping.

Il pensiero corre nuovamente all'Ucraina. Anche in quel caso la vera paura per il regime russo e per Vladimir Putin non era la minaccia militare dell'Esercito di Kyiv o l'espansione della Nato a oriente, bensì il rischio del «contagio democratico». Questo è il vero motivo per il quale Xi Jinping considera Taiwan il male assoluto: la possibilità che possa esistere una Cina libera, democratica, imitabile e riproducibile nel continente.

Lee Yian mi indica la vetrina di uno degli onnipresenti supermercati della catena Seven-Eleven sull'isola di Kinmen, per ricordarmi che pochi giorni dopo la visita di Nancy Pelosi un attacco hacker da parte dell'esercito informatico di Pechino, fece apparire sugli schermi dei seimila punti vendita in tutto il paese frasi molto aggressive contro la speaker del Parlamento Usa: «Via la strega Nancy dall'isola... guerra ai guerrafondai...» e via dicendo.

Dei centomila soldati di un tempo, ne sono rimasti qui a Kinmen poco più di tremila, poiché, come ricorda Sen Po Tung, eletto come indipendente nel Consiglio provinciale dell'isola, «le nuove tecnologie militari rendono inutile una massiccia presenza di forze armate di terra».

Kinmen convive ancora con il conflitto: ogni rotonda nelle strade che collegano i diversi villaggi è una postazione militare e l'isola è costellata di basi dell'Esercito di Taiwan; con memoriali ai caduti di guerra; il museo della battaglia del 23 agosto del 1958; la vecchia stazione di Mashan, il punto più vicino alla Cina continentale, dalla quale una potente stazione radio trasmetteva giorno e notte musica e messaggi politici per raccontare la «Cina libera» all'altra parte dello stretto.

Nel 2001 venne inaugurata una linea di traghetti fra Xiamen e Kinmen e da allora ogni anno sono arrivati sull'isola oltre settecentomila turisti dalla Cina continentale, che hanno rappresentato una fonte importante per l'economia locale. Il 31 dicembre del 2019 il governo di Taiwan fu però il primo paese al mondo a cogliere i rischi della pandemia in arrivo da Wuhan, chiudendosi a riccio, promuovendo il primo lockdown anti Covid-19 del pianeta. Da allora la connessione con la Cina si è interrotta e oggi, nonostante la crisi pandemica sia oramai superata, la nuova tensione politica nello stretto rende impossibile prevederne una riapertura.

Il colpo per l'economia dell'isola è stato rilevante: il porto di Shuitou è oggi praticamente deserto, e i grandi centri commerciali cresciuti come funghi lungo la strada che collega il porto al capoluogo hanno tutti le serrande abbassate.

Proseguo il giro dell'isola costeggiando spiagge fortificate e postazioni militari in disuso per poi raggiungere Jincheng, il capoluogo. Qui incontro il giovane ingegnere elettronico York Wu, che un anno fa si è licenziato, lasciando un posto sicuro a Taipei nell'industria dei semiconduttori per trasferirsi su quest'isola di frontiera.

È un fenomeno molto recente, ma sono migliaia i giovani informatici in crisi da *burn-out* che hanno abbandonato un lavoro superpagato e soprattutto molto sicuro.

York Wu non sembra un ingegnere della Silicon Valley taiwanese di Hsinchu e ci riceve in canottiera con un'ascia in mano. Sta tagliando delle travi di legno per rifare il soffitto a cassettoni di una delle stanze di un vecchio edificio storico che ha comprato da poco e che ha iniziato a restaurare.

Siamo nel villaggio di Qiongling, e la sua casa è uno degli edifici storici dell'architettura fujianese del XVIII secolo, che qui sono stati risparmiati dalle devastazioni immobiliari che hanno modificato radicalmente il paesaggio urbano della Cina continentale.

«Qui, sotto i miei piedi» racconta York Wu «ci sono decine di chilometri di tunnel a uso militare, ma dobbiamo pensare al futuro: qui nascerà una libreria, uno spazio per eventi e un centro culturale che si chiamerà "Narrative"... proprio perché vogliamo proporre una narrazione diversa dal bellicismo di Pechino.»

Con la sua liquidazione ha comprato un edificio che è un classico esempio dell'architettura del periodo della dinastia Qing: il tetto è a doppia falda con tegole grigie curve disposte in file ordinate; i bordi del tetto si sollevano leggermente verso l'alto negli angoli, un elemento tipico dell'architettura cinese che simboleggia protezione e prosperità; le travi di legno che sostengono il tetto sono lasciate a vista sotto la gronda e sono decorate con intagli che raffigurano motivi floreali e pipistrelli.

Il design segue un'organizzazione simmetrica che si sviluppa intorno a un cortile centrale, che funge da spazio comune. Sopra le porte principali, si trovano diverse targhe in pietra con iscrizioni calligrafiche con auguri tradizionali.

L'architettura si adatta al clima subtropicale di Kinmen e York Wu, dimenticati i chip e i semiconduttori della sua vita precedente, mi mostra con entusiasmo i tetti sporgenti che proteggono le mura dalla pioggia, il cortile centrale che favorisce la circolazione dell'aria, il granito e i mattoni pieni che aiutano a mantenere l'interno fresco d'estate e isolato d'inverno.

Ma la visita non poteva finire senza assaggiare il *kaoliang*, il potente whisky di sorgo di Kinmen, che raggiunge gli 80 gradi alcolici e che gli abitanti dell'isola producono da settant'anni, esportandolo in tutta l'Asia orientale.

Dopo un mix fra brindisi e scongiuri affinché la deterrenza sia in grado di evitare un futuro conflitto, mi chiede se sarò da queste parti il prossimo ottobre e mi porge una brochure del Kinmen Tunnel Music Festival che fra qualche mese si svolgerà nella grande base militare sotterranea di Zhangshian, un tempo in grado di accogliere diecimila soldati, navi e sottomarini e oggi diventato un teatro sotterraneo per cinquemila spettatori che ogni anno ospita l'importante evento di musica classica.

5. *Joseph Wu*

Joseph Wu è stato per sei anni ministro degli Esteri di Taiwan e dal maggio del 2024 è segretario generale del Consiglio di sicurezza nazionale dello Stato insulare.

Lo incontro a Taipei nei giorni precedenti l'inaugurazione presidenziale di Lai Ching-te nel maggio del 2024.

Discutiamo a tutto campo di Taiwan soprattutto nel contesto del nuovo Grande Gioco che vede competere le autocrazie con il mondo delle democrazie liberali.

«Le ripetute affermazioni di Xi Jinping sull'annessione di Taiwan minacciano lo *status quo*» ricorda Wu «cioè il fatto che nessuna delle due parti nello stretto di Taiwan debba essere subordinata all'altra. Pechino vuole utilizzare il "principio dell'unica Cina" per distruggere la democrazia di Taiwan, che Xi percepisce come una minaccia alla sua dittatura totalitaria. Il mantenimento della pace e della stabilità nello stretto di Taiwan è diventato una priorità per la comunità internazionale.»

Ricordo a Joseph Wu le molte iniziative di espansione della Cina nell'Indo-Pacifico che hanno rimesso in moto la geopolitica regionale... «Questo è esattamente il motivo» ribatte Wu «del crescente coordinamento fra gli Stati Uniti e le democrazie asiatiche: la nascita del Quad fra Usa, Giappone, Australia e India; l'accordo trilaterale fra Usa, Giappone e Repubblica di Corea a Camp David, la crescente cooperazione con le Filippine, sono tutti sforzi per aumentare le capacità di deterrenza nei confronti di una possibile aggressione della Cina.»

Ciò che preoccupa di più Joseph Wu sono le costanti azioni della Repubblica Popolare Cinese di esportazione del proprio modello autoritario. «Per promuovere la propria agenda» prosegue Wu «la Cina sta cercando di riformulare l'ordine internazionale basato sulle regole, su molti fronti: democrazia, diritti umani, sicurezza, commercio, scienza e tecnologia. Attacca ogni giorno i paesi democratici con massicce campagne di disinformazione mirate a erodere la fiducia dei cittadini nei propri paesi; prova in ogni modo a esportare il proprio modello autoritario ben al di là dello stretto di Taiwan; vorrebbe far diventare un proprio mare interno tutto il Mar Cinese Orientale e Meridionale e sta esportando instabilità anche nel Pacifico, come dimostra il recente accordo securitario con le Isole Salomone.»

La sicurezza e la libertà di navigazione dell'intero Indo-Pacifico sono una priorità per l'intera comunità internazionale e «le democrazie» prosegue Wu «devono lavorare insieme per contrastare questa minaccia che noi ben conosciamo. Taiwan subisce da tempo le pressioni del governo cinese su molteplici fronti: oltre all'intimidazione militare ed economica dobbiamo affrontare ogni giorno una guerra ibrida fatta di attacchi informatici e campagne di disinformazione. Taiwan ha imparato preziose lezioni e ha sviluppato vari mezzi per affrontare queste minacce asimmetriche alla nostra democrazia. Taiwan è il bastione di difesa in prima linea delle democrazie contro l'autoritarismo».

La nostra discussione scivola naturalmente su ciò che ha reso Taiwan fondamentale da un lato e appetibile dall'altro, uno dei gangli di quel nuovo Grande Gioco che stiamo provando a raccontare: il suo essere diventata la capitale mondiale della produzione di chip e semiconduttori, il cuore tecnologico del pianeta.

«La pandemia prima e i cambiamenti geopolitici in corso» prosegue Wu «hanno reso obbligatorio per i paesi democratici lavorare insieme per costruire delle catene di approvvigionamento più resilienti. Semiconduttori, 5G, tecnologie biomediche costituiscono alcune delle principali industrie strategiche di Taiwan e il mio paese è pronto a condividere con altri paesi amici, esperienze, cooperazione industriale, formazione del personale, ricerca e sviluppo. Ciò rafforzerà ulteriormente la sicurezza delle catene di approvvigionamento globali e la resilienza economica.»

6. *Hsinchu Valley*

In serata incontro il rappresentante italiano a Taiwan, il nostro ambasciatore *de facto*, Davide Giglio, a capo della Delegazione diplomatica speciale e responsabile dell'Ufficio italiano di promozione economica, commerciale e culturale di Taipei, che nonostante la crescente tensione fra Taiwan e la Cina continentale mostra un certo ottimismo sulle prospettive delle relazioni bilaterali: «L'interscambio commerciale fra Italia e Taiwan ha superato i 4 miliardi di dollari e c'è una crescente attenzione del sistema industriale italiano nei confronti del vero punto di forza dell'isola: l'elevata tecnologia e la produzione di chip e semiconduttori, che ne fanno un leader mondiale indiscusso».

La mattina seguente, in soli quarantacinque minuti di macchina, raggiungo Hsinchu, la Silicon Valley taiwanese.

Qui è nato il «miracolo» taiwanese. Ma la sua storia è completamente differente da quella della Silicon Valley californiana, anche antropologicamente.

La Silicon Valley è storicamente un ecosistema di startup, innovazione e *venture capitalists* propensi al rischio. I grandi successi californiani, che hanno fatto la storia dell'innovazione tecnologica degli ultimi quarant'anni sono legati a tante storie di idee geniali, di aziende nate in piccoli garage, di una forte cultura imprenditoriale *bottom-up* che ha saputo interloquire con un sistema di venture capital ad alto rischio.

Hsinchu, al contrario, è nata intorno a un'infrastruttura più ingegneristica e manifatturiera, con una concentrazione unica di competenze nella produzione fisica dei chip, non soltanto nella loro ideazione e progettazione e soprattutto con un'iniziativa di forte pianificazione strategica pubblico-privata.

Alla fine degli anni Settanta, Taiwan si trovava in una fase cruciale del suo sviluppo economico. Dopo i decenni del «miracolo taiwanese» – il boom industriale trainato da manodopera a basso costo ed esportazioni – il governo taiwanese capì che per rimanere competitivo nel lungo termine, serviva un salto di qualità: passare dall'industria manifatturiera tradizionale alla tecnologia avanzata.

Fu in questo contesto che entrò in gioco il Taiwan Institute of Economic Research,[20] fondato nel 1976, che ebbe un ruolo decisivo nel formulare le strategie industriali di lungo periodo, agendo in collaborazione con il governo e il Consiglio per lo sviluppo nazionale. Il Tier non era semplicemente un centro di ricerca accademica: era un organismo capace di influenzare direttamente le politiche pubbliche, elaborando piani di sviluppo orientati all'innovazione e alla competitività globale.

Fu una sorta di «Iri» taiwanese che intuì prima di altri la necessità di creare un ecosistema tecnologico integrato, dove ricerca, industria e ricerca universitaria potessero convivere e collaborare in modo organico.

Da qui la nascita nel 1980 dello Hsinchu Science Park[21] accanto alla National Tsing Hua University e alla National Chiao Tung University, due tra le migliori istituzioni scientifiche del paese, in grado di garantire capitale umano altamente qualificato.

Lo Hsinchu Science Park fu concepito come parte integrante di un più ampio disegno industriale: sviluppare settori tecnologici strategici, come microelettronica, semiconduttori, optoelettronica, Ict e biotecnologie. Il governo offrì forti incentivi fiscali, infrastrutture all'avanguardia e un ambiente regolatorio favorevole all'innovazione.

Incontro i dirigenti dello Hsinchu Science Park e i numeri che snocciolano sono impressionanti: qui sono nate oltre cinquecento aziende high-tech che contribuiscono a quasi circa il 18 per cento del Pil dell'intera nazione, la Tsmc (Taiwan Semiconductor Manufacturing Company), prima azienda al mondo di semiconduttori, senza i cui chip Apple, Amd, Nvidia, Qualcomm si fermerebbero; la Umc (United Microelectronics Corporation), la prima azienda a produrre semiconduttori e oggi la seconda del paese per fatturato e poi MediaTek, Realtek Semiconductor; Novatek Microelectronics, Etron Technology e molte altre.

Il Parco scientifico di Hsinchu è affollato di ingegneri in giacca e cravatta, anni luce distante, anche antropologicamente, dal mondo informale e alternativo delle start-up europee e americane.

In un ristorante di Hsinchu incontro Lin Wu Quo, vicepresidente di Umc, la prima azienda nata nell'incubator di Hsinchu nel 1980, come uno spin-off del Taiwan Institute of Economic Research.

«Umc ha oggi dodici stabilimenti produttivi» mi racconta «che impiegano oltre ventimila addetti. I principali sono qui nell'area di Hsinchu, ma ne abbiamo anche uno a Singapore, uno in Giappone e due in Cina.»

Gli chiedo di approfondire il rapporto con la Cina continentale: «Nei due stabilimenti di Xiamen e Suzhou nella Repubblica Popolare Cinese non produciamo più del 10 per cento dei nostri wafer e semiconduttori. Le nostre scelte strategiche di internazionalizzazione sono rivolte principalmente verso i paesi amici che condividono i nostri stessi valori... stiamo discutendo con diversi paesi europei per realizzare nuovi impianti nel vecchio continente».

Umc è diventata leader nella produzione di chip e semiconduttori per la mobilità automobilistica. «In un veicolo tradizionale» aggiunge «ci sono circa mille microchip, che diventano circa ottomila in un veicolo elettrico con parziale guida autonoma e in futuro aumenteranno ancora quando la guida senza conducente sarà più matura.»

La Cina sta cercando di replicare il modello di Hsinchu con risultati fin qui limitati... «la chiave del nostro successo» insiste «sta nella libertà di ricerca scientifica, che nella Repubblica Popolare Cinese è spesso sostituita da catene di comando e controllo fortemente centralizzate».

Wen-Yee Lee è una giovane giornalista specializzata in tecnologia ed è la corrispondente della Reuters a Taiwan sulle tecnologie. È una fonte inesauribile di informazioni sul settore dei semiconduttori e sulle implicazioni strategiche e geopolitiche del mercato stesso.

La incontro alla caffetteria del Parco scientifico dove mi propone un'interpretazione «tecnologica» per la difesa dello *status quo* dell'isola: «Hsinchu è diventata una sorta di "territorio strategico" globale» inizia sorseggiando un *bubble tea* «tanto da essere considerata la dorsale del cosiddetto *Silicon Shield* (lo scudo di silicone): qualsiasi attacco militare a Taiwan rischia di spezzare le catene di approvvigionamento mondiali di semiconduttori, dato che qui vengono prodotti oltre il 90 per cento dei chip di ultima generazione... distruggendo Taiwan si rischia di arrecare un danno irreparabile all'economia cinese e a quella globale».

Questa situazione crea in effetti una sorta di «deterrenza asimmetrica», non militare, ma economico-strategica: finché Taiwan sarà essenziale per il funzionamento dell'economia globale, nessuna delle grandi potenze ha interesse a scatenare un conflitto diretto.

7. *Il furto del secolo e la prigione-museo*

Quando le milizie leali al Kuomintang persero la guerra civile contro le forze del Partito comunista cinese di Mao Tse-tung, Chiang Kai-shek decise di ritirarsi nell'isola di Taiwan portando con sé buona parte delle riserve d'oro e centinaia di camion con le opere d'arte più importanti della storia cinese – oggi raccolte nel National Palace Museum, nel distretto di Shilin, sulla collina che domina la parte nord della città di Taipei. Ciò che da alcuni storici è stato considerato come un saccheggio di una parte rilevante del patrimonio artistico e storico cinese, si rivelerà presto essere stata un'occasione unica per portare in salvo oltre settecentomila reperti della Cina imperiale – giade, bronzi e calligrafie – proteggendole dalla furia distruttrice della Rivoluzione Culturale che in più riprese fra il 1970 e il 1976 portò alla morte di milioni di cinesi, nonché alla distruzione di decine di migliaia di templi, edifici religiosi e musei con la scomparsa di gran parte del patrimonio culturale rimasto nella Cina continentale.

Il Museo Nazionale del Palazzo può essere visto molte volte senza il rischio di annoiarsi essendo in grado di esporre soltanto il 5 per cento per volta delle opere della sua collezione. Il museo riesce così a garantire una continua rotazione delle opere esposte, custodite in un gigantesco magazzino scavato nella montagna adiacente al museo stesso.

Il 10 dicembre 1949 Chiang Kai-shek metterà piede per la prima volta sull'isola di Taiwan, seguito da circa due milioni e duecentomila cinesi, di cui quasi la metà soldati. Il governo nazionalista era dominato dai quadri storici del Kuomintang e governerà l'isola fino alla sua morte, nel 1975, con il pugno di ferro, senza aprire ad alcuna forma di multipartitismo e di democratizzazione. Anche il rapido processo di industrializzazione e il rafforzamento dell'economia nell'isola faticarono a essere accompagnati da riforme democratiche, fino a che, verso la fine degli anni Settanta, con l'uscita di scena del vecchio leader, si diffonde un ampio movimento in tutto il paese che chiede profonde riforme politiche.

Taiwan non è sempre stata come oggi: per trentotto anni è stata in vigore la legge marziale (1949-87) e il lungo periodo di dittatura è stato definito come il «terrore bianco».[22]

Per questo merita visitare il Museo Nazionale dei Diritti Umani,[23] nella parte sud della città nel quartiere di Xindan. Il Memorial del Terrore Bianco Jing-Mei, nasce all'interno degli edifici che sono stati prima sede dell'Accademia militare e poi centro di detenzione per detenuti politici e sede del Tribunale militare. La visita conferma il repertorio costante di ogni regime in qualunque angolo del pianeta: camere di tortura, condizioni di detenzione estreme, giustizia esercitata in modo totalmente arbitrario.

«Taiwan ha compiuto un lungo cammino» mi ha detto tempo fa Hsiao Bi-khim, oggi vicepresidente di Taiwan, in occasione di uno dei nostri incontri quando da responsabile esteri del Partito democratico progressista partecipava ai lavori dell'Internazionale liberale: «Eravamo un regime militare e siamo diventati una democrazia compiuta. Eravamo un piccolo paese esclusivamente agricolo e arretrato e siamo diventati una potenza economica, riuscendo a raggiungere un livello di sviluppo e di welfare comparabile con molti paesi occidentali. Siamo la dimostrazione vivente del fatto che con fatica e determinazione la democrazia è alla portata di tutti, a prescindere dalle condizioni storiche, etniche o religiose. Il totalitarismo in Cina non è inevitabile».

8. *Verso sud*

Come ricordava qualche giorno fa Lo Chih-Cheng, presidente della Commissione Affari Esteri e Difesa del Parlamento dell'isola-Stato: «La Cina non ha mai rinunciato all'uso della forza contro Taiwan e oggi si sta trasformando da una potenza continentale a una marittima... il suo obiettivo non è più soltanto Taiwan: la Cina ha un progetto di espansione per "rompere" la Prima catena di isole e sfidare Giappone e Stati Uniti nel Mar Cinese e nel Pacifico.

«L'occupazione illegale» aggiunge «di decine di atolli nel Mar Cinese Meridionale trasformati in grandi basi militari è stato il primo passo di questa strategia. Il prossimo obiettivo siamo noi».

Ora è tempo di rimettersi in viaggio proseguendo la discesa verso la fine della «Prima catena di isole» nell'isola di Luzon fino a Manila, nel cuore del Grande Gioco nel Mar Cinese Meridionale.

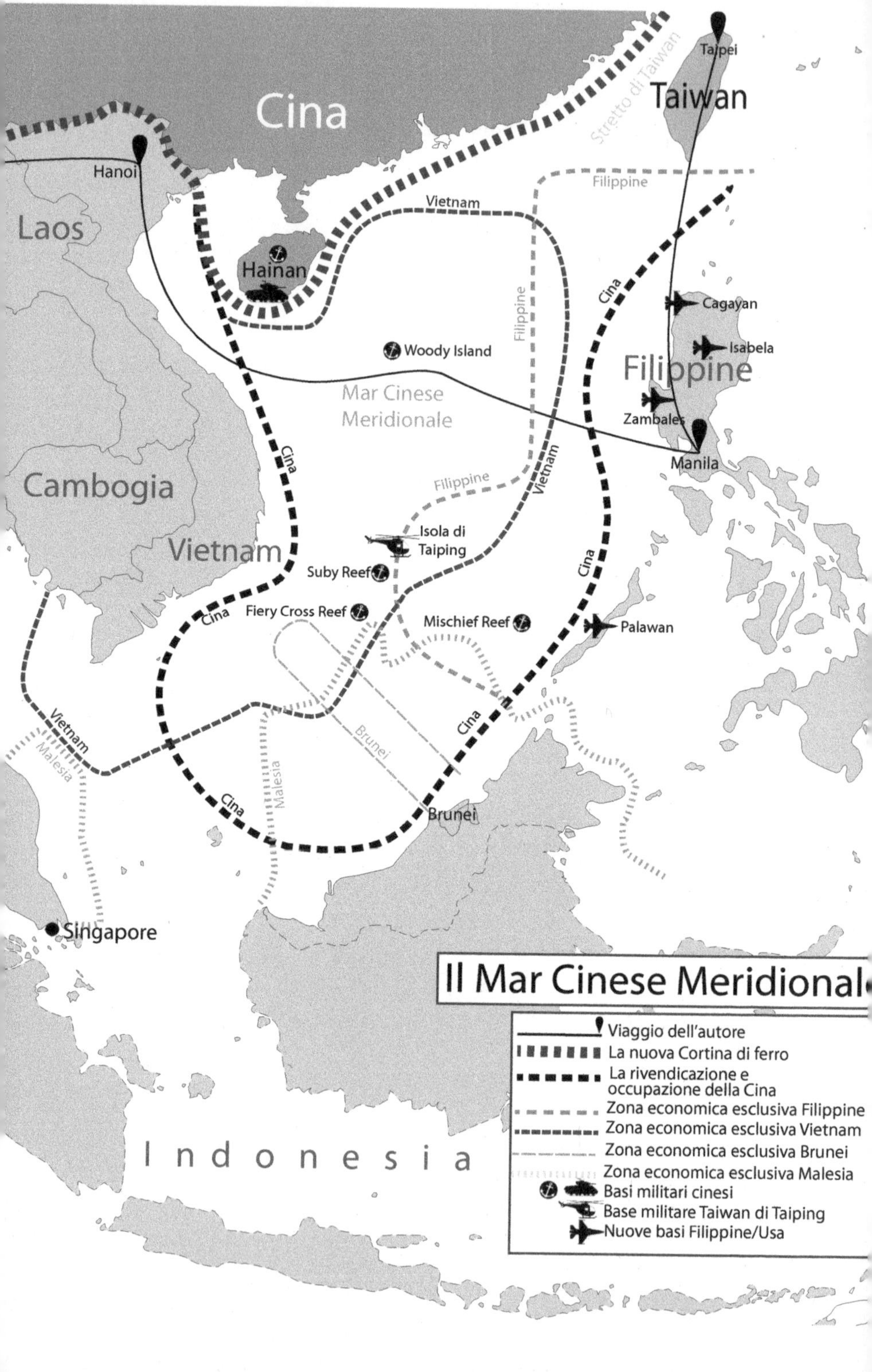

Cina
Taipei
Taiwan
Stretto di Taiwan
Hanoi
Filippine
Vietnam
Laos
Hainan
Cina
Filippine
Cagayan
Isabela
Woody Island
Filippine
Mar Cinese
Meridionale
Zambales
Cina
Manila
Vietnam
Filippine
Cambogia
Isola di
Taiping
Vietnam
Suby Reef
Cina
Cina
Fiery Cross Reef
Mischief Reef
Palawan
Vietnam
Malesia
Brunei
Cina
Malesia
Cina
Brunei
Singapore
Il Mar Cinese Meridionale
Viaggio dell'autore
La nuova Cortina di ferro
La rivendicazione e occupazione della Cina
Zona economica esclusiva Filippine
Zona economica esclusiva Vietnam
Zona economica esclusiva Brunei
Zona economica esclusiva Malesia
Basi militari cinesi
Base militare Taiwan di Taiping
Nuove basi Filippine/Usa
Indonesia

3

Il Mar Cinese Meridionale occupato da Pechino e il nuovo Grande Gioco fra Cina, Vietnam e Filippine

1. *La lunga Prima catena di isole e il nuovo «Lebensraum» in salsa cinese*

Lo stretto di Luzon, che separa il porto di Kaohsiung, nella costa meridionale di Taiwan, dalla grande isola di Luzon nelle Filippine, è largo soltanto 135 miglia marine (circa 250 chilometri).

È qui che prosegue la Prima catena di isole che abbiamo percorso prima via terra da Tokyo fino al porto di Kagoshima nell'estremo Sud del Giappone, poi a Okinawa, Yonaguni e infine a Taiwan.

Dall'isola di Luzon, cuore politico ed economico della Repubblica delle Filippine, la catena di isole corre verso sud raggiungendo la grande metropoli di Manila per poi proseguire lungo la sottile e lunga isola di Palawan, fino al Borneo settentrionale diviso fra la Repubblica della Malesia e il Sultanato di Brunei. Qui la linea rimbalza verso nord e raggiunge le coste del Vietnam.

Siamo nel cuore del Grande Gioco nel Mar Cinese Meridionale dove cresce giorno dopo giorno la tensione fra Cina, Vietnam, Malesia e Filippine a causa dell'occupazione di Pechino di una vasta area di mare, ritenuta illegale da gran parte della comunità internazionale.

I paesi del G7 in occasione del summit di Hiroshima del 2023 hanno stigmatizzato il tentativo di Pechino riaffermando la propria forte contrarietà a «ogni tentativo di cambio unilaterale dello *status quo* nella regione» e ritenendo che «non esista alcuna base giuridica per le ampie rivendicazioni marittime della Cina nel Mar Cinese Meridionale».[1]

Sulla stessa linea si sono espresse l'Unione Europea e gran parte delle cancellerie occidentali.

L'oggetto del contendere sono le centinaia di atolli disabitati negli arcipelaghi delle Spratly e Paracelso, un'area strategica per il commercio e la navigazione mondiale e ricca di risorse energetiche e ittiche. Ogni anno passa su queste acque circa un terzo del commercio globale con oltre 3,37 trilioni di dollari di beni trasportati, la metà di tutte le navi cargo del pianeta. Il greggio trasportato attraverso lo stretto di Malacca e poi nelle acque del Mar Cinese Meridionale è tre volte tanto quello che passa attraverso il Canale di Suez e quindici volte tanto quello che passa attraverso il Canale di Panama.

Da questi mari passano i due terzi di tutto l'approvvigionamento energetico della Corea del Sud; il 60 per cento dell'approvvigionamento energetico di Giappone e Taiwan e l'80 per cento delle importazioni di greggio della Repubblica Popolare Cinese.

In aggiunta a tutto ciò, si stima che gli arcipelaghi disabitati di questa porzione di mare così strategica celino nel loro sottosuolo 25 trilioni di metri cubi di gas naturale e 130 miliardi di barili di petrolio, facendo della regione potenzialmente il secondo giacimento di gas naturale e di petrolio al mondo dopo il Golfo Persico.[2]

A partire dal 2014, con il nuovo corso di Xi Jinping, Pechino ha rafforzato la propria presenza militare sugli atolli disabitati del Mar Cinese Meridionale costruendo piste di atterraggio, postazioni radar, moli di attracco, installazioni con missili terra-aria, depositi. Si tratta di oltre venti avamposti nelle Isole Paracelso e sette nelle Spratly, tra cui Mischief Reef, Suby Reef, Fiery Cross, Woody Island diventati in pochi anni ampie basi militari permanenti di Pechino.

La Repubblica Popolare Cinese rivendica la propria assoluta sovranità su questa gigantesca porzione di mare a partire dalla fine del secondo conflitto mondiale quando, prima con il governo nazionalista del Kuomintang nel 1947 e poi con Mao Tse-tung negli anni Cinquanta, venne adottata e promossa la dottrina delle *Nine Dash Lines* (la «Linea dei Nove Punti»),[3] una sorta di illegittimo, quanto assurdo *Lebensraum* in salsa cinese: uno «spazio vitale» necessario per garantire l'espansione e il dominio economico e geopolitico di Pechino nel Sudest asiatico negli anni a venire.

L'area rivendicata dalla Cina è più grande dell'intero bacino del Mar Mediterraneo e occupa le Zone economiche esclusive e le acque territoriali internazionalmente riconosciute di ben cinque paesi: Vietnam, Filippine, Malesia, Indonesia e Brunei. La profondità e la non legittimità delle rivendicazioni cinesi è evidente ed è come se l'Italia un bel giorno rivendicasse come proprie le acque territoriali di un'area marittima nel Mar Mediterraneo, estesa fino a poche miglia dalla costa di Tunisi, Tripoli, Alessandria, Tel Aviv e Beirut messe insieme.

Il diritto internazionale dà torto a Pechino.

Il 22 gennaio 2013, la Repubblica delle Filippine ha avviato un procedimento arbitrale contro la Repubblica Popolare Cinese ai sensi dell'allegato VII della Convenzione delle Nazioni Unite sul Diritto del mare.[4] L'arbitrato verteva sul ruolo dei diritti storici e marittimi nel Mar Cinese Meridionale, sullo status e sulla legittimità di alcune azioni della Cina nel Mar Cinese Meridionale.

Il 12 luglio del 2016, la Corte permanente di arbitrato dell'Aja si è pronunciata nettamente a favore delle Filippine, ritenendo le rivendicazioni marittime della Repubblica Popolare Cinese totalmente illegittime.[5]

La Cina non ha riconosciuto il verdetto delle Nazioni Unite e ha proseguito nella politica di aggressione nei confronti dei paesi vicini, nell'occupazione illegale e nella militarizzazione degli atolli contestati.

Accanto alla crescente presenza della Marina militare cinese e di migliaia di soldati sugli atolli trasformati in basi militari, il governo cinese ha creato una «milizia marittima» composta dalla guardia costiera e da centinaia di imbarcazioni da pesca che ogni giorno svolgono azioni aggressive e di disturbo nei confronti dei battelli vietnamiti e filippini.

Unitamente all'occupazione illegale di decine di atolli, la Repubblica Popolare Cinese ha avviato un programma di riarmo che non ha precedenti ed è sostanzialmente fondato sul rafforzamento della propria proiezione bellica nei suoi mari meridionali. La Cina sta diventando una grande potenza militare marittima.

Al centro di questo sforzo si trova l'isola di Hainan, che ospita alcune delle infrastrutture militari più avanzate e strategiche della Marina dell'Esercito popolare di liberazione, che hanno trasformato Hainan in una vera e propria «porta» di Pechino sul Mar Cinese Meridionale.

La base di Yulin/Longpo nell'isola di Hainan rappresenta il cuore nascosto della flotta e il più grande progetto di espansione navale di Pechino.

Situata nei pressi della città di Sanya, nella baia di Yalong, la base navale di Longpo rappresenta una delle componenti più segrete e strategiche dell'intero apparato difensivo cinese. La base ospita un'enorme struttura sotterranea scavata nella roccia, concepita per nascondere e proteggere sottomarini nucleari e convenzionali della Marina cinese.

Secondo una recente inchiesta del «Washington Post»,[6] il progetto complessivo della nuova base sottomarina ha un costo stimato di oltre 50 miliardi di dollari, rendendola una delle installazioni navali più costose e tecnologicamente sofisticate al mondo.

Per dimensioni e per il suo posizionamento strategico, molti osservatori l'hanno paragonata alla base statunitense di Pearl Harbor nelle Hawaii.

La Marina cinese conta oggi oltre 370 navi da guerra, superando in numero quella statunitense, con l'obiettivo di raggiungere le 435 unità entro il 2030.

Hainan ospita anche due delle tre portaerei operative della Cina, la *Liaoning* e la *Shandong*, spesso attraccate insieme nell'area portuale di Sanya.

A queste si aggiunge la *Fujian*, nuova portaerei in fase di test dotata di catapulte elettromagnetiche (Emals), che renderanno possibile il decollo di aerei più pesanti e meglio armati.

Oltre alla componente navale, l'isola ospita anche le basi aeree di Lingshui e Sanya, utilizzate per operazioni di sorveglianza e comando avanzato. Da qui operano droni da ricognizione Guizhou Soaring Dragon, elicotteri da pattugliamento e gli aerei radar KJ-500, in grado di tracciare centinaia di bersagli fino a 470 chilometri di distanza.

2. *Le portaerei di corallo del dragone e il Second Thomas Shoal*

Il progetto Asia Maritime Transparency Initiative del think tank statunitense Center for Strategic and International Studies (Csis) svolge da diversi anni un monitoraggio costante del *build-up* militare in corso nel Mar Cinese Meridionale. Il sito è aggiornato costantemente con foto satellitari e analisi approfondite dei tecnici del centro che dimostrano la progressiva trasformazione degli atolli disabitati in vere e proprie «portaerei di corallo» della Repubblica Popolare Cinese.[7]

La Cina ha venti avamposti nelle Isole Paracelso e sette nelle Spratly. Controlla anche Scarborough Shoal, che ha conquistato nel 2012, attraverso una costante presenza della guardia costiera, sebbene non vi abbia costruito alcuna struttura. Dal 2013 a oggi, la Cina ha avviato azioni di dragaggio e costruzione di isole artificiali senza precedenti nelle Spratly, reclamando dal mare 1300 ettari di nuovo territorio tutti dedicati allo sviluppo militare, oltre a una sostanziale espansione della sua presenza nelle Paracelso.

Anche altri paesi hanno una presenza negli atolli del Mar Cinese Meridionale con una scala di occupazione e una presenza bellica non paragonabili a quella cinese: Taiwan occupa da sempre l'atollo di Itu Aba/Taiping; la Malesia ha una piccola presenza su cinque atolli delle Spratly e Manila è presente con piccoli insediamenti su nove atolli sempre delle Spratly.

Il Vietnam è un caso a parte ed è forse l'unico paese con una presenza crescente negli atolli del Mar Cinese Meridionale in diretto contrasto con Pechino, con varie forme di presenza in circa cinquanta di essi.

Ed è in questa ampia area di mare che un conflitto oggi ancora «freddo» potrebbe presto trasformarsi in conflitto tradizionale.

La retorica bellica del dragone su questa porzione gigantesca di mare, nel quale le pretese cinesi si sovrappongono alle Zone economiche esclusive di Vietnam, Filippine, Brunei, Malesia e Indonesia e in molti casi alle legittime acque territoriali degli stessi paesi, ha creato una condizione di conflitto permanente al momento ancora a «bassa intensità».[8]

Come nel caso del Second Thomas Shoal.

Il 17 giugno 2024, due navi della guardia costiera cinese hanno aggredito un battello della guardia costiera delle Filippine, il *BRP Cabra*, mentre stava conducendo una missione di rifornimento al Second Thomas Shoal, un atollo controllato dall'Esercito di Manila e sul quale mantiene un piccolissimo contingente militare sul relitto della nave *BRP Sierra Madre*, incagliata sull'atollo da diversi anni.

Per il governo di Manila, forte anche dell'arbitrato vinto alla Corte permanente dell'Aja, siamo nel Mare Occidentale delle Filippine e pienamente all'interno della Zona economica esclusiva filippina.

Oltre ai danni fisici all'imbarcazione, anche due soldati di Manila sono stati feriti durante l'aggressione cinese. «Il comportamento pericoloso e sconsiderato della Cina nel Mare Occidentale delle Filippine sarà contrastato dalle nostre forze armate» ha dichiarato il segretario alla Difesa filippino Gilberto Teodoro, accusando la Cina di mettere seriamente a rischio la pace e la stabilità nel Mar Cinese Meridionale.[9]

Alle proteste del governo delle Filippine si è unito il Dipartimento di Stato americano che ha ricordato a Pechino con toni molto duri che «l'uso pericoloso e deliberato di idranti, speronamenti, manovre di blocco e il traino di imbarcazioni filippine danneggiate, da parte delle navi cinesi, ha messo in pericolo la vita dei militari filippini, e rappresenta una minaccia per la pace e la stabilità regionale», per aggiungere poi che «... ogni attacco a navi, aerei e forze armate delle Filippine nel Mar Cinese Meridionale può invocare gli impegni di mutua difesa ai sensi dell'articolo 4 del Trattato del 1951 fra Filippine e Stati Uniti».[10]

3. *Bongbong Marcos*

La nuova postura estremamente aggressiva di Pechino nell'area, insieme alla forte assertività su Taiwan, non sta soltanto aumentando le tensioni con Washington, ma sta provocando anche una serie di smottamenti geopolitici, in tutto il Sudest asiatico.

Il nuovo presidente, in carica dal 30 giugno 2022, è figlio del vecchio dittatore Ferdinand Marcos che guidò ininterrottamente il paese per vent'anni, dal 1965 al 1986.

Tutti qui lo chiamano «Bongbong», il suo soprannome da bambino. Nelle Filippine si usa così da sempre e la carica più alta dello Stato è chiamata ovunque con il nomignolo che gli avevano affibbiato i genitori da piccolo.

Le Filippine del neo-presidente Ferdinand Marcos Jr hanno abbandonato la politica filocinese di Rodrigo Duterte per riposizionare il paese nell'alveo occidentale, come confermato dal recente accordo militare e di sicurezza siglato dal segretario alla Difesa statunitense Lloyd Austin nel marzo del 2023.

Il nuovo Enhanced Defense Cooperation Agreement prevede la creazione di quattro nuove basi militari Usa nel paese: la base navale Camilo Osias a Santa Ana, la base Melchor Dela Cruz a Gamu nella provincia di Isabela e l'aeroporto di Lal-lo, tutti antistanti Taiwan; la base di Balabac nell'isola di Palawan affacciata sul mare conteso con Pechino.[11] Le quattro installazioni militari vanno ad aggiungersi alle cinque già esistenti[12] da molti anni e gestite congiuntamente dall'Esercito delle Filippine e da quello degli Stati Uniti: la base aerea di Cesar Basa a Pampanga; il sito per il posizionamento della riserva a Fort Magsaysay; le basi aeree di Lumbia, Antonio Bautista e Mactan-Benito Ebuen.

Arrivo a Manila, con uno dei quindici voli diretti che la collegano quotidianamente con Taipei, in una giornata di giugno del 2025 con caldo torrido e umidissimo. La stagione delle piogge rende l'aria satura, sospesa fra l'alternarsi di afa e forti temporali tropicali. Manila è cresciuta a dismisura negli ultimi vent'anni, con un processo di urbanizzazione simile a tutte le altre città del Sudest asiatico. I suoi 14 milioni di abitanti non vivono in un'unica città, ma in un insieme di città radicalmente differenti fra loro, con un paesaggio urbano che si trasforma in continuazione.

Il cuore storico della città è a Intramuros, la città vecchia, cinta dalle massicce mura costruite dagli spagnoli che per tre secoli, a partire dal 1565, hanno dominato l'arcipelago.

La chiesa di Sant'Agostino, i resti del forte di Santiago, i conventi barocchi e le strade lastricate, raccontano il passato cattolico e coloniale e stridono con il resto della metropoli.

Poco distante si trova il Museo Antropologico che racconta le diversità dell'arcipelago: oltre novanta gruppi etnici che disegnano un panorama variegato, legato alle successive ondate migratorie di origine austronesiana, malese, cinese ed europea. La parte meridionale dell'arcipelago delle Filippine è musulmana, mentre il cattolicesimo è fortemente radicato nella grande isola di Luzon.

Binondo è considerata la Chinatown più antica al mondo, con la sua selva di insegne in cinese, templi taoisti, dove l'odore pervasivo di noodles fritti e dim sum si mescola con quello dell'incenso.

Poi c'è Makati, il cuore economico e finanziario delle Filippine, dove tutto cambia: le strade sono ampie, il traffico ordinato e i marciapiedi ben curati. Infine il quartiere di più recente sviluppo: Bonifacio Global City (Bgc), costruito su un'ex base militare americana dismessa. Qui le baraccopoli infinite dell'area metropolitana di Manila con i tetti ondulati e le strade inondate di *jeepneys* (i coloratissimi, sovraffollati e onnipresenti taxi collettivi) sono lontane. Il modello urbanistico è quello di Singapore: ampi viali, installazioni artistiche negli spazi pubblici, piste ciclabili, spazi di co-working e grattacieli high-tech. Qui il mezzo di trasporto preferito è Grab, la versione asiatica di Uber.

Si sono da poco concluse le esercitazioni militari congiunte fra gli eserciti e le Marine delle Filippine e degli Stati Uniti d'America: le «Balikatan 2025»,[13] che sono state le più grandi di sempre, per numeri di uomini e mezzi coinvolti e si sono svolte nell'estremo Nord delle Filippine, includendo anche Mavulis, un'isola disabitata che fa parte dell'arcipelago di Batanes a soli 150 chilometri dall'isola di Orchid, nel Sud-Est di Taiwan.

Le esercitazioni di quest'anno sono state le più internazionali di sempre, avendo coinvolto per la prima volta due contingenti militari di Giappone e Australia e sono state anche l'occasione per testare il nuovo sistema missilistico antinave Nmesis, schierato nel paese la scorsa settimana.

Tra i paesi che hanno inviato i loro osservatori vi sono Brunei, Canada, Francia, Germania, India, Indonesia, Malesia, Nuova Zelanda, Corea del Sud, Singapore, Thailandia, Regno Unito, Vietnam, Paesi Bassi, Repubblica Ceca, Lituania e Polonia.

Incontro il contrammiraglio Roy Vincent Trinidad, il portavoce della Marina delle Filippine all'Hotel Grand Hyatt nel quartiere di Bgc. Si tratta di un'occasione informale di fronte a una tazza di tè e mi incontra vestito in borghese.

«Il *build-up* militare di Pechino nel Mar Cinese Meridionale» attacca Roy Trinidad «è iniziato nel 1992 in coincidenza con il ritiro di gran parte delle forze militari americane dalle Filippine.» In quell'anno il Senato delle Filippine non rinnovò l'accordo che autorizzava la presenza permanente delle basi militari statunitensi, ritenute non più necessarie alla luce della fine della Guerra Fredda e fu così che, nel novembre del 1992, la grande base navale di Subic Bay e la base aerea di Clark vennero chiuse definitivamente.

«Da allora Pechino non si è più fermata: prima con la realizzazione di ancoraggi e rifugi per l'attività di pesca (1993-95); poi alcune prime costruzioni in cemento che avrebbero dovuto essere usate per scopi scientifici (1997-99); poi una crescente presenza di navi militari (2000-01); infine l'inizio di massicce attività costruttive e di recupero di terre dal mare in almeno quattro atolli all'interno della nostra Zona economica esclusiva: Johnson, Suby, McKenna e Mischief (2009-12), diventate oggi grandi basi militari con porti e aeroporti.»

Il periodo coincide con l'inizio dell'amministrazione di Barack Obama che sostanzialmente decise di non interferire con l'occupazione illegale del Mar Cinese Meridionale da parte di Pechino.

«Oggi la situazione è ulteriormente peggiorata» prosegue il portavoce della Marina «e la presenza militare cinese si è ampliata e consolidata ed è stata affiancata dalla cosiddetta *Fishing Flottilla*, la grande flotta di pescherecci cinesi che rispondono al Comando militare cinese e sono un classico strumento di guerra ibrida, che si aggiunge alle forze militari e alla guardia costiera di Pechino.

«Poi c'è stato il giudizio della Corte arbitrale dell'Aja del 2016 che ha dato pienamente ragione alle Filippine sulla sovranità delle acque contese e che non è mai stato accettato dalla Cina.

«Ma a partire dal 2023 la situazione sta degenerando con attacchi diretti alle nostre navi con speronamenti, idranti, laser e manovre coercitive di varia natura, come nel caso del Second Thomas Shoal. La libertà di navigazione è cruciale per il commercio globale e questo è anche il motivo di una forte crescita della nostra *defense diplomacy*, con molti paesi amici e alleati: Giappone, Australia, Nuova Zelanda, Germania, Francia, Italia, Canada, India, Corea del Sud e Stati Uniti, sono la nostra priorità. Con molti di questi paesi abbiamo siglato già accordi di cooperazione in materia di difesa e sicurezza e a tutti abbiamo chiesto di inviare le proprie navi militari nell'area per affermare proprio la libertà di navigazione.

«In tal senso abbiamo apprezzato molto la presenza della vostra portaerei *Cavour* che nel settembre 2024 ha attraccato a Manila e ha svolto esercitazioni militari congiunte nel Mar Cinese Meridionale insieme alla nave statunitense *USS Russell* e alla Marina australiana.»[14]

Concludo il nostro incontro, sollecitandolo sul rapporto fra il suo paese e l'India. «Il rapporto con l'India è eccellente» mi dice «e, come sa, stiamo acquistando da loro il sistema missilistico BrahMos... c'è una forte comunanza e una forte fiducia reciproca: condividiamo gli stessi valori (siamo due democrazie) e condividiamo gli stessi nemici.»

«Nemici?» chiedo io.

«A dire il vero» mi risponde senza esitazioni l'ammiraglio «un solo nemico: la Cina.»

Fra pochi giorni sarà l'anniversario della vittoria delle Filippine contro la Cina nell'arbitrato sulla sovranità condivisa nel Mar Cinese Meridionale presso la Corte arbitrale dell'Aja e il governo delle Filippine ha preparato un nuovo sito web che ne racconta l'intera storia, con una miriade di dati, immagini e fonti di estremo interesse.[15]

Il sito apre con una dichiarazione del presidente Ferdinando Marcos Jr, che non lascia dubbi su messaggio e obiettivi della campagna di comunicazione *Not one inch*, «Non un solo centimetro (di territorio)»... «Non parteciperò ad alcun processo che abbandonerà anche un solo centimetro quadrato di territorio della Repubblica delle Filippine a qualsiasi potenza straniera.»

Gli fa eco e rilancia il capo della diplomazia di Manila: «Mai cedere» ha dichiarato il ministro degli Esteri Enrique Manalo e il suo collega, il ministro della Difesa Gilberto Teodoro Jr, in occasione di un'audizione al Senato delle Filippine, ha accusato la Cina di essere «il più grande elemento di destabilizzazione della pace internazionale», sostenendo apertamente la necessità di una «più forte azione multilaterale collettiva contro la Cina».[16]

«Questa è per noi una questione esistenziale» ha poi aggiunto Gilberto Teodoro «non cerchiamo il conflitto, ma non ci tireremo indietro se ciò che è nostro verrà preso illegalmente da un paese che si comporta come un bullo.

«Le risorse del Mar Cinese Meridionale sono necessarie per il sostentamento delle future generazioni di filippini» ha puntualizzato «e il nostro paese dipende dal commercio internazionale che attraversa le sue acque.»

La retorica molto dura dei due esponenti chiave del governo Marcos è peraltro in linea con i più recenti sondaggi che raccontano un'opinione pubblica in larga maggioranza orientata verso una posizione ferma contro la Cina.

Il ministro Enrique Manalo ha poi respinto le accuse mosse

da diversi funzionari cinesi e dal quotidiano «Global Times» secondo cui le Filippine non sarebbero altro che una «pedina americana», sottolineando invece come Manila operi esclusivamente in base al proprio interesse nazionale.

Manalo ha poi aggiunto che per contrastare l'occupazione illegale di Pechino del Mare Occidentale delle Filippine e per garantire la libertà di navigazione in un tratto così importante dei mari dell'Asia «è necessaria una nuova stagione di espansione della cooperazione in materia di difesa e sicurezza delle Filippine con alleati e partner», sottolineando così una dottrina sempre più diversificata e «multiallineata» della politica estera del paese.

«Gli Stati Uniti sono i nostri più importanti alleati, ma non sono gli unici... La nostra relazione con il Giappone si è rafforzata, abbiamo rapporti molto più solidi con l'Australia, con il Vietnam, e stiamo anche cercando di rafforzare i nostri legami con la Nuova Zelanda e, naturalmente, con l'India.»

4. *Le Filippine fra Squad, nuove alleanze e le minacce di Cina e Russia*

Il ministro degli Esteri dell'India Subrahmanyam Jaishankar, in occasione del Raisina Dialogue, tenutosi a Nuova Delhi il 17-19 marzo 2025,[17] ha inviato un segnale fortissimo alla Repubblica Popolare Cinese, quando nella sala Durbar del Taj Hotel ha riunito in uno degli incontri più seguiti dell'intero evento, i capi delle forze navali di India, Stati Uniti e Australia e i capi di stato maggiore degli eserciti di Giappone e Filippine.

Il panel ha fornito un messaggio estremamente chiaro a Pechino: le democrazie dell'Indo-Pacifico sono impegnate a garantire e difendere la libertà di navigazione e il commercio globale nell'Indo-Pacifico e sono pronte a impedire atti unilaterali di cambiamento dello *status quo* nello stretto di Taiwan e nel Mar Cinese Meridionale.

I rappresentanti delle Marine e degli eserciti dei cinque paesi hanno tutti in vario modo confermato l'impegno a proseguire le proprie azioni di coordinamento per aumentare l'interoperabilità fra le forze militari e ad avere come obiettivo la sicurezza e la stabilità dell'intero Indo-Pacifico.

L'ammiraglio Samuel Paparo, comandante dello US Indo-Pacific Command, si è spinto più in là: «Xi Jinping ha dichiarato di volere annettere con ogni mezzo Taiwan e si parla spesso del 2027 come data per un possibile intervento militare cinese. Gli Usa e le forze alleate qui presenti sono in grado di mettere in cantiere una significativa deterrenza che sarà sufficiente a dissuadere Xi da un azzardo militare, ma se ciò accadesse, noi siamo pronti a impedirlo».

Il generale Romeo Brawner, capo di stato maggiore dell'Esercito delle Filippine, ha illustrato la minaccia per il suo paese rappresentata dall'occupazione illegale da parte della Cina di una porzione enorme del Mar Cinese Meridionale e al processo in corso di realizzazione da parte di Pechino di quella cosiddetta *Great Wall of Islands*: la creazione di una rete di infrastrutture militari che minacciano la stabilita dell'intero Sudest asiatico», passando poi a illustrare il nuovo gruppo informale sulla difesa e sicurezza nato nel 2024 che riunisce Giappone, Australia, Filippine e Stati Uniti, noto come lo «Squad».[18]

La nascita del gruppo informale è recente ed è una delle molte iniziative diplomatiche cosiddette «minilaterali» che, soprattutto per impulso dell'amministrazione Biden, hanno ridisegnato e rafforzato il sistema delle alleanze fra i paesi democratici in tutta la vasta area dell'Indo-Pacifico, creando una rete estesa di cooperazione, patti bilaterali di difesa e sicurezza, scambio di informazioni di intelligence, esercitazioni militari congiunte.

Il contenimento della Cina nel Mar Cinese Meridionale e il garantire la piena libertà di navigazione in tutta l'area sono gli obiettivi principali di queste nuove alleanze.

Il gruppo denominato «Squad», composto da Australia, Giappone, Stati Uniti e Filippine, non ha una data di fondazione ufficiale, tuttavia, la collaborazione tra questi quattro paesi ha avuto una prima formalizzazione con le esercitazioni militari congiunte nel Mar Cinese Meridionale il 7 aprile del 2024 all'interno della Zona economica esclusiva delle Filippine, minacciata da Pechino, seguito dal trilaterale Stati Uniti-Giappone-Filippine, con un primo vertice fra i leader dei tre paesi a Washington l'11 aprile 2024[19] e poi seguito ancora da un incontro fra i ministri della Difesa dei quattro paesi convocato dall'allora segretario alla Difesa statunitense Lloyd Austin, il 3 maggio 2024, a Washington DC.

Non è ancora una «Nato asiatica», ma il processo di creazione di una serie di «minilaterali» in materia di difesa e sicurezza, in grado di aumentare l'efficacia politica, diplomatica e militare delle democrazie dell'Indo-Pacifico, è iniziato.

Le Filippine, in prima linea nella competizione con Pechino, vorrebbero ora ampliare lo Squad alle due grandi democrazie dell'Indo-Pacifico: la Corea del Sud e l'India.

Rivolgendosi poi all'ammiraglio Dinesh Tripathi, capo della Marina dell'India, il generale Romeo Brawner ha dichiarato: «Abbiamo un nemico comune. E non ho remore nell'affermare che questo è la Cina».

La Corea del Sud, dal canto suo, con una frontiera settentrionale «bloccata» dalla Corea del Nord, nutre crescenti preoccupazioni strategiche riguardo alla sicurezza delle proprie catene di approvvigionamento, interamente dipendenti dalla piena libertà di navigazione dell'Indo-Pacifico.

India e Corea del Sud hanno poi svolto un ruolo significativo nella modernizzazione militare delle Filippine, fornendo al paese missili antinave BrahMos di fabbricazione indiana, come vedremo in seguito, e fregate di fabbricazione coreana.

La proposta filippina di ampliamento dello Squad ha quindi buone probabilità di essere realizzata.

Ma la rete di alleanze in via di formazione non si conclude qui.

Fra il 2022 e il 2025 sono stati siglati una serie di accordi bilaterali di Reciprocal Access Agreement fra Filippine e Giappone[20] e fra le Filippine e l'Australia, che garantiscono la reciprocità di utilizzo delle basi militari e la possibilità di realizzare manovre militari congiunte con la Marina Usa per garantire la piena libertà di navigazione nell'area di mare oggi occupata illegalmente da Pechino.

Nel gennaio del 2024, poi, Vietnam e Filippine hanno firmato un primo accordo di cooperazione fra le proprie guardie costiere,[21] interamente finalizzato al coordinamento delle azioni di contrasto di una Cina sempre più assertiva nel Mar Cinese Meridionale.

Il nuovo patto strategico fra Filippine e Vietnam muta gli equilibri strategici nella regione allontanando un paese di tradizione «comunista» dal suo legame storico con Pechino e permette alle due nazioni di aumentare il coordinamento fra le rispettive Marine.

Gli interessi di Filippine e Vietnam nel Mar Cinese Meridionale sono convergenti: contenere l'espansione di Pechino, tutelare i propri spazi economici esclusivi e le proprie acque territoriali, garantire la piena libertà di navigazione.

L'accordo è un ulteriore passo per «costruire un fronte unito tra i paesi coinvolti in dispute territoriali con Pechino nel Mar Cinese Meridionale» ha dichiarato Huong Le Thu, vicedirettore per l'Asia dell'organizzazione no-profit International Crisis Group.

Pochi mesi dopo, il 30 agosto del 2024, i due paesi hanno compiuto un ulteriore passo siglando un ampio accordo di cooperazione nel settore della Difesa.[22]

Il ministro della Difesa vietnamita Phan Van Giang ha incontrato a Manila in visita ufficiale il suo omologo Gilberto Teodoro per mettere a punto una serie di accordi di scambio di informazioni fra le due Marine, assistenza umanitaria e soccorso in caso di calamità in mare, nonché accordi medico-militari.

Non è ancora un'alleanza militare, ma è certamente un passo significativo nelle relazioni fra i due paesi che condividono le stesse sfide e rappresenta soprattutto un rilevante cambio del posizionamento strategico di Hanoi che potrebbe mutare anche in profondità gli equilibri del nuovo Grande Gioco nella regione asiatica.

Le tensioni nei mari orientali hanno raggiunto anche il quartier generale di Alphabet a Mountain View in California e dal 14 aprile 2025 Google Maps ha compiuto un aggiornamento «geopolitico» nella regione affiancando la definizione Mar Cinese Meridionale a quella del Mare Occidentale delle Filippine, optando per una soluzione salomonica simile a quanto fatto nel

Golfo del Messico, ora indicato con una parentesi anche come Golfo d'America, dopo l'ordine esecutivo di Donald Trump.

Dal canto suo la Repubblica Popolare Cinese ha modificato il disegno di copertina dei suoi nuovi passaporti, cambiando i confini della Cina e includendo Taiwan, tutto il Mar Cinese Meridionale, l'intero Stato indiano dell'Arunachal Pradesh e le aree contese con l'India nel Ladakh, provocando forti proteste da parte delle diplomazie di Filippine, Vietnam e India.

A completare il quadro il Regno Unito ha siglato l'11 gennaio 2024 un ampio accordo di difesa con Manila finalizzato alla modernizzazione della struttura militare del paese.[23] Londra è preoccupata della postura sempre più aggressiva di Pechino nella regione anche perché il 12 per cento del commercio marittimo annuo del Regno Unito passa per il Mar Cinese Meridionale.

Sulla stessa linea la Nuova Zelanda che sta negoziando con le Filippine un accordo di reciproco utilizzo delle basi militari dei due paesi, il cosiddetto «Status of Visiting Forces Agreement (Sovfa)»,[24] come annunciato nell'aprile del 2024 dal presidente Ferdinand «Bongbong» Marcos Jr e dal Primo ministro neozelandese Christopher Luxon.

Sicurezza marittima, stabilità regionale, garantire la libertà di navigazione nell'Indo-Pacifico e il contenimento di Pechino sono stati alla base anche dello storico Accordo di accesso reciproco siglato poi fra il Giappone e le Filippine l'8 luglio 2024[25] che stabilisce le procedure per le attività di cooperazione condotte dalle forze armate dei due paesi. L'accordo faciliterà l'accesso delle rispettive Marine alle basi militari dei due paesi e l'attuazione di esercitazioni militari congiunte, nonché migliorerà l'interoperabilità tra le forze armate dei due paesi.

La rete fra le democrazie dell'Indo-Pacifico cresce e si consolida e le autocrazie non stanno a guardare.

L'«alleanza senza limiti» siglata fra Xi Jinping e Vladimir Putin, pochi giorni prima dell'invasione russa dell'Ucraina del 22 febbraio del 2022, non è soltanto limitata al teatro europeo, ma le due autocrazie hanno intensificato il proprio coordinamento politico e militare anche nell'ampia area dell'Indo-Pacifico.

L'esercitazione navale congiunta Joint Sea 2024[26] del luglio 2024, è una delle prime traduzioni pratiche della nuova dottrina russo-cinese, con una cooperazione in materia di difesa, sicurezza e intelligence già molto avanzata. Navi da guerra cinesi e russe hanno pattugliato per quasi una settimana il Mar Cinese Meridionale con i cacciatorpediniere cinesi *Yinchuan* e *Nanning*, una fregata russa, elicotteri e reparti di forze speciali. Oltre alla sorveglianza marittima, le due Marine hanno condotto esercitazioni congiunte, tra cui ispezioni in mare, operazioni di abbordaggio e atterraggi di elicotteri su navi al largo dell'isola cinese di Hainan e test di difesa aerea e antimissilistica per la protezione delle imbarcazioni.

Lascio le chiese barocche e il fascino di Intramuros per tornare nel quartiere «singaporeano» di Bgc, la Bonifacio Global City, con i suoi brand iconici, dai negozi agli hotel, che la rendono una sorta di «non luogo», indistinguibile da decine di altre città del mondo.

In un caffè di Bgc incontro Chester Cabalza, presidente del think tank International Development and Security Cooperation, considerato uno dei massimi esperti sulla nuova stagione di *great power competition*, che sta ridisegnando i rapporti di forza e gli equilibri geopolitici della regione.

«La Cina si è molto stupita» inizia Cabalza «delle nostre capacità di costruire una serie di alleanze politico-militari con ben diciannove paesi democratici fra Asia, Europa e America. Siamo un piccolo paese e le partnership di difesa sono per noi vitali. Al tempo stesso dobbiamo però essere capaci di costruire una sorta di *self-reliant defence posture*, in altre parole: produrre armamenti e tecnologia militare a livello nazionale; ridurre la dipendenza da importazioni estere; sviluppare capacità autonome di deterrenza e risposta in caso di conflitto.

«Il conflitto in Ucraina» prosegue Cabalza «insegna che sono necessarie entrambe le cose per poter reggere un conflitto con una potenza molto più grande di te: un solido sistema di alleanze, unito a una capacità produttiva bellica locale.»

5. *BrahMos, dall'India con amore*

Il nuovo Grande Gioco potrebbe però avere, anche nei mari orientali, un esito imprevisto con l'entrata in campo dell'attore più rilevante dell'Indo-Pacifico: la grande democrazia indiana, che ha assunto negli anni un profilo sempre meno «non allineato» e sempre più alla ricerca di alleanze con i paesi che condividono gli stessi valori e che soprattutto condividono gli stessi assi competitivi: primo fra tutti quello con la Repubblica Popolare Cinese.

Nel quadro della dottrina «Act East»[27] lanciata dal premier Narendra Modi, è aumentato in modo significativo il protagonismo indiano nella regione, grazie a una molteplicità di sforzi politico-diplomatici che hanno rafforzato le relazioni economiche e strategiche fra Nuova Delhi e i paesi del Sudest asiatico.

Il paese più popoloso del mondo ha ottenuto così un duplice risultato: ha visto confermare il proprio ruolo di potenza regionale anche al di là del suo ambito naturale (il subcontinente indiano) e ampliato contemporaneamente la propria azione di contenimento e contrappeso alla Repubblica Popolare Cinese nell'Indo-Pacifico.

Ed è in particolare nel settore della difesa e della sicurezza che l'India sta radicalmente mutando pelle. Dopo decenni di sostanziale dipendenza dal mercato bellico prima dell'Unione Sovietica e poi della Federazione Russa, la progressiva traiettoria «occidentale» dell'India l'ha portata a compiere due scelte strategiche complementari: la prima con una crescente diversificazione dei propri approvvigionamenti bellici verso il mercato europeo (Francia e Regno Unito) e Stati Uniti; la seconda tramite il rafforzamento della propria capacità produttiva autonoma.

In questo quadro si collocano i sistemi missilistici BrahMos, prodotti nello stabilimento di Lucknow in Uttar Pradesh dalla BrahMos Aerospace,[28] una joint venture indo-russa, con la componente indiana in posizione maggioritaria.

Grazie all'accordo India-Filippine del 2022 per un valore di 375 milioni di dollari, le Filippine hanno avviato la costruzione della loro prima base per missili antinave BrahMos presso la base navale Leovigildo Gantioqui a Zambales,[29] nella regione occidentale di Luzon, affacciata sul Mar Cinese Meridionale. Si tratta di un passo decisivo nel programma di modernizzazione militare del paese, volto a rafforzare la propria capacità di deterrenza nei confronti del crescente protagonismo cinese nell'area marittima contesa.

A completare il quadro, in occasione dell'incontro del marzo 2024, il ministro degli Esteri filippino Enrique Manalo e quello indiano Subrahmanyam Jaishankar, hanno riaffermato la piena legittimità del Tribunale arbitrale dell'Aja, invitando la Cina a rispettare il verdetto e a ritirarsi dagli atolli occupati illegalmente.[30]

Come ha ben rilevato Derek Grossman, esperto di Indo-Pacifico della Rand Corporation: «L'India sta diventando un attore strategico nel Sudest asiatico: ha concluso un accordo per la fornitura di armi con il Vietnam, si è schierata con le Filippine contro la Cina nelle dispute di sovranità nel Mar Cinese Meridionale e ha rafforzato la cooperazione in materia di difesa con l'Indonesia. L'India, infine, ha offerto una linea di credito agevolata per la fornitura di armi indiane alle Filippine».[31]

6. *Il Mare Orientale del Vietnam e una storia difficile con la Cina*

Da Manila con sole due ore di volo, e sorvolando gli atolli contesi delle Isole Spratly e Paracelso, raggiungo Hanoi, la capitale del Vietnam, il tassello finale di quella lunga catena di isole, teatro chiave del nuovo Grande Gioco del XXI secolo.

Hanoi, fondata oltre mille anni fa con il nome di Thăng Long (letteralmente «drago che si alza in volo») è il laboratorio politico-diplomatico di un paese che sta mutando rapidamente. La geografia di Hanoi racconta molto della sua storia: da secoli il cuore politico del Vietnam è esposto alla costante influenza dell'ingombrante vicino settentrionale: la Cina.

La comune ispirazione comunista e socialista dei due sistemi politici non deve trarre in inganno: le relazioni fra i due paesi sono sempre stati di tipo estremamente «competitivo».

Il Vietnam ha combattuto dodici guerre contro la Cina, una contro la Francia e una contro gli Stati Uniti.

Fino al X secolo fu occupato da diverse dinastie cinesi e nel 938 d.C. la battaglia di Ngo Quyen sancì l'indipendenza dal lungo dominio cinese; poi nel Medioevo il Vietnam respinse tre invasioni mongole (1258-88); nel 1418 riuscì a cacciare la nuova occupazione Ming cinese; nel 1802 ancora una guerra contro le «signorie» e gli invasori cinesi.

Con la guerra d'Indocina (1946-54), il Vietnam sconfigge la Francia, potenza coloniale fin dalla metà del XIX secolo, con la battaglia di Dien Bien Phu.

Infine la Guerra del Vietnam, che tutti ancora ricordano in Occidente, fra il Vietnam del Nord a guida comunista e il Vietnam del Sud filoamericano conclusasi nel 1974 con la sconfitta americana e la fuga degli ultimi soldati di Washington da Saigon.

Passati poco più di tre anni dalla guerra con l'America, con un paese distrutto e ancora provato dal conflitto, il governo del Vietnam unificato si trova di fronte a una nuova minaccia alle porte di casa: la terribile dittatura di Pol Pot e dei khmer rossi in Cambogia. Il governo vietnamita si rende subito conto della dimensione della tragedia che si stava abbattendo nel paese, con un genocidio in corso che alla fine provocò la morte di 1,2 milioni di cambogiani, e promosse un'azione militare per provare a rovesciare il folle regime di Pol Pot. La Cina, storica alleata dei khmer rossi non stette a guardare e il 17 febbraio 1979 colpì duramente il paese invadendolo a sorpresa dal nord.

Il breve conflitto dura soltanto un mese. La Cina non raggiunge il proprio obiettivo e il Vietnam riesce contemporaneamente a mantenere il controllo della Cambogia e a respingere il tentativo di invasione cinese, a caro prezzo però: ventimila morti da ambo le parti fra vittime civili e militari.

Questo ultimo conflitto sino-vietnamita ha segnato profondamente il rapporto fra i due paesi fino al giorno d'oggi e la tensione nel Mar Cinese Meridionale è soltanto l'ultimo capitolo di una relazione estremamente competitiva fra i due paesi.

In un contesto di tensione crescente fra Hanoi e Pechino nel luglio del 2023, il governo vietnamita ha persino vietato in tutto il paese la proiezione di *Barbie*,[32] solo per il fatto che in un paio di fotogrammi del film appariva una mappa dell'Asia con indicate le contestatissime *Nine Dash Lines*, la «linea dei nove tratti» a indicare la rivendicazione di Pechino su tutte le acque contese.

Ma è a partire dall'estate del 2024, che Hanoi ha lanciato un'offensiva politica e diplomatica a tutto campo contro Pechino.

Il ministro degli Esteri Pham Binh Minh ha depositato il 18 luglio del 2024 una nuova richiesta alle Nazioni Unite[33] per il riconoscimento della propria piattaforma continentale estesa nella parte centrale del Mar Cinese Meridionale, facendo seguito a una simile iniziativa promossa dalle Filippine. Secondo il governo vietnamita, la richiesta si basa sul diritto marittimo internazionale sancito dalla Convenzione delle Nazioni Unite sul Diritto del mare (Unclos), che consente ai paesi costieri di rivendicare diritti esclusivi oltre le 200 miglia nautiche dalla costa e fino a 350.

La Cina, che rivendica quasi tutto il Mar Cinese Meridionale, ha reagito con fermezza alla richiesta vietnamita, definendola una violazione della sovranità e degli accordi bilaterali esistenti.

A ciò si aggiunge il fatto che il Vietnam ha poi accelerato il proprio programma di insediamenti militari negli atolli contesi[34] delle Isole Spratly, con l'obiettivo dichiarato di difendere i propri interessi marittimi e contrastare l'espansionismo cinese. Secondo diverse immagini satellitari Hanoi sta reclamando dal mare oltre 40 ettari di terreno sul Barque Canada Reef, una lunga e stretta barriera corallina che rappresenterà la più grande base militare vietnamita nell'area, con una pista d'atterraggio lunga 3000 metri.

Ulteriori lavori di potenziamento sono poi in corso su oltre una decina di atolli disabitati che il Vietnam ritiene parte delle proprie acque, fra cui: Truong Sa, la più importante base vietnamita, che ospita un faro, una pista per elicotteri, una guarnigione e infrastrutture civili; Song Tu Tay, struttura fortificata, con un faro e edifici amministrativi; Sinh Ton con porto, caserma, e villaggio; Nam Yet, con presenza militare stabile e Son Ca, dotata di strutture militari e radar.

7. *Un Vietnam occidentale?*

La competizione con Pechino tiene banco in tutti gli incontri che ho avuto ad Hanoi ed è gestita con saggezza, ma al tempo stesso con fermezza. Per secoli, Hanoi ha vissuto all'ombra della Cina e la sua geografia ha condannato il Vietnam a convivere con un vicino potente e aggressivo, ma è proprio il rapporto difficile con Pechino che ha forgiato nel paese una profonda coscienza identitaria e antiegemonica.

Da qui la progressiva riduzione della propria dipendenza strategica dal colosso cinese, con una postura sempre più determinata nel far valere i propri diritti a livello internazionale e una diversificazione strategica dei propri partner a livello globale.

Nella nuova visione geopolitica di Hanoi, l'India occupa un posto di rilievo. L'accordo di partenariato strategico fra India e Vietnam si sta progressivamente ampliando dalla sola cooperazione economica a quella in materia di difesa e sicurezza: il Vietnam è diventato il secondo paese della regione dell'Asia del Sudest ad acquistare i missili da crociera di produzione indiana BrahMos e, nel mese di luglio del 2023, l'India ha donato al Vietnam la corvetta lanciamissili *INS Kirpan* per rafforzare gli «interessi bilaterali in materia di difesa e sicurezza a partire dalle comuni preoccupazioni sul comportamento della Cina nel Mar Cinese Meridionale», come ha dichiarato l'ammiraglio indiano Hari Kumar in occasione della consegna della corvetta nel porto vietnamita di Cam Ranh.[35]

Per Hanoi, il partenariato con Nuova Delhi rappresenta un contrappeso naturale alle crescenti ingerenze della Repubblica Popolare Cinese, e la cooperazione fra i due paesi sta sempre più spostandosi dalla dimensione puramente economica alla difesa e alla sicurezza soprattutto in campo marittimo.

Il 4° Dialogo sulla sicurezza marittima fra India e Vietnam, tenutosi nell'agosto del 2024 ad Hanoi ha ulteriormente elevato la partnership strategica fra i due paesi grazie a un sempre maggiore coordinamento e cooperazione nei mari contesi con Pechino.

Hanoi sta dunque costruendo una rete di solidarietà marittima regionale, volta a contenere la pressione cinese e a rafforzare il principio della libertà di navigazione nelle acque internazionali.

L'attivismo politico e diplomatico vietnamita ha aperto almeno altri tre fronti: il Giappone, gli Stati Uniti e Israele.

Il Giappone è da tempo uno dei partner economici e diplomatici più attivi del Vietnam e, negli ultimi anni, la relazione ha assunto un profilo strategico sempre più marcato: Tokyo fornisce assistenza tecnica, investimenti in infrastrutture e cooperazione navale, ha sostenuto Hanoi nella modernizzazione delle sue capacità marittime e il 27 novembre 2023, in occasione dell'incontro a Tokyo fra i due capi di stato, ha elevato le proprie relazioni diplomatiche siglando una nuova e molto ampia «partnership strategica»:[36] accordi nel settore della difesa e della sicurezza; forte critica alle ingerenze cinesi nel Mar Cinese Meridionale e Orientale; sostegno alle decisioni Unclos; piena adesione alla dottrina di un Indo-Pacifico libero e aperto; forte apertura agli investimenti giapponesi in Vietnam; cooperazione nel settore del gas naturale e delle energie rinnovabili; forti critiche ai test balistici della Corea del Nord.

Il 2025 ha registrato due anniversari simbolici: i cinquant'anni dalla fine della guerra fra Stati Uniti e Vietnam e i trent'anni dalla normalizzazione delle relazioni bilaterali fra i due paesi. La percezione degli Stati Uniti è radicalmente mutata in Vietnam, che oggi considera l'ex nemico un partner fondamentale. Il ricordo della guerra è stato sostituito da una convergenza strategica sempre più ampia e le relazioni diplomatiche sono state elevate a «partenariato strategico globale».[37] Gli interessi comuni fra i due paesi sono molteplici e la crescente competizione di entrambi con la Cina rappresenta un ulteriore collante delle relazioni politico-diplomatiche.

Il commercio bilaterale con gli Usa ha raggiunto i 114,6 miliardi di dollari nel 2022, e gli Stati Uniti sono oggi il principale mercato per le esportazioni vietnamite. I settori chiave della cooperazione sono i semiconduttori, l'energia rinnovabile e i minerali critici. Con la seconda riserva mondiale di terre rare, il Vietnam è un partner strategico per la diversificazione della catena globale dei materiali essenziali e l'accordo con gli Stati

Uniti prevede un ampio programma di cooperazione tecnica e attrazione di investimenti nel settore delle terre rare.

Infine Israele.

Il Vietnam ha firmato nel marzo del 2025 un accordo con la società israeliana Iai (Israel Aerospace Industries) per l'acquisizione di due satelliti spia del valore di 680 milioni di dollari per rafforzare le capacità di sorveglianza e monitoraggio del Vietnam nella regione contesa con Pechino.[38]

Riprendo a camminare ad Hanoi. Il periodo coloniale francese ha lasciato un'impronta forte, visibile nei viali alberati del Quartiere francese: nell'Opera House ispirata al Palais Garnier di Parigi, all'Hotel Metropole, antistante l'Ambasciata d'Italia e nei caffè storici dove si servono ancora baguette, e il *ca phe trung*, il caffè con uovo montato.

Ma basta allargare lo sguardo per osservare un panorama urbano in forte evoluzione, come nei quartieri di Cau Giay o Nam Tu Liêm, simbolo della nuova borghesia urbana e della crescita economica del paese.

8. *L'Accademia diplomatica*

L'Accademia diplomatica del Vietnam[39] è in realtà più cose in una: è il più autorevole think tank vietnamita sulla politica internazionale; è un centro di formazione e di aggiornamento per i diplomatici del paese; è un istituto universitario specializzato sulla politica estera e di sicurezza con oltre ottomila studenti.

Sicuramente è la struttura che dialoga e interloquisce maggiormente, con un buon grado di libertà, con ambasciate straniere, think tank e università in giro per il mondo, superando anche la rigidità comunicativa che ancora contraddistingue il regime a partito unico.

Qui incontro Nguyen Hung Son, presidente dell'Accademia, con il quale inizia il nostro confronto che inevitabilmente si focalizza subito sul rapporto fra Vietnam e Repubblica Popolare Cinese.

«La cosiddetta linea a "forma di U" o "linea a nove tratti"» afferma con sicurezza Son «che delimita quell'ampia area del Mar Cinese Meridionale rivendicata dalla Cina, è totalmente priva di alcun fondamento giuridico... quella rivendicazione non ha basi alcune nel diritto internazionale, soprattutto secondo quanto previsto dalla Convenzione delle Nazioni Unite sul Diritto del mare.

«Peraltro è proprio quanto ha stabilito la sentenza arbitrale del 2016: non c'erano prove né basi legali per sostenere quella pretesa: la dottrina cinese della "linea a nove tratti" e quindi l'occupazione di quell'ampia parte di mare da parte di Pechino è stata delegittimata dal diritto internazionale. Questa è anche la posizione della gran parte dei paesi del Sudest asiatico, anche se credo che le Filippine e il Vietnam siano i due paesi che hanno espresso con più chiarezza la loro contrarietà alle azioni cinesi.»

Il rapporto con il grande vicino al Nord domina la nostra discussione.

«La Cina e il Vietnam» prosegue Son «sono due paesi confinanti, e come succede tra tutti i vicini, ci sono molti interessi intrecciati e nel corso di migliaia di anni di storia condivisa, Vietnam e Cina hanno costruito un rapporto molto complesso, esteso e articolato. Detto ciò, ci sono anche delle divergenze, a cominciare dal tema dell'acqua.»

«L'acqua?» chiedo.

«Sì, certo, a cominciare dal fiume Mekong, il cui delta sul territorio vietnamita è molto importante per la nostra agricoltura.»

Il Mekong nasce nell'altopiano tibetano, da oltre cinquant'anni controllato da Pechino, è il settimo fiume più lungo al mondo e prima di raggiungere il mare nel Sud del Vietnam, percorre 4880 chilometri fra Yunnan cinese, Myanmar, Thailandia, Laos e Cambogia.

La Repubblica Popolare Cinese, come nel caso del Brahmaputra, che esamineremo più avanti, sta promuovendo grandi progetti idroelettrici nell'altopiano tibetano che potrebbero alterare, anche in modo significativo, il corso del fiume e le sue variazioni stagionali.

La Cina ha costruito undici dighe lungo il corso superiore del Mekong fra cui le più rilevanti sono la diga di Manwan; la diga di Xiaowan, completata nel 2010, e una delle più alte al mondo con una capacità di 4200 MW; la diga di Nuozhadu, con una capacità produttiva di 5850 MW.

La gestione delle acque da parte della Cina ha suscitato molte proteste fra i paesi rivieraschi: nel 2020 la Cina ha trattenuto circa il 10 per cento del flusso del fiume durante la stagione delle piogge, riducendo la portata a valle e producendo un effetto diretto su agricoltura, pesca e sicurezza idrica, soprattutto in Vietnam, Laos e Cambogia.[40]

«Ciò che vogliamo» aggiunge Son «è più cooperazione e più trasparenza da parte cinese: l'acqua del Mekong è una questione di primario interesse nazionale.»

La nostra chiacchierata si conclude analizzando il rapporto con l'ex nemico: gli Stati Uniti d'America. «Il rapporto fra i nostri due paesi» conclude il presidente Son «è positivo ed è progressivamente migliorato, a partire dai temi controversi, come l'eredità del conflitto: in questi ultimi vent'anni le questioni legate all'eredità della guerra sono state affrontate in modo molto concreto da entrambe le parti. C'è stato un lavoro di "guarigione", per così dire, sia in Vietnam che negli Stati Uniti, per affrontare le conseguenze del conflitto.

«Gli americani stanno facendo molto per bonificare le aree ancora contaminate dal conflitto, in particolare la zona di Da Nang, e il Vietnam si è impegnato molto ad aiutare gli Stati Uniti a ritrovare i loro *missing in action*, i soldati ancora dispersi durante la guerra.

«I due paesi hanno fatto passi da gigante nel cercare di superare l'eredità della guerra, ma la cosa più importante è guardare al futuro: sul fronte economico, il livello di interdipendenza fra i nostri due paesi è cresciuto moltissimo: decine di aziende statunitensi hanno aperto qui i loro stabilimenti produttivi, a cominciare da Apple e Intel, e stiamo cooperando su molti settori: educazione, scienza, tecnologia avanzata, sicurezza marittima e anche una certa cooperazione nel settore della difesa.

«Per noi vietnamiti, la relazione con gli Usa è decisamente un rapporto strategico.»

I numeri danno ragione a Nguyen Hung Son: nel 2024 gli scambi fra i due paesi hanno raggiunto la cifra record di circa

124 miliardi di dollari, con un saldo commerciale negativo però per gli Stati Uniti di circa 104,6 miliardi di dollari.

Nel 2024 le esportazioni Usa sono cresciute del 32,9 per cento, ma contemporaneamente sono cresciute anche le importazioni dal Vietnam per 136,6 miliardi di dollari, con un incremento del 19,3 per cento rispetto all'anno precedente.[41] L'amministrazione Trump nel giugno 2025 ha imposto tariffe elevate, fino al 46 per cento, sul Vietnam, in risposta al deficit commerciale. Nei prossimi giorni inizierà il negoziato sulle tariffe, ma qui prevale un certo ottimismo.

9. *L'eldorado vietnamita*

Scarico l'applicazione Green SM Taxi di proprietà della Green and Smart Mobility Joint Stock Company, controllata da uno dei più grandi conglomerati privati del paese, simbolo di un Vietnam che si sta aprendo al mercato: Vingroup,[42] un gruppo da 7,5 miliardi di dollari di fatturato nel 2024, con un incremento del 19,3 per cento rispetto all'anno precedente, attivo nella produzione automobilistica, nel settore immobiliare, nella sanità, nell'automotive e nell'energia a partire da grandi investimenti nel gas naturale. Green SM è l'Uber autoctona, che permette di girare in città esclusivamente sui veicoli elettrici prodotti dalla VinFast,[43] la prima fabbrica automobilistica locale che produce auto, moto e furgoni al 100 per cento elettrici. I taxi sono tutti verdi e offrono gli stessi servizi di Uber (oltre al servizio taxi, anche acquisti e *food delivery*). In più c'è anche un servizio taxi, molto economico, con motorini elettrici, che si districano silenziosi nel traffico urbano.

Mi fermo al Tempio della Letteratura, forse uno dei luoghi più iconici di Hanoi, fondato nel 1070 dall'imperatore Ly Thanh Tong, dedicato a Confucio e diventato la prima università del Vietnam: la Quoc Tu Giam («Scuola dei Figli della Nazione»). L'intero complesso è uno degli esempi più significativi dell'architettura tradizionale vietnamita ed è considerato il simbolo dell'istruzione e del sapere nel paese.

Ogni anno durante le sessioni di esame dell'università, migliaia di studenti si recano qui in un pellegrinaggio di buon augurio, per leggere i nomi degli studenti laureati agli esami imperiali tra il 1442 e il 1779, incisi su grandi stele di pietra montate su statue a forma di tartaruga. Il tempio è anche raffigurato sulle banconote da centomila dong.

Dal tempio con un altro comodo taxi elettrico raggiungo il Museo Etnografico, che testimonia la grande diversità etnica e culturale del Vietnam, con 54 gruppi etnici minori che popolano soprattutto le aree di montagna al confine con lo Yunnan e il Laos.

Da lì, raggiungo Ngo Tung, il corrispondente del «New York Times» ad Hanoi, per uno scambio di opinioni sul fenomeno del cosiddetto *de-coupling* o *de-risking* da parte di molte aziende internazionali in fuga dalla Repubblica Popolare Cinese, per ridurre la propria dipendenza economica e produttiva da catene di approvvigionamento controllate da Pechino.

La pandemia da Covid-19, unita a una politica estera sempre più aggressiva di Pechino nei confronti dell'Occidente, i rischi di un conflitto nello stretto di Taiwan sono stati i fattori scatenanti di questo processo, che pare essere inarrestabile.

«Il Vietnam è stato uno dei paesi che più ha beneficiato dal processo di *de-coupling*» mi racconta Ngo Tung «e sta ospitando un numero crescente di aziende straniere che stanno riducendo i rischi derivati da una presenza esclusiva nella Repubblica Popolare Cinese. Uno dei casi più importanti è quello di Foxconn, la grande azienda taiwanese con giganteschi stabilimenti a Shenzen, e il principale fornitore produttore per conto di Apple.»

Foxconn è presente da tempo nelle province settentrionali del Vietnam, principalmente a Bac Giang, Bac Ninh, Vinh Phuc e Quang Ninh, dove ha già impiantato fabbriche dedicate alla produzione degli AirPods, Apple Watch, iPad e MacBook.[44] Nel 2023, ha poi firmato un accordo per almeno due nuove fabbriche nel Quang Chau Industrial Park e complessivamente la taiwanese Foxconn ha investito finora circa 3,2 miliardi di dollari in Vietnam generando un'occupazione di oltre ottantamila unità.

Come mi ricordava ieri Nguyen Hung Son all'Accademia diplomatica: «Il processo di *de-risking* dalla Cina verso il Vietnam è molto avanzato. E sempre più investitori internazionali scelgono il Vietnam per ridurre i rischi di una presenza solo "cinese"».

I principali attori di questo processo sono Taiwan, Corea del Sud, Singapore e Giappone, insieme a molte aziende europee e americane. Questo processo genera nuove opportunità economiche per il Vietnam e contemporaneamente aiuta anche questi paesi a ridurre i rischi, creando allo stesso tempo delle catene di approvvigionamento più stabili e sicure.

«Vietnam e Taiwan» aggiunge «sono due partner economici molto importanti. Il nostro paese aderisce alla "politica dell'unica Cina", ma gli investimenti di Taiwan hanno costruito qui un ecosistema imprenditoriale ben sviluppato, soprattutto nel settore dei semiconduttori e dell'elettronica. Il trasferimento delle aziende taiwanesi dalla Cina al Vietnam è un trend che accogliamo con molto favore.»

I dati economici gli danno ragione: nel 2023, il Vietnam ha registrato un afflusso di oltre 36 miliardi di dollari di investimenti stranieri con una crescita del 32 per cento rispetto all'anno precedente. Il 2024 ha visto una leggera flessione ma si è comunque mantenuto su livelli molto alti, con quasi 20 miliardi di dollari di nuovi investimenti. Nel primo semestre del 2025, il trend ha confermato la traiettoria positiva. In soli sei mesi, il Vietnam ha attratto oltre 21 miliardi di dollari in nuovi investimenti esteri, con una crescita di oltre il 34 per cento rispetto allo stesso periodo dell'anno precedente: si tratta del dato più alto registrato in quindici anni.

L'accordo di libero scambio siglato con l'Unione Europea nel 2020[45] ha facilitato questo processo, con un impatto rilevante anche per le imprese italiane: 6,9 miliardi di euro di interscambio commerciale e 165 aziende presenti nel paese, fra cui Fincantieri, Generali, Ariston e Piaggio.

L'Oceano Pacifico di nuovo in ebollizione

4

L'Oceano Pacifico di nuovo in ebollizione

1. *Guadalcanal, di nuovo*

Nel cuore del Pacifico centrale, le Isole Salomone sono sempre state al centro della competizione globale. È qui che fu combattuta una delle più drammatiche battaglie della Seconda guerra mondiale fra Stati Uniti e Giappone: il 7 febbraio del 1942 la Prima Divisione dei Marines sbarcò a Tulagi sull'isola di Nggela, iniziando una campagna di sei mesi che portò alla prima sconfitta dell'Esercito giapponese nell'Oceano Pacifico, cambiando le sorti del conflitto. In sei mesi di battaglie marine e terrestri, le forze statunitensi persero 7100 soldati, 29 navi e 615 aerei. Le perdite giapponesi furono di 19.000 uomini, 38 navi e 685 aerei.

Le tracce di quella battaglia terribile sono ancora presenti ovunque nella piccola capitale dello Stato indipendente insulare delle Isole Salomone: il memoriale sovrasta il porto commerciale, il mercato all'aperto sul bordo del mare e il Parlamento. Colpisce la prima delle molte lapidi, quella dedicata ai venticinque corrispondenti di guerra morti per raccontare al mondo quella battaglia che capovolse le sorti del conflitto: «AP», «Chicago Tribune», «Sydney Morning Herald», «Daily Mail», «New York Times», «Time», sono alcune delle testate dei paesi alleati che «coprivano» il conflitto nel Pacifico.

Arrivo a Honiara, la capitale della Repubblica delle Isole Salomone nei primi giorni di giugno del 2024.

Cina e Taiwan combattono in queste isole una guerra diplomatica, lontana dagli occhi dell'Occidente: Pechino per affermare l'esistenza di un'«unica Cina» e Taiwan per preservare relazioni diplomatiche esclusive con una serie di piccoli Stati insulari: Tuvalu, Isole Marshall e Palau.

Allo stesso modo si svolge, fra le migliaia di isole dell'oceano più grande del pianeta, una forte competizione fra le democrazie del Pacifico: Australia, Nuova Zelanda, Giappone, Stati Uniti e la Repubblica Popolare Cinese.

In gioco vi sono il controllo delle grandi vie di comunicazione marittima, diritti di pesca e di estrazione mineraria, il dominio del mare in un'area rimasta a lungo marginale nei «grandi giochi» geopolitici.

Qui la storia sta riservando clamorosi colpi di scena: rottura di consolidati rapporti diplomatici, nuovi accordi di sicurezza e di difesa, una nuova corsa agli armamenti, e «trappole del debito» che hanno disegnato un paesaggio lontanissimo dagli stereotipi consolidati sui «paradisi tropicali» del Pacifico.

Siamo a nove gradi sotto l'equatore, il caldo è umido e opprimente e il colpo d'occhio di Honiara è molto «africano»: la foresta pluviale emerge dalle montagne e avanza verso il porto e gli insediamenti abitati, gli alberi di frangipane e di jacaranda fanno ombra ai mercati dei villaggi lungo la costa, e alle bancarelle dove si vende la noce di betel.

Il monte Popomanaseu con i suoi 2335 metri sul livello del mare domina la grande isola di Guadalcanal.

Le Isole Salomone sono state dal 1893 un protettorato britannico, per diventare poi una colonia tedesca e infine essere occupate a lungo dai giapponesi nel secondo conflitto mondiale. I cinquecentomila abitanti dell'arcipelago hanno ottenuto la piena indipendenza soltanto nel 1978, optando per una monarchia costituzionale, confermando il forte legame con Regno Unito e Commonwealth.

Nell'arcipelago si parlano settanta lingue e la lingua franca è il «Solomon pidgin» una sorta di *broken english* con forti influenze locali. Le tensioni tribali all'inizio del nuovo millennio, connesse alla massiccia immigrazione dall'isola di Malaita, la seconda dell'arcipelago, povera, rurale e meno sviluppata, verso Guadalcanal, hanno portato il paese sull'orlo della guerra civile con fazioni armate che si sono contrapposte per anni, con centinaia di morti e il crollo della già debole economia.

Fra il 2003 e il 2017, su mandato del Pacific Islands Forum,[1] l'organizzazione regionale degli Stati del Pacifico, la sicurezza del paese è stata delegata alla missione multinazionale Ramsi, Regional Assistance Mission to Solomon Islands, che ha dispiegato nell'arcipelago oltre duemila soldati a guida australiana.

Oggi quell'emergenza è finita e di quella missione militare rimane soltanto un padiglione del piccolo Museo Nazionale sulla via principale di Honiara e qualche centinaio di poliziotti australiani ancora qui presenti con compiti di supporto e formazione della polizia locale.

Appena uscito dall'aeroporto prendo un taxi e prima di raggiungere il Kitano Mendana Hotel attraverso la nuova Chinatown alle porte della capitale. «Qui nessuno sopporta la Cina» mi dice il tassista Linx Fono'ota indicandomi la successione di edifici e di insediamenti commerciali costruiti da aziende cinesi «che ha corrotto il nostro paese e i suoi governanti. Il Primo ministro Sogavare è un pupazzo nelle mani di Pechino... la Cina è dappertutto, si sta impossessando dei terreni migliori lungo la costa, controlla tutto il commercio e ampi settori dell'economia.»

Il tassista Linx è dell'isola di Malaita, come tutte le fasce più deboli della popolazione, e le tensioni con la capitale sono ancora palpabili. Quando nel 2019 Honiara ruppe le relazioni diplomatiche con Taiwan per riconoscere Pechino,[2] il governatore di Malaita, Daniel Suidani minacciò persino la secessione e da allora le tensioni non si sono mai interrotte.

La Cina è qui onnipresente: l'Ambasciata di Pechino è uno degli edifici più imponenti nella via centrale della piccola capitale e alle porte della città svettano il nuovo stadio e i nuovi monumentali impianti sportivi, costruiti con fondi cinesi in occasione dello svolgimento degli ultimi Pacific Island Games,[3] le mini-olimpiadi del Pacifico.

Pechino ha ben chiara in mente la dottrina della Prima e della Seconda catena di isole che venne elaborata a Washington negli anni della Guerra Fredda, rimasta in sordina per un po' di anni e oggi tornata centrale nella nuova strategia del Free and Open Indo-Pacific, come abbiamo analizzato a fondo nel primo capitolo. Le Isole Salomone rappresentano uno dei nodi cruciali della «Seconda catena di isole».

Ed è proprio qui a Guadalcanal che la Cina ha sperimentato, con successo, una nuova politica di espansione della propria sfera d'influenza culminata con l'Accordo di cooperazione in materia di sicurezza siglato fra Xi Jinping e il premier Manasseh Sogavare nell'aprile 2022.[4]

L'accordo rappresenta il primo vero successo della Global Security Initiative[5] di Pechino, la versione «securitaria» della Via della Seta, e prevede una serie di attività congiunte nel campo della formazione dell'Esercito e delle forze di polizia, l'utilizzo del porto di Honiara da parte della Marina di Pechino per rifornimenti e manutenzione, nonché forniture belliche al piccolo Esercito insulare. Ma un'ampia parte dell'accordo è stata secretata dal governo e, come temono molte cancellerie occidentali, prevede la possibilità di un intervento militare di Pechino in caso di nuove rivolte contro la minoranza cinese; la vendita di tecnologie per la repressione del dissenso; l'utilizzo molto esteso da parte dell'Esercito di Pechino delle strutture militari del paese e una piena interoperabilità fra le forze armate cinesi e quelle delle Isole Salomone.

L'accordo siglato fra Pechino e il governo di Honiara è stato una vera e propria *wake-up call* per i paesi democratici nel Pacifico che più hanno storicamente cooperato con Honiara, a partire da Australia e Nuova Zelanda.

L'ex segretario di Stato Antony Blinken ha annunciato nel maggio del 2024[6] la decisione dell'amministrazione Usa di riaprire a Honiara l'Ambasciata improvvidamente chiusa nel 1993, confermando la sottovalutazione e il ritardo dell'Occidente in quest'area così cruciale nell'Indo-Pacifico.

La nuova Ambasciata americana è al momento soltanto un piccolo edificio vicino al porto di Honiara sul quale è stata posta in fretta e furia la bandiera a stelle e strisce degli Stati Uniti, ma gli unici funzionari locali presenti confermano che a breve verrà decisa una nuova localizzazione e la presenza diplomatica sarà nuovamente garantita.

2. *Head off... Head off*

Il mercato centrale di Honiara è affacciato sul mare ed è il cuore pulsante della capitale. Cumuli di taro, manioca e patate dolci si alternano a piramidi di banane verdi, tonni e barracuda, pescati all'alba nelle acque che circondano Guadalcanal.

Ci sono solo donne che vendono al mercato e il battuto di cemento sul quale sono poggiate le bancarelle è tappezzato di macchie rosse per effetto della noce di betel masticata e sputata.

Dal mercato si vedono a distanza di poche miglia marine le isole di Savo e di Nggela e il mare compreso fra le tre isole è ancora noto come «Ironbottom Sound»: uno dei più grandi cimiteri navali del secondo conflitto mondiale.

Nelle successive battaglie qui combattute fra i giapponesi e le forze alleate, la battaglia dell'Isola di Savo (9 agosto 1942), la battaglia di Capo Speranza (11-12 ottobre 1942), la battaglia navale di Guadalcanal (12-15 novembre 1942) e la battaglia di Tassafaronga (30 novembre 1942),[7] si stima che siano affondate oltre cinquanta navi da guerra dei due eserciti.

Prendo un taxi per andare a vedere un nuovo e ambizioso progetto frutto del *soft power* cinese sull'isola: il Mamara New Capital City Residential District, un ampio complesso residenziale sulla costa, 10 chilometri a est della capitale.

Quando comunico le mie intenzioni al tassista mi guarda sospettoso e mi chiede in modo piuttosto assertivo: «Perché non vai invece alla spiaggia di Bonegi? È molto più interessante... e puoi vedere da riva uno dei relitti giapponesi affondati nell'ultima guerra...».

Accetto la proposta e raggiungo il relitto dell'*Hirokawa Maru*, una delle navi di supporto logistico dell'Esercito giapponese affondata il 14 novembre del 1942. I resti della nave da guerra nipponica sono adagiati sulla barriera corallina a meno di 10 metri dalla spiaggia. Il tempo ha fatto il suo lavoro e dei 156 metri di stazza ne sono rimasti solo una sessantina, aggrediti dai coralli e dalle onde, che lo rendono totalmente deformato e oramai irriconoscibile.

Il tassista mi attende per riportarmi in città, ma io insisto per raggiungere il progetto cinese vicino al villaggio costiero di Mamara. Lo vedo ancora con un'espressione torva nel volto e con una palese disapprovazione e gli chiedo il perché. «Nessuno qui sopporta più i cinesi» attacca «hanno preso tutto, controllano il nostro presidente, controllano i commerci e l'economia... il paese è stato venduto a Pechino.» Si chiama Francis Ramo, è emigrato qui sull'isola di Guadalcanal vent'anni fa ed è anche lui dell'isola di Malaita. In un crescendo parossistico inizia a ripetere ossessivamente «*Head-off... Head-off... Head-off...*» facendo ripetutamente il gesto con la mano sinistra del taglio della gola... «Noi siamo pronti...» aggiunge «è solo questione di tempo, la popolazione si ribellerà ancora contro i cinesi... li cacceremo in mare e gli taglieremo la testa... di nuovo... com'è già successo pochi anni fa.»

Con una mano continua a mimare il gesto di taglio delle teste dei nuovi padroni cinesi, raccontando le varie rivolte e ripetendo come un mantra «*Head-off... Head-off...*», con l'altra guida il suo vecchio taxi, una Toyota Corolla che ha visto tempi migliori, riuscendo clamorosamente a evitare all'ultimo secondo una serie infinita di buche. Finalmente una provvidenziale telefonata di sua moglie al cellulare lo riconduce alla realtà.

Le rivolte anticinesi non sono una novità nell'isola.

Nel 2019 il governo del Primo ministro Manasseh Sogavare interruppe dopo trentasei anni le relazioni diplomatiche con Taiwan per stringerle con la Repubblica Popolare Cinese.

L'isola di Malaita, una delle aree più povere dell'arcipelago, continuò però a essere sostenuta dal governo di Taiwan con decine di progetti di cooperazione allo sviluppo.

La crisi economica successiva alla pandemia di Covid-19 contribuì, poi, ad aumentare le tensioni sociali nell'isola, che sfociarono in una serie di manifestazioni violente contro le interferenze cinesi e contro la minoranza cinese dell'isola.

L'ultima è stata nel novembre del 2021. Le proteste, iniziate con una manifestazione pacifica di fronte al palazzo del governo e promosse dal movimento «Malaita for Democracy», sono rapidamente degenerate nella violenza. Prima i manifestanti hanno assalito il Parlamento e il giorno successivo hanno devastato una stazione di polizia e l'intera Chinatown dando fuoco a decine di edifici e centri commerciali gestiti dalla minoranza cinese.

Rientro in città e vado a Chinatown. Sulla strada che conduce all'aeroporto sono ancora ben visibili gli scheletri degli edifici incendiati nell'ultima rivolta popolare del 2021 e la tensione è ancora palpabile ovunque.[8]

La rivolta ha lasciato un segno profondo a Honiara: tre morti fra la minoranza cinese, oltre millecinquecento immigrati di origine cinese hanno dovuto lasciare le proprie case per molte settimane, per paura di ulteriori violenze e una piccola forza multinazionale, composta da un centinaio di poliziotti australiani e della vicina Papua Nuova Guinea, è stata dispiegata sull'isola per evitare che la rivolta degenerasse ulteriormente.

Il nuovo Primo ministro dell'arcipelago Jeremiah Manele, in carica dal maggio del 2024, rivendica il rapporto strategico con Pechino: «Abbiamo ancora molto da imparare dalla Cina» ha detto in occasione dell'ultimo summit del Forum delle Isole del Pacifico «e nonostante sia già il nostro primo partner commerciale con un interscambio di 265 milioni di dollari, possiamo fare molto di più. L'Occidente non si deve preoccupare, noi perseguiamo una dottrina semplice: quella di non avere alcun nemico».

Raggiungo l'isola di Nggela a sole sei miglia marine da Guadalcanal, con una piccola imbarcazione a motore che procede incerta. Qui si trova Tulagi, la prima capitale del Protettorato Britannico delle Isole Salomone. Anche qui i segni del secondo conflitto mondiale sono ovunque. Eagle Beach, la spiaggia delle aquile è da tutti considerata la migliore dell'isola. Non c'è però nessuno: niente bancarelle, niente venditori, niente ombrelloni, solo una targa in ricordo dello sbarco dei marines il 9 agosto del 1942 che con una manovra a sorpresa riuscirono a sopraffare la guarnigione giapponese sull'isola. Nel cimitero poco distante, si trovano le tombe dei 45 marines e dei 307 soldati giapponesi caduti nella battaglia.

Poche settimane dopo lo *switch* diplomatico fra Taiwan e la Repubblica Popolare Cinese, Tulagi è tornata al centro della politica dell'arcipelago con un maldestro tentativo di regalare praticamente l'intera isola per settantacinque anni a Pechino.

Nell'ottobre del 2019 il governatore locale Stanley Maniteva firma un contratto con la compagnia China Sam Enterprise Group, un conglomerato attivo in Cina dal 1985 nell'energia, nella logistica portuale, nella chimica e nella produzione bellica, con il quale veniva garantita una concessione su tutta l'isola per sfruttarne le risorse naturali, realizzare investimenti immobiliari, commerciali, un nuovo aeroporto e un nuovo porto. Il contratto verrà dichiarato incostituzionale solo una settimana dopo dal Parlamento nazionale e l'accordo cancellato.[9]

Prima di rientrare a Honiara mi sposto nuovamente con una piccola imbarcazione sull'isola vulcanica di Savo, le cui acque sono costellate di relitti del secondo conflitto mondiale e oggi i trecento abitanti dell'isola guardano con un certo distacco alla nuova competizione geopolitica che ha investito l'arcipelago: «Siamo vittime della geopolitica» mi dice Bernard Kemakeza, sindaco dell'unico villaggio sull'isola di Savo «ma non abbiamo alternative e sapremo come conviverci».

3. *Tuvalu: l'isola che non vuole affondare*

Il piccolo ATR-72 di fabbricazione italo-francese della compagnia Fiji Air che tre volte a settimana collega Suva, la capitale di Fiji, con Funafuti, l'atollo più grande di Tuvalu, è molto di più di un semplice, per quanto indispensabile collegamento aereo, è l'orologio di un'intera nazione.

La pista aeroportuale occupa una parte molto rilevante dell'atollo di Funafuti, capitale del piccolo Stato insulare di Tuvalu e tutti conoscono a memoria gli orari dei voli, gli arrivi e le partenze.

Tuvalu è piccola, anzi è piccolissima: è il quarto Stato più piccolo al mondo per estensione (dopo Vaticano, Monaco e Nauru) e con soli 26 chilometri quadrati e poco più di diecimila abitanti, lo spazio è tutto.

L'atollo di Funafuti è una striscia di terra lunga non più di 10 chilometri che circonda la grande laguna. Nel punto più largo raggiunge i 500 metri, in quello più stretto, soltanto 15.

La pista aeroportuale occupa dunque una parte molto rilevante dell'atollo con la sua lingua di asfalto di 1534 metri ed è impossibile non attraversare la pista, spesso diverse volte al giorno, per raggiungere i vari distretti dell'isola.

Poco prima che atterri l'aereo, le piccole forze di polizia dell'isola, tutte formate nell'ambito dell'Australia-Tuvalu Defense Cooperation Program, bloccano gli accessi e per alcune ore la vita dell'intero arcipelago si ferma.

Non appena il volo della Fiji Air riprende il suo cammino verso Suva, ecco che rapidamente la pista si trasforma a nuova vita: numerosi campi di basket; due campi di calcio e due grandi spazi per lo svolgimento dello sport nazionale, il Te Ano, giocato da cinquanta giocatori e dalle regole a me incomprensibili.

Il piccolo aeroporto è dunque il cuore dell'isola/Stato, con un seggio alle Nazioni Unite, il cui voto in Assemblea Generale conta quanto quello degli Stati Uniti o della Cina.

La pista non è recintata ed è parte integrante della vita dell'isola.

Appena usciti dal terminal aeroportuale è sufficiente attraversare la strada per raggiungere l'edificio del governo della piccola nazione: insieme all'ufficio del Primo ministro, trovano qui sede i sei ministeri, e i principali uffici governativi. Poco più in là si trovano gli uffici della Tuvalu Telecom e la *maneapa*, il grande edificio giallo aperto sui quattro lati dove si svolgono numerose funzioni civili e religiose e dove il Primo ministro riceve le delegazioni straniere.

Sull'isola ci sono solo due ambasciate: Australia e Taiwan.

Tuvalu ha resistito alle fortissime pressioni della Repubblica Popolare Cinese e, a differenza di altri piccoli Stati insulari come Nauru, Kiribati e le Isole Salomone, ha continuato a intrattenere rapporti diplomatici esclusivi con la Repubblica di Cina di Taiwan.

Il 28 giugno del 2024 Iakoba Taeia Italeli, speaker del Parlamento di Tuvalu, ha firmato l'accordo con Chung Chia-fu, chairman della compagnia taiwanese di costruzione Overseas Engineering and Construction Company (Oecc) per la costruzione del nuovo Parlamento, che sarà interamente finanziato dalla cooperazione allo sviluppo di Taiwan.

Alla cerimonia era presente tutto l'establishment della piccola Repubblica, a cominciare dal nuovo Primo ministro Feleti Teo eletto il 26 febbraio del 2024, insieme all'ambasciatore di Taiwan residente sull'isola Andrew Lin.

L'evento ha posto fine a mesi di speculazioni, durante i quali Pechino avrebbe usato molte delle sue leve per ricondurre Tuvalu al *One China Principle*, il principio dell'unica Cina.

Qui se ne parla sottovoce, ma la Cina ci era quasi riuscita, mettendo in cantiere quel mix di incentivi, corruzione e coercizione economica che contraddistingue il *modus operandi* della grande Cina nel Pacifico.

Le promesse di centinaia di milioni di investimenti, conti bancari offshore per i politici conniventi, alternati a minacce di azioni ibride sulla violazione dei diritti di pesca realizzati dalla gigantesca flotta di pescherecci cinese, non hanno però sortito l'effetto voluto.

Dal palazzo del governo in pochi minuti raggiungo in motocicletta la residenza dell'ambasciatore Andrew Lin. L'Ambasciata di Taiwan e la residenza dell'ambasciatore sono entrambe localizzate in un piccolo compound sul mare fatto di due piccoli edifici simili a tutte le altre case del Pacifico, realizzate con un forte sincretismo fra materiali tradizionali e tecnologie moderne: le assi in legno di palma da cocco si alternano a blocchi di calcestruzzo e i pannelli solari poggiano su un tetto di lamiera, alternato a foglie di pandano intrecciate.

«Per prima cosa devi vedere qui» mi dice, indicandomi ciò che era in origine un piccolo pontile sulla laguna, oggi poggiato non più sull'acqua, ma sulla solida terra «ora ci troviamo nel cuore di uno dei progetti più significativi in tutto il Pacifico di *land reclamation*, un vero e proprio miracolo di ingegneria e resistenza climatica, che ha permesso a Tuvalu di strappare 7 ettari dal mare (70.000 metri quadrati), espandendo il suo esiguo territorio con un'ambiziosa bonifica marina.»

Andrew Lin è un fiume in piena e nel nostro lungo colloquio la geopolitica incrocia continuamente l'emergenza ambientale e climatica. «Il progetto di difesa dall'innalzamento dei mari, il Tuvalu Coastal Adaptation Project»[10] prosegue «è stato finanziato da Taiwan, Australia e Nuova Zelanda ed è questo il modello che l'arcipelago vuole seguire: resilienza climatica e un sempre maggiore coordinamento fra i paesi democratici del Pacifico.

«Taiwan è impegnata qui a Tuvalu in molti progetti di "resistenza climatica": strappare nuova terra dal mare; sperimentare nuovi coralli resistenti ad acque più calde; promuovere un'agricoltura con pochissime risorse idriche; realizzare piccoli impianti di produzione di energia elettrica da fonti rinnovabili.

«La Repubblica Popolare Cinese» insiste Andrew Lin «esercita una pressione fortissima nei confronti dei piccoli Stati del Pacifico per fare in modo che abbandonino le relazioni diplomatiche con Taiwan. Le pressioni avvengono in vario modo alternando forme di coercizione economica al finanziamento di grandi progetti. Come è successo nelle Isole Salomone, spesso i progetti di sviluppo sono affiancati da progetti nel campo della difesa e della sicurezza: il Pacifico è di nuovo una terra di conquista.»

Tuvalu è uno dei paesi più attivi al mondo nel campo della lotta ai cambiamenti climatici ed è considerato ad alto rischio di scomparsa a causa dell'innalzamento del livello dei mari.

Gli otto atolli che compongono la monarchia costituzionale di Tuvalu, il cui capo dello Stato è re Carlo III, a confermare il forte legame post-coloniale fra il Regno Unito e l'ex colonia delle Isole Ellice, non supera nel suo punto più alto, i 4,6 metri sopra il livello del mare. La media dell'arcipelago è però più bassa: fra 1 e 2 metri, facendo di Tuvalu un paese altamente vulnerabile all'innalzamento del livello del mare dovuto al cambiamento climatico.

Il progetto di ampliamento della superficie dell'arcipelago è quindi da tutti qui considerato «esistenziale».

«Tuvalu è un simbolo di resistenza climatica» mi racconta Richard Gokrun, direttore del Tuvalu Climate Action Network, che incontro nel suo ufficio a poche decine di metri dall'aeroporto «non vogliamo diventare migranti climatici e non vogliamo lasciare la nostra terra». Poi prosegue: «Il nostro piccolo paese non ha risorse sufficienti per ampliare il proprio territorio, creare barriere per limitare i danni dell'innalzamento delle acque, creare un'economia in grado di garantire un adeguato sviluppo per tutti. Abbiamo bisogno della comunità internazionale e di alleanze affidabili e durature nel tempo».

Questo è uno dei motivi per i quali Tuvalu è fra i paesi più attivi al mondo nel campo dei cambiamenti climatici. L'ex ministro degli Esteri Simon Kofe, noto in tutto il mondo per avere promosso una serie di conferenze stampa convocate nella laguna con l'acqua fino alle ginocchia, è ancora più esplicito: «C'è una parte del pianeta e interi Stati come Tuvalu, che rischiano semplicemente di scomparire» racconta «e dobbiamo agire subito. Il progetto che hai già visto di ampliamento del nostro territorio è soltanto la prima fase, alla quale ne seguiranno altre due, per un totale di 21 ettari recuperati dal mare con un nuovo territorio a 4 metri sul livello del mare.

«Dobbiamo fare in fretta, alcune delle nostre falde acquifere sono già contaminate dall'acqua di mare e questo è anche il motivo del progetto che abbiamo lanciato per realizzare una rete di impianti di desalinizzazione che ci permettano di garantire la vita sui nostri atolli».

Il tempo è una variabile fondamentale, anche perché la migrazione climatica è già iniziata nel Pacifico: l'8 per cento degli abitanti di Tuvalu, il 25 per cento di Kiribati e il 35 per cento di Nauru hanno già lasciato le proprie isole per migrare verso Australia, Nuova Zelanda e Usa; il 70 per cento degli abitanti dei tre piccoli Stati insulari si sente «intrappolato» e sta considerando la possibilità di una rilocalizzazione permanente; tutti i cittadini dei tre Stati insulari hanno già subito gli effetti della crisi climatica (falde acquifere inquinate, innalzamento del livello dei mari ecc.).

L'unica strada che collega le due estremità dell'atollo di Funafuti è lunga soltanto 10 chilometri e la percorrerò inevitabilmente molte volte in motocicletta, di gran lunga il mezzo di trasporto preferito da tutti. L'isola è coloratissima e ai bordi della strada si alternano cespugli di hibiscus, bougainvillea color fucsia e arancio, e fiori di frangipani profumatissimi. Le case basse su palafitte di cemento sono dipinte con colori pastello, su cui dominano l'azzurro e il giallo. L'isola è molto religiosa e gli edifici in legno della Chiesa di Tuvalu dominano il panorama insulare: la Church of Tuvalu (*Te Ekalesia Kelisiano Tuvalu* in lingua locale) è la principale congregazione cristiana protestante del paese e i suoi edifici di culto sono disseminati lungo tutta la striscia di terra che divide l'oceano da un lato e la grande laguna (*Te Namo*) dall'altro.

Rientro verso la parte centrale dell'atollo dove svetta una bandiera australiana sul piccolo edificio della Australia High Commission, l'Ambasciata di Canberra a Tuvalu.

È da qui che Canberra ha esercitato il proprio *soft power*, anche per colmare i ritardi nei confronti di Pechino, finalizzando un accordo storico fra i due paesi.

L'accordo di partenariato strategico fra Australia e Tuvalu siglato dal Primo ministro Anthony Albanese e dal premier Feleti Teo il 28 agosto 2024 è un capitolo importante del nuovo Grande Gioco nel Pacifico: si tratta dell'Australia-Tuvalu Falepili Union.[11]

In tutto il Pacifico il concetto di *falepili* (da *fale*, «casa» e *pili*, «vicinanza») è un valore importante ed evoca solidarietà, rispetto e assistenza reciproca tra vicini.

In questo caso si tratta della risposta australiana al protagonismo della Repubblica Popolare Cinese nella regione dopo che in pochi anni il dragone ha segnato molti punti a suo favore: lo *switch* diplomatico fra Taiwan e Pechino di Nauru, Kiribati e Isole Salomone; l'accordo di sicurezza con le Isole Salomone; il recente accordo strategico con le Isole Cook; le molteplici ingerenze nei processi elettorali a Samoa, Tonga e Fiji.

L'accordo prevede il sostegno diretto australiano a una pluralità di progetti di «resilienza climatica», unitamente a un ampio accordo nel settore della difesa e della sicurezza: assistenza militare australiana in caso di aggressione, vincolo alla reciproca consultazione e decisione comune in merito a ogni ulteriore accordo di sicurezza (Pechino è avvisata...); la fornitura di motovedette per la protezione delle risorse marine di Tuvalu minacciate da una crescente attività di pesca illegale da parte cinese.

Infine un pacchetto di accordi sulle «quote migratorie», che permetterà a centinaia di cittadini di Tuvalu di poter lavorare e vivere in Australia.

Il governo di Canberra ha già fatto sapere che in caso di eventi climatici estremi potrebbe «salvare» l'intera nazione di Tuvalu, offrendo non solo quote migratorie, ma anche un territorio dove poter dare continuità allo Stato. Ma nessuno qui prende ancora in considerazione questa ipotesi «estrema»: Tuvalu non vuole affondare e scomparire.

Insieme alla iperattiva May Tseng, prima segretaria dell'Ambasciata di Taiwan, attraverso varie volte in motocicletta la pista aeroportuale per andare a vedere i progetti agricoli promossi dall'International Cooperation and Development Fund, la cooperazione allo sviluppo taiwanese, a Funafuti e Fongafala, alle due estremità dell'atollo.[12]

Un impianto solare galleggiante da un megawatt è stato da poco costruito in un piccolo lago salato che si affaccia sul lato esterno della barriera corallina, dove il mare batte sempre più forte e a poca distanza è stato costruito il primo impianto di desalinizzazione vicino al centro agricolo di Vaiaku, dove si producono frutta e verdure, in vasche di terra sospese, con uso limitatissimo d'acqua.

Torno verso la parte centrale dell'atollo e alle 18.30 l'intero paese si ferma per una decina di minuti: moto, passanti, famiglie, artigiani, interrompono le loro attività per restare qualche minuto, ogni giorno, in silenzio. Ognuno interpreta questa scelta come vuole: un momento di preghiera; un momento di riflessione sulla precarietà della vita insulare; un momento di rispetto per la nazione.

4. *«.tv», l'isola del web*

Il giorno seguente raggiungo gli uffici della Tuvalu Telecom dove incontro Tenanoia Simona, Ceo della Tuvalu Telecommunications Corporation, che mi racconta di un clamoroso effetto collaterale dell'avvento di internet che investì l'isola agli albori del web.

Quando l'organismo che doveva assegnare i «domini» nazionali di internet, l'Icann,[13] iniziò il proprio lavoro assegnando i cosiddetti «domini di primo livello» («.it» per l'Italia; «.fr» per la Francia e via dicendo), il piccolo Stato insulare di Tuvalu si trovò di fronte a un'inaspettata opportunità quando le venne assegnato il dominio «.tv».

Quasi subito tutti i grandi network televisivi mondiali cercarono di acquistare il dominio (cnn.tv; bbc.tv...) dello sconosciuto e remoto paese del Pacifico. «Il governo di Tuvalu venne immediatamente contattato da diversi operatori» ricorda Tenanoia «e accettò nel 1995 l'offerta della società statunitense Corps International, poi riacquistato da Verisign[14] nel 2002, che prevedeva il pagamento di soli 5 milioni di dollari all'anno per venticinque anni per la gestione del dominio ".tv" e la sua commercializzazione globale.» L'accordo fruttò allo Stato di Tuvalu l'equivalente del 7 per cento del Pil, anche se la vendita negli anni dei domini «.tv» molto richiesti dalle migliaia di operatori televisivi in tutto il mondo, avrebbe potuto rimpinguare in modo molto più significativo le casse dell'isola.

Nel 2022 il governo di Tuvalu, in seguito alla scadenza della vecchia concessione, ha sanato questo *vulnus* concludendo un accordo molto più vantaggioso con la società americana GoDaddy Registry,[15] in grado di «assicurare un grande beneficio all'economia dell'isola e ai suoi abitanti». I dettagli della transazione non sono stati resi pubblici.

Mentre penso ai siti web delle reti televisive di tutto il mondo, che usano il dominio della piccola isola/Stato di Tuvalu per diffondere i propri contenuti, schivo per un soffio l'ennesimo gallo che all'ultimo secondo cerca di buttarsi sotto le ruote della mia motocicletta.

5. *I fosfati maledetti di Nauru*

Lascio Tuvalu per raggiungere un'altra isola/Stato: la Repubblica di Nauru con una storia tormentata e complessa.

Arrivo al piccolo aeroporto di Yaren in una giornata torrida del luglio 2024 con un volo della Nauru Airlines, la compagnia di bandiera che con alterne fortune ha garantito i collegamenti fra l'isola, gli arcipelaghi della Micronesia e l'Australia.

La Repubblica indipendente di Nauru è minuscola: 21 chilometri quadrati, dodicimila abitanti; un'unica strada circolare di 19 chilometri che si percorre in poco più di trenta minuti d'auto.

L'isola è la più piccola Repubblica parlamentare del pianeta: indipendente dal 1968 e con seggio alle Nazioni Unite dal 1999.

Qui si svolge una sorta di nuovo Grande Gioco in provetta: Cina, Russia, Taiwan, Australia, Usa si incrociano nella piccola isola con una lotta senza esclusione di colpi.

Nauru vale un voto in Assemblea Generale alle Nazioni Unite, ma anche molto di più da un punto di vista geopolitico: è sita nel cuore del Pacifico centrale, con una localizzazione strategica fra le due dorsali della Seconda catena di isole (Giappone, Guam, Palau, Micronesia, Papua Nuova Guinea) e Terza catena di isole (Hawaii, Samoa, Fiji, Nuova Zelanda).

Questo è il motivo per il quale la piccola Repubblica si è trovata al centro di molti degli assi competitivi che abbiamo analizzato in questo volume.

Il 15 gennaio del 2024, la Repubblica Popolare Cinese ha segnato qui un colpo a suo favore: due giorni dopo la vittoria a Taiwan di Lai Ching-te, leader del Partito democratico progressista (Dpp), il presidente di Nauru David Adeang ha annunciato la rottura delle relazioni diplomatiche con Taiwan,[16] e la contemporanea apertura delle relazioni diplomatiche con Pechino.

«La Repubblica di Nauru» ha dichiarato «non riconoscerà più la Repubblica di Cina (Taiwan) come paese separato, ma piuttosto come parte inalienabile del territorio cinese, e interromperà le relazioni diplomatiche con Taiwan a partire da oggi.»

La *renminbi diplomacy* assesta così un duro colpo a Taiwan che si trova oggi ad avere relazioni ufficiali con solo dodici paesi del mondo, la Cina è così riuscita ad aumentare contemporaneamente la propria influenza nei confronti del Pacific Islands Forum, l'organizzazione regionale degli Stati del Pacifico, all'interno della quale ora annovera relazioni diplomatiche con undici dei quattordici Stati membri.

Il format di Pechino per ricondurre Nauru alla «ragionevolezza» è sempre lo stesso: minaccia di coercizione economica, invasione delle acque territoriali con flottiglie illegali di pesca, e soprattutto risorse economiche dirette, con fondi destinati alla cooperazione allo sviluppo e contemporaneamente «fondi neri» per sostenere politici locali e partiti dell'isola. Pechino non ha lesinato risorse e il «ritorno dell'investimento» è stato molto alto.

La dichiarazione del Dipartimento di Stato Usa è stata netta: «Sebbene la decisione del governo di Nauru di interrompere le relazioni con Taiwan sia un atto sovrano, resta comunque una decisione deludente. Taiwan è un partner affidabile, democratico e con valori simili ai nostri. La Repubblica Popolare Cinese spesso fa promesse che poi non mantiene in cambio dell'apertura delle relazioni diplomatiche. Incoraggiamo tutti i paesi a intensificare il dialogo con Taiwan e a sostenere la democrazia, la buona governance, la trasparenza e lo stato di diritto».

Non c'è però soltanto lo *switch* fra Taiwan e Pechino. Anche la Russia ha qui assestato un colpo diplomatico a proprio favore: Nauru è uno dei pochi Stati al mondo che riconosce Abkhazia e Ossezia del Sud, le due repubbliche autoproclamatesi indipendenti in seguito all'aggressione della Russia in Georgia nell'agosto del 2008.

La Russia, nonostante un'ampia campagna globale, ha ottenuto finora soltanto il riconoscimento delle due repubbliche da parte di Nicaragua e Venezuela, mentre tutta la comunità internazionale continua a ritenerle parte integrante della Georgia. La transazione fra Mosca e Nauru, anche secondo fonti russe, è stata di soltanto 50 milioni di dollari in aiuti umanitari che Mosca ha versato a Nauru in cambio del riconoscimento delle due repubbliche «fantasma» del Caucaso.

Lungo la strada costiera nella piccola capitale Yaren si alternano il Parlamento (diciannove membri), gli uffici del governo, il piccolo Museo Nazionale, per poi giungere al vecchio porto che testimonia la vera tragedia recente dell'isola e anche la sua maledizione: i fosfati.

La costa e la barriera corallina sono occupate per quasi un chilometro dai resti arrugginiti dei grandi moli a sbalzo e dalle gigantesche gru che collegavano fino a pochi anni fa il centro di trattamento dei fosfati al mare.

Basta prendere, poi, qualche strada sterrata verso l'interno dell'isola e la devastazione di vent'anni di sfruttamento intensivo dei fosfati si svela nella sua interezza: un paesaggio lunare ha sostituito la fitta vegetazione di un tempo e il disboscamento intensivo ha reso l'isola per l'80 per cento completamente inabitabile.

Furono per primi i tedeschi a capire le potenzialità minerarie dell'isola quando nel 1886, dopo l'annessione dell'isola alla Nuova Guinea tedesca, scoprirono gli ampi giacimenti. Dopo la Prima guerra mondiale Nauru venne occupata dalle truppe australiane e britanniche e la Società delle Nazioni assegnò l'ex colonia tedesca con mandato fiduciario ad Australia, Nuova Zelanda e Regno Unito. Fu da allora che la British Phosphate Commission (Bpc) ottenne i diritti di sfruttamento delle miniere. Nel 1942 i giapponesi occupano brutalmente l'isola deportando oltre un decimo della popolazione, costringendola ai lavori forzati nella vicina isola di Truk in Micronesia.

Dal dopoguerra, lo sfruttamento intensivo dei fosfati stravolge la vita dell'isola: la devastazione ambientale rende l'isola irriconoscibile, ma è ben «ripagata», rendendo gli abitanti di Nauru la popolazione con il Pil/pro-capite più alto al mondo.[17] In soli cinquant'anni però il giacimento di fosfati venne completamente esaurito lasciando il piccolo Stato di nuovo a se stesso.

Ritorno sulla strada costiera e in breve rivedo le stesse case, gli stessi negozi, gli stessi uffici. L'isola è molto piccola ed è inevitabile farne il periplo diverse volte al giorno.

Nauru è circondata dalla barriera corallina e il corallo non si limita a crescere pochi centimetri sott'acqua ma forma pilastri che crescono sulla barriera come *menhir* alti fino a 8-10 metri: nella spiaggia di Anibare, i pinnacoli di corallo si alternano ai resti dei bunker giapponesi del secondo conflitto mondiale.

Riprendo un'altra strada verso l'interno dove in un paesaggio lunare e post-industriale raggiungo il controverso Centro australiano di detenzioni immigrati, ora rinominato nel più anonimo e indolore Nauru Regional Processing Centre. Siamo nel centro dell'isola e l'area è presidiata da contractor privati australiani.

Il centro venne inaugurato nel 2001 in seguito a un accordo fra il governo conservatore australiano del Primo ministro John Howard e l'allora presidente di Nauru nel quadro della cosiddetta *Pacific Solution*, il criticatissimo programma australiano di detenzione e deportazione di immigrati illegali e richiedenti asilo nella remota isola di Nauru. Il centro ha ospitato fino a ottocento detenuti afghani, vietnamiti, rohinga, iracheni, iraniani, cinesi.

Chiuso dal governo laburista di Kevin Rudd nel 2007 e poi riaperto nel 2021, il Centro funziona oggi in formato decisamente ridotto: quando mi presento al cancello per incontrare l'estremamente poco loquace responsabile delle relazioni esterne, nel centro sono rinchiusi soltanto cinque richiedenti asilo, provenienti dalla Thailandia.

Per tenere confinati qui a 2000 chilometri dalle proprie coste diverse centinaia di immigrati illegali e richiedenti asilo l'Australia ha finanziato e sostenuto a lungo il governo dell'isola ed è responsabile della difesa e della sicurezza di Nauru. Il dollaro australiano è la valuta ufficiale nell'isola e l'Australia finanzia un'ampia gamma di progetti e programmi: sanità; infrastrutture stradali; consulenza alla preparazione del bilancio dello Stato; formazione della polizia locale e dei funzionari pubblici.

Mi sintonizzo su Radio Nauru, che sostanzialmente seleziona e rilancia i programmi di Radio Australia e lo stesso fa l'unica stazione televisiva locale Ntv (Nauru Television).

Recentemente l'Ufficio dell'Alto Commissario per i diritti umani delle Nazioni Unite ha concluso una lunga indagine accusando l'Australia di essersi resa responsabile della «detenzione arbitraria» di diverse centinaia di richiedenti asilo politico, denunciando le condizioni inumane del centro.[18]

Ma i problemi di Nauru non finiscono qui. Anche grazie ai lunghi anni di ricchezze indotte dai diritti di sfruttamento dei fosfati, che hanno garantito redditi elevati a praticamente tutta la popolazione dell'isola, pesca e agricoltura sono state abbandonate, con una progressiva sostituzione dell'alimentazione di base dell'isola con cibo in scatola e surgelati.

Dopo quarant'anni il risultato è stato drammatico: Nauru ha i più alti tassi di obesità e diabete nel mondo, il 94 per cento dei suoi residenti è sovrappeso, il 72 per cento è obeso e più del 40 per cento della popolazione ha il diabete di tipo 2.

6. *Cyber Defense fra gli atolli del Pacifico*

Il nuovo Grande Gioco del Pacifico ha investito pienamente la dimensione del cyberspazio.

Il Giappone è stato oggetto negli ultimi anni di una serie di attacchi informatici da parte di gruppi di hacker sostenuti dalla Cina. Tra questi, il gruppo MirrorFace[19] che ha promosso oltre duecento attacchi informatici tra il 2019 e il 2024, mirati a sottrarre dati sensibili relativi alla sicurezza nazionale e alle tecnologie avanzate. Gli obiettivi hanno incluso i ministeri degli Esteri e della Difesa, l'Agenzia spaziale giapponese (Jaxa), aziende private e centri di ricerca tecnologica.

Anche gli Stati insulari del Pacifico hanno subito attacchi simili. Nel marzo 2024, il governo di Palau ha accusato la Cina di un attacco informatico al Ministero delle Finanze, che ne ha paralizzato i sistemi e impedito il pagamento degli stipendi a 1800 dipendenti pubblici.[20] L'attacco ha fatto parte di una più ampia campagna di pressione contro il governo della Repubblica di Palau con l'obiettivo di farle recidere i rapporti diplomatici con Taiwan.

Il gruppo di hacker APT40,[21] da molte fonti ritenuto organico al Ministero della Sicurezza di Pechino, è stato identificato come responsabile di operazioni cibernetiche dannose contro governi e infrastrutture critiche nella regione del Pacifico. Samoa, ad esempio, ha attribuito a questo gruppo una serie di attacchi sofisticati che hanno compromesso sistemi governativi e infrastrutture chiave.

Questi episodi evidenziano la crescente minaccia rappresentata dalle operazioni cibernetiche cinesi nella regione indo-pacifica. La vulnerabilità delle infrastrutture digitali nei piccoli Stati insulari li rende obiettivi particolarmente esposti, con potenziali ripercussioni sulla sicurezza dell'intera area. Di conseguenza, il Giappone ha intensificato gli sforzi per rafforzare la cooperazione in materia di sicurezza cibernetica, promuovendo esercitazioni congiunte e iniziative di sviluppo delle capacità locali, al fine di contrastare l'espansione dell'influenza cinese attraverso il cyberspazio.

Ed è all'interno di questa cornice che il Giappone ha promosso per la prima volta lo svolgimento di esercitazioni congiunte in materia di difesa informatica con cinque Stati insulari dell'area:[22] le esercitazioni si sono svolte nel territorio statunitense di Guam dal 18 al 26 febbraio del 2024 e hanno coinvolto tecnici, militari e analisti di Palau, Nauru, Isole Marshall, Stati Federati di Micronesia e Kiribati. Tutti i paesi coinvolti occupano una posizione strategica nel panorama geopolitico dell'Indo-Pacifico e sono stati tutti oggetto di numerose azioni ibride da parte di Pechino.

Le esercitazioni Cyber Defense Exercise with Recurrence (Cyder) avevano come obiettivo quello di rafforzare le difese cibernetiche di una regione che ospita, tra l'altro, importanti cavi sottomarini per le telecomunicazioni, molti dei quali connessi direttamente al Giappone. La vulnerabilità di questi paesi, aggravata dalla carenza di personale specializzato in sicurezza informatica, rappresenta un punto debole nella catena della sicurezza digitale regionale.

Questa iniziativa si inserisce nella più ampia strategia giapponese per la costruzione di un «Indo-Pacifico libero e aperto» e nella costruzione di una rete di paesi alleati democratici in grado di fronteggiare la crescente assertività di Pechino nello scacchiere dell'Indo-Pacifico.

In questo contesto si colloca anche il rilancio e il rafforzamento del vertice fra Tokyo e i paesi insulari del Pacifico: il Pacific Islands Leaders Meeting (Palm),[23] promosso per la prima volta dalla diplomazia giapponese nel 1997, che ha tenuto la sua decima edizione a Tokyo nel luglio del 2024.[24] L'ultimo vertice ha avuto un focus chiaro: come contenere la Repubblica

Popolare Cinese; come garantire la libertà di navigazione nel grande Oceano Pacifico; come affrontare le molte minacce ibride e la diplomazia aggressiva di Pechino.

7. *Il nuovo Grande Gioco del Pacifico*

Gli atolli dimenticati sono tornati al centro della nuova competizione fra le grandi potenze, dagli esiti ancora incerti.

Come nel caso delle Isole Salomone le tensioni hanno già investito pienamente la cosiddetta «Seconda catena di isole», quell'arco che dal Giappone volge a sud verso l'isola di Guam, che ancora oggi ospita la più grande base militare statunitense del Pacifico, fino alle isole degli Stati Federati di Micronesia, la Repubblica di Palau e la Papua Nuova Guinea, per investire ora pienamente la cosiddetta «Terza catena di isole» fra gli Stati insulari del Pacifico centrale e meridionale, fino a raggiungere l'Australia e la Nuova Zelanda.

La competizione fra Cina e democrazie asiatiche è senza esclusione di colpi fra *renminbi diplomacy*; «trappola del debito»; competizione fra Cina e Taiwan; guerra asimmetrica e attacchi ibridi, fra la dimensione «cyber» e le gigantesche flottiglie cinesi di pesca che invadono le acque territoriali dei piccoli Stati insulari del Pacifico.

La competizione fra Cina e Occidente nel Pacifico investe anche la cooperazione economica su sviluppo e infrastrutture: i progetti della nuova Via della Seta cinese competono direttamente con quelli giapponesi e occidentali della Free and Open Indo-Pacific Initiative.

Come rileva una ampia ricerca del Lowy Institute for International Policy di Sydney, uno dei più autorevoli think tank australiani, gli Stati insulari del Pacifico hanno «debiti astronomici con la Cina, che non sono in grado di ripagare».[25]

La Cina è diventata negli ultimi vent'anni il principale finanziatore di progetti infrastrutturali nella regione del Pacifico all'interno della cornice della cosiddetta nuova Via della Seta.

Dopo l'iniziale entusiasmo, le cose sono andate però diversamente e molti paesi che vi hanno inizialmente aderito hanno iniziato a ridiscutere drasticamente i progetti avviati.

Il modello cinese ha affascinato molti paesi per il suo approccio «pragmatico» e soprattutto per l'assenza di tutti i vincoli normalmente posti dalle istituzioni «occidentali»: sostenibilità finanziaria, rispetto dei diritti umani, regole rigide in materia di corruzione, verificabilità dei progetti. Quest'approccio «senza vincoli» ha portato diversi paesi a indebitarsi in modo eccessivo e insostenibile nei confronti di Pechino e la «trappola del debito» ha reso molti di questi paesi estremamente vulnerabili.

Gli Stati insulari di Tonga, Vanuatu e Samoa spendono oggi tra le percentuali più alte al mondo, in rapporto al proprio Prodotto interno lordo, per ripagare i debiti con la Cina: Tonga il 4 per cento; Samoa il 2,6 per cento e Vanuatu quasi il 2 per cento.

Si tratta di un indebitamento insostenibile che «lega» i paesi del Pacifico al più grande prestatore della regione, la Repubblica Popolare Cinese, alterando gli equilibri geopolitici.

Il caso di Tonga è forse uno dei più eclatanti. Le rivolte che hanno sconvolto il paese nel 2006, seguite dal grande terremoto e dallo tsunami del 2011, hanno praticamente distrutto la capitale Nuku'alofa. Di fronte alla distrazione dei donatori occidentali, la Cina non ha perso tempo offrendo un primo prestito di 104 milioni di dollari da restituire entro il 2030. Il governo dell'isola ha tentato recentemente di rinegoziare e prolungare i tempi di restituzione del debito con la EximBank cinese ottenendo però un netto diniego. Come osserva Riley Duke, ricercatore del Lowy Institute: «Il governo di Tonga spende ogni anno per ripagare il debito con Pechino una cifra più alta del budget dedicato alla spesa annuale per tutta la sanità».

Sulle colline che sovrastano Port Vila, la capitale dello Stato insulare di Vanuatu si trova un grande edificio nuovo di zecca rosso e bianco, donato al governo di Vanuatu dalla Cina nel febbraio del 2024. Si tratta del nuovo palazzo presidenziale poco distante dall'ufficio del Primo ministro, un edificio che era stato anch'esso ristrutturato grazie a una generosa donazione cinese di quasi dieci anni fa.

Il palazzo del presidente di Vanuatu, Nikenike Vurobaravu, è solo l'ultimo dei progetti di Pechino nel piccolo Stato insulare, nel quadro della nuova Via della Seta, e sempre all'interno di uno schema di un grande indebitamento che «legherà» il paese per molti anni alla Cina: si tratta del Parlamento nazionale, di vari progetti di costruzione stradale, della ricostruzione del nuovo stadio, di un nuovo molo e del grande centro congressi alle porte della capitale.

Ma ciò che preoccupa di più i paesi democratici della regione sono i progetti cinesi nelle infrastrutture strategiche portuali e aeroportuali a cominciare dal nuovo porto di Luganville e dall'espansione dell'aeroporto di Bauerfield, poco distante dalla capitale Port Vila.

Il porto di Luganville è stato ampliato con un molo di 364 metri in grado di ospitare grandi navi da crociera e navi militari, realizzato con un prestito di 54 milioni di dollari della Export-Import Bank of China (Exim) e costruito dall'impresa di stato cinese Shanghai Construction Group.

La Cina sta negoziando con Vanuatu un accordo di sicurezza simile a quello siglato con le Isole Salomone, che potrebbe aprire alla possibilità di un uso civile e militare delle proprie infrastrutture portuali.

Mark Brown, Primo ministro delle Isole Cook, si è recato a Pechino con un'ampia delegazione del suo governo per quattro giorni fra il 10 e il 14 febbraio del 2025, capovolgendo il tradizionale posizionamento delle Isole Cook, Stato associato alla Nuova Zelanda e da sempre un solido partner di Australia e Stati Uniti nella regione.

I due accordi siglati nel febbraio del 2025 fra la Repubblica Popolare Cinese e le Isole Cook rappresentano un ulteriore punto a favore di Pechino, che ha colto di sorpresa i partner occidentali nel Pacifico. Il «Piano d'azione 2025-2030 per il Partenariato strategico globale tra le Isole Cook e la Repubblica Popolare Cinese»[26] e il «Memorandum d'intesa per l'approfondimento della cooperazione sull'economia blu» aprono la strada alla Cina per condurre esplorazioni minerarie nelle acque profonde del Pacifico meridionale, nonché la possibilità di utilizzare le infrastrutture portuali dell'isola sia per scopi civili che per scopi militari.

Per Pechino, l'accordo con le Isole Cook ha una triplice valenza strategica: permette di incunearsi e di «rompere» la «Terza catena di isole»; ottiene un approdo *dual use* per le proprie navi nel porto di Rarotonga; avvia esplorazioni in acque profonde ricche di minerali critici e utili per rafforzare la sicurezza delle proprie catene di approvvigionamento: manganese, rame, nichel e cobalto.

Ma ci sono anche segnali in controtendenza. La Prima ministra di Samoa Fiamē Naomi Mata'afa ha cancellato il mega-progetto portuale nella Baia di Fiasu, annullando così l'accordo Cina-Samoa siglato dal suo predecessore Tuilaepa Sailele Malielegaoi.[27] Il progetto dal costo di circa 100 milioni di dollari avrebbe ulteriormente aumentato l'esposizione debitoria del paese che nel 2024 ha raggiunto il 40 per cento di tutto il debito estero del paese.

La reazione statunitense al crescente attivismo cinese nel Pacifico è giunta in ritardo. Dopo la lunga assenza delle due amministrazioni di Barack Obama, durante le quali il protagonismo statunitense nel Pacifico si era ridotto in maniera considerevole, sia sul piano del *soft power* che su quello della proiezione militare, l'ex presidente Joe Biden ha ben compreso il ritardo della presenza americana nel Pacifico convocando alla Casa Bianca il primo summit fra gli Stati Uniti e gli Stati del Pacifico il 28 e 29 settembre 2022.[28]

Con quindici capi di stato presenti il summit ha rappresentato una svolta della presenza statunitense nel Pacifico con la firma di decine di accordi di cooperazione nel settore dei cambiamenti climatici, dello sviluppo e della difesa.

Un altro effetto concreto del summit è stato poi l'annuncio dell'apertura di tre nuove ambasciate nel Pacifico, a Tonga, Kiribati e alle Isole Salomone. Al summit ha fatto seguito un'intensa attività diplomatica promossa dal segretario di Stato Antony Blinken e dal segretario alla Difesa Austin Lloyd.

All'interno di questa cornice, uno degli accordi più importanti è stato quello raggiunto nel dicembre del 2024 a Port Moresby, grazie al quale gli Stati Uniti spenderanno oltre 864 milioni di dollari in infrastrutture e addestramento militare in Papua Nuova Guinea nei prossimi dieci anni, nel quadro dell'accordo di difesa firmato tra i due paesi nel 2023,[29] che già concedeva alle forze armate statunitensi «accesso illimitato» a sei porti e aeroporti, inclusa la base navale di Lombrum.

La Papua Nuova Guinea oltre a essere lo Stato più grande e più popolato di tutto il Pacifico è il terminale meridionale della «Seconda catena di isole» che lega il Giappone, la Micronesia e il Pacifico, attraverso lo strategico hub militare statunitense di Guam. L'accordo di cooperazione in materia di difesa, della durata di quindici anni, consente il transito, la manutenzione e il rifornimento di aeromobili e navi statunitensi, nonché il posizionamento di personale e materiali per il soccorso in caso di calamità.

Mille chilometri più a nord, sull'isola di Yap, una delle quattro isole/Stato che compongono gli Stati Federati di Micronesia, l'amministrazione americana sta per realizzare un nuovo grande aeroporto militare con un investimento di oltre 2 miliardi di dollari, come confermato il 27 marzo del 2025 nella prima visita nell'Indo-Pacifico da parte di Pete Hegseth, segretario alla Difesa della seconda amministrazione Trump.[30]

Il programma fa parte dell'ultima legge di bilancio firmata dal presidente Joe Biden nella quale vengono rafforzati i legami politici, economici e militari con Palau, gli Stati Federati di Micronesia e le Isole Marshall, tutte e tre legate agli Stati Uniti da un Compact of Free Association[31] che prevede la possibilità per i residenti dei tre Stati insulari di lavorare e risiedere in America; un ampio programma di assistenza economica e di sviluppo; un accordo militare che prevede la difesa dei tre paesi da parte degli Stati Uniti e la possibilità di insediare basi militari.

La nuova postura militare statunitense nel Pacifico è poi integrata dall'ampliamento della base militare di Darwin[32] nei Territori del Nord dell'Australia nella quale è in corso un programma di ampliamento per permettere il dispiegamento di bombardieri B-52 e cacciabombardieri F-22.

La base di Darwin, nell'estremo Nord dell'Australia è da tempo utilizzata in condominio dall'Australian Defense Force e dall'US Marine Rotational Force e si trova a poche centinaia di chilometri a nord dalla base militare della Raaf (Royal Australian Aviation Force) di Tindal.

Le due basi insieme rappresentano un elemento fondamentale per il contenimento della Cina nel Pacifico.

Il nuovo protagonismo statunitense nel Pacifico rischia però di essere messo in crisi dalla cancellazione da parte della seconda amministrazione di Donald Trump di Usaid, l'agenzia di cooperazione allo sviluppo, alla quale era affidato il budget e l'implementazione di molti dei progetti oggetto dell'accordo con gli Stati del Pacifico.

L'improvvida cancellazione di Usaid[33] rischia di far venire meno, anche in questa parte del mondo, un importante strumento del *soft power* americano in grado di bilanciare il forte protagonismo cinese nella regione.

Il capitolo del nuovo Grande Gioco nella vasta regione dell'Oceano Pacifico non è ancora scritto, ma i prossimi mesi/anni vedranno una crescita della competizione fra la Cina e le democrazie della regione, Giappone, Australia, Nuova Zelanda, Taiwan e piccoli Stati insulari del Pacifico e anche una crescita dell'instabilità interna con due nuovi Stati indipendenti che potrebbero nascere: la Nuova Caledonia, attraversata da una forte tensione fra la minoranza kanak e Parigi, che ancora oggi tiene le redini della Collettività francese d'Oltremare, e l'isola separatista di Bougainville, che dopo vent'anni di guerra sanguinosa e dimenticata, potrebbe diventare indipendente dalla Papua Nuova Guinea fin dal 1° settembre del 2027.

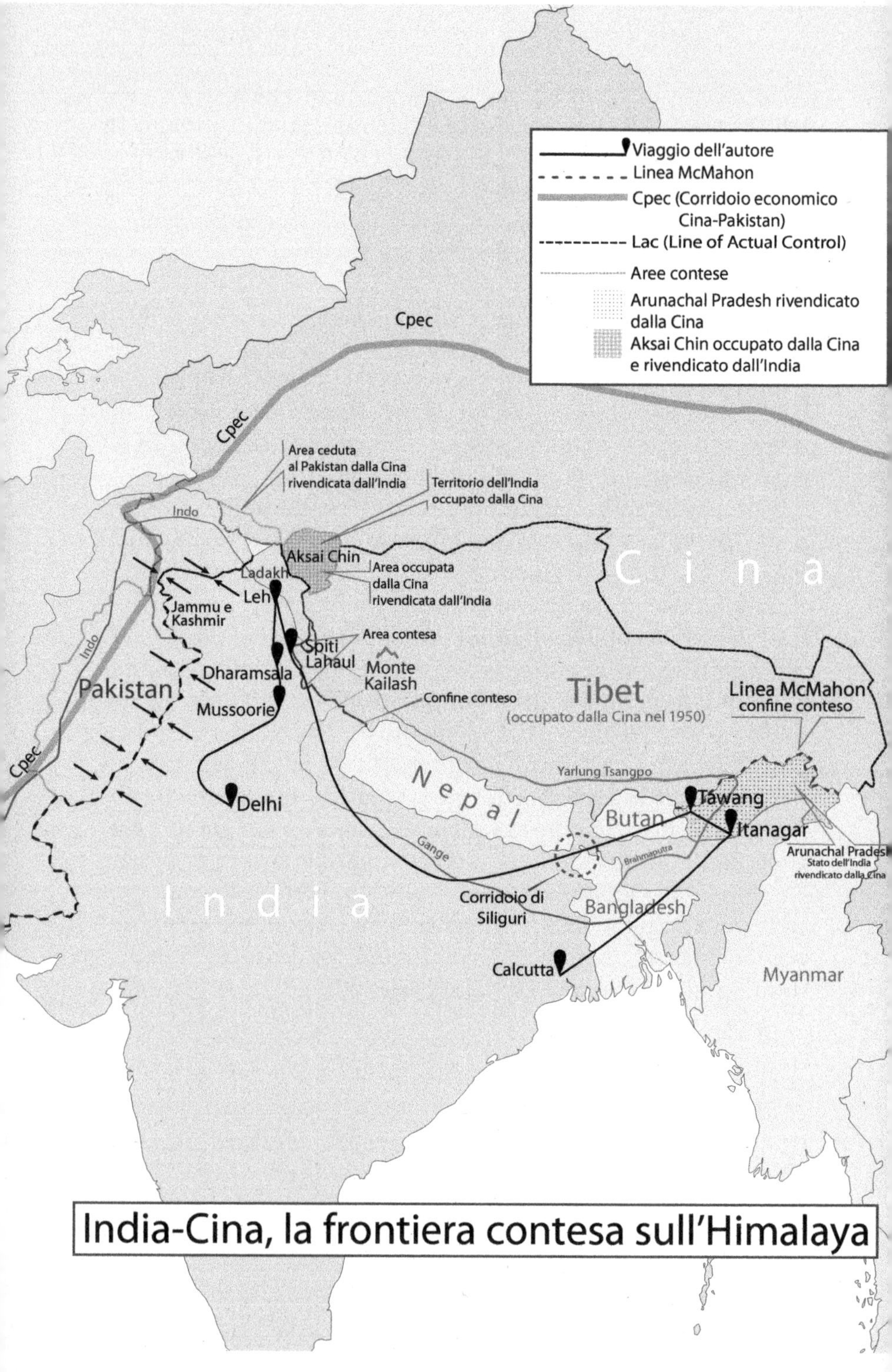
Viaggio dell'autore
Linea McMahon
Cpec (Corridoio economico Cina-Pakistan)
Lac (Line of Actual Control)
Aree contese
Arunachal Pradesh rivendicato dalla Cina
Aksai Chin occupato dalla Cina e rivendicato dall'India
Cpec
Cpec
Cpec
Area ceduta al Pakistan dalla Cina rivendicata dall'India
Territorio dell'India occupato dalla Cina
Indo
Aksai Chin
Area occupata dalla Cina rivendicata dall'India
C i n a
Ladakh
Leh
Jammu e Kashmir
Spiti
Lahaul
Area contesa
Monte Kailash
Dharamsala
Indo
Pakistan
Mussoorie
Confine conteso
Tibet
(occupato dalla Cina nel 1950)
Linea McMahon
confine conteso
Yarlung Tsangpo
N e p a l
Tawang
Delhi
Butan
Itanagar
Gange
Brahmaputra
Arunachal Prades
Stato dell'India rivendicato dalla Cina
Corridoio di Siliguri
I n d i a
Bangladesh
Calcutta
Myanmar
India-Cina, la frontiera contesa sull'Himalaya

5
India-Cina: la frontiera contesa sull'Himalaya e il nuovo Grande Gioco in Tibet

It is the oppressor who needs compassion far more than the oppressed.

TENZIN GYATSO, the XIV Dalai Lama of Tibet

Il mondo è una sola famiglia.

Frase delle *Upanishad* scolpita nella pietra all'ingresso della Lok Sabha, la Camera bassa del Parlamento indiano

1. *L'India, cuore del vecchio e del nuovo Grande Gioco*

L'Occidente ha oggi una grande opportunità non ancora pienamente compresa: rivolgere il suo sguardo a oriente per ritrovare se stesso.

Sulle ceneri dell'impero britannico non è soltanto nato uno dei paesi più popolosi del mondo e una grande potenza economica, è nata anche una grande democrazia.

Archiviata definitivamente la stagione del «Non allineamento», il paese si è trasformato in un caso di successo della globalizzazione e la dimostrazione concreta che sviluppo e democrazia possano convivere e che il modello cinese (mercato senza democrazia e capitalismo guidato), ancora attrattivo in diverse aree del Sud del pianeta, non è una scelta né scontata, né migliore.

All'ingresso della Lok Sabha, la Camera bassa del Parlamento indiano, è scolpita nella pietra una frase delle *Upanishad*:[1] «Il mondo è una sola famiglia». E dunque ecco qui la ricetta indiana: più globalizzazione, più interdipendenza, più mercato e società aperte, più democrazia.

Narendra Modi, durante i suoi otto anni di presidenza ha messo in soffitta definitivamente l'anacronistico posizionamento «non allineato» e ha lavorato per ampliare l'influenza indiana nell'Asia del Sud e del Sudest rafforzando contemporaneamente l'alleanza con Usa, Europa e Occidente.

L'aggressione della Russia in Ucraina, una Cina sempre più assertiva nel proporre il suo modello di sviluppo autoritario, la crescente destabilizzazione in tutto il Medio Oriente da parte dell'Iran e dei suoi *proxies*, rende ancora più necessario per l'intero Occidente ricercare un possibile nuovo «pilastro», su cui poggiare le proprie strategie di lungo periodo: rivolgere lo sguardo all'India è dunque una scelta saggia e anche conveniente.

Non c'è oggi alcun dossier nel quale non siano evidenti i vantaggi di un'alleanza globale fra i paesi occidentali e l'India: sicurezza internazionale; contenimento della politica autoritaria ed espansiva di Pechino; *de-coupling* e *de-risking* dalla Cina e costruzione di nuove catene di approvvigionamento stabili e sicure (una *democratic supply chain*); ulteriore integrazione fra le rispettive economie; globalizzazione dei diritti; tutela delle democrazie dell'Indo-Pacifico; nuove politiche nei confronti del Sud globale. L'India può dunque rappresentare un nuovo e solido pilastro sul quale l'Occidente può poggiare le proprie strategie di lungo periodo in una crescente integrazione fra la sfera transatlantica e quella dell'Indo-Pacifico.

In più, l'India può essere il partner ideale per costruire una nuova stagione di cooperazione congiunta euro-indiana con l'Africa e in generale nel Sud globale, in grado di essere una forte e credibile alternativa all'opacità dei progetti della nuova Via della Seta, fondati su pratiche finanziarie insostenibili.

L'India con un Pil di 4,19 trilioni di dollari nel maggio 2025 è diventata la quarta economia del pianeta superando il Giappone,[2] decuplicando il proprio Pil pro-capite in soli dieci anni ed è destinata a diventare la terza economia del pianeta entro il 2030, dimostrando come crescita e sviluppo siano facilitati dal contemporaneo consolidamento di istituzioni democratiche e diritti.

Per Nuova Delhi i paesi del G7 sono il più importante partner economico e commerciale, la fonte principale di capitale e tecnologia, la prima destinazione della diaspora indiana. Un più stretto coordinamento strategico con Canada, Francia, Regno Unito, Germania, Italia, Giappone e Stati Uniti rappresenta per

Nuova Delhi un'opportunità per affrontare al meglio le crescenti sfide poste da Pechino nell'Indo-Pacifico e le molte reti costruite in questi anni fra India e Occidente vanno esattamente in questa direzione: il Quad, Quadrilateral Security Dialogue, fra India, Giappone, Australia e Stati Uniti, che sta assumendo sempre più il profilo di un'organizzazione regionale per la sicurezza dell'area dell'Indo-Pacifico; la Supply Chain Resilience Initiative fra India, Giappone e Australia, per costruire sicure catene di approvvigionamento sulle tecnologie più strategiche; l'Indo-Pacific Ocean Initiative, promossa da Modi per contrastare la Via della Seta marittima di Pechino; l'Asia-Africa Growth Corridor, il progetto di India e Giappone per costruire un'alternativa più sostenibile e paritaria alla cooperazione allo sviluppo con il continente africano; l'India-Africa Defense Dialogue, promosso da Nuova Delhi con oltre venticinque paesi africani in diretta competizione con la crescente penetrazione di Russia e Cina nel continente africano.

L'India ha connotato tutta la propria presidenza del G20 del 2023 sui temi della crescita e dello sviluppo candidandosi a leader del Sud del mondo e proponendo una ricetta per i paesi in via di sviluppo diversa e distante dall'insostenibilità finanziaria e ambientale della Via della Seta cinese.

Come sostiene Raja Mohan, uno dei più autorevoli analisti indiani di politica estera «l'India è la chiave per rompere le vecchie divisioni Est-Ovest e Nord-Sud che hanno plasmato il confronto geopolitico del XX secolo».[3] Divisioni che Cina e Russia, peraltro, tentano in ogni modo di alimentare, come si è visto nei ripetuti vertici dei Brics, con Pechino che si candida a diventare leader di una coalizione eterogenea, unita quasi esclusivamente da un collante antioccidentale.

L'India non ha alcun interesse strategico di lungo periodo al consolidarsi di un'alleanza «Brics» e ha già fatto sapere di non ritenere credibile né la nascita di una valuta comune, né la trasformazione del summit in una vera e propria organizzazione intergovernativa.

Ma c'è di più. La crescente competizione fra Cina e India sta producendo ampi movimenti tellurici con un significativo riposizionamento geopolitico dell'India all'interno della vasta area dell'Indo-Pacifico.

L'India è sempre più un soggetto cruciale per la promozione della dottrina del Free and Open Indo-Pacific, quella libertà di navigazione che la Cina vorrebbe ridurre e limitare con una postura sempre più aggressiva, come abbiamo visto nei capitoli precedenti, nello stretto di Taiwan; nel Mar Cinese Meridionale; nel Mar Cinese Orientale con una sempre maggiore tensione con il Giappone; nell'Oceano Indiano con una serie di azioni ibride nei confronti di Sri Lanka e Maldive nelle quali la «trappola del debito» sta portando alla cessione a Pechino di cruciali infrastrutture portuali.

La tensione fra i due giganti asiatici lungo i 3488 chilometri di frontiera himalayana non accenna a diminuire dopo gli scontri a bassa intensità fra i rispettivi eserciti nel 2020 (Galwan Valley in Ladakh) e nel 2022 (Yangtse/Tawang).

Pechino rivendica come proprio l'intero Stato indiano dell'Arunachal Pradesh; ha recentemente cambiato il nome del Tibet in Xizang; ha intensificato il *build-up* militare su tutto l'altopiano occupato da oramai settantacinque anni e avviato una ulteriore stretta repressiva sul modello di quanto già accaduto nella regione uigura dello Xinjiang.

L'India ospita dal 1959 il Dalai Lama e la diaspora tibetana sulle montagne dell'Himachal Pradesh, non ha mai riconosciuto l'occupazione militare da parte della Repubblica Popolare Cinese ed è uno dei pochi paesi che non ha mai accettato la dottrina della *One China Policy* (la «politica dell'unica Cina»).

L'accordo bilaterale di febbraio 2023 fra India e Taiwan sulla realizzazione di flussi migratori fra i due paesi per venire incontro alle crescenti carenze di manodopera a Taiwan nel settore manifatturiero, delle costruzioni e dell'agricoltura, rappresenta un ulteriore passo in questa direzione.

Ed è proprio la competizione strutturale con Pechino che ha portato l'India a disegnare percorsi alternativi alla cosiddetta nuova Via della Seta.

Il summit del G20 a Nuova Delhi nel 2023 verrà soprattutto ricordato per il lancio di Imec (India-Middle East-Europe

Economic Corridor)[4] che rappresenta la vera alternativa al progetto autoritario della Via della Seta di Pechino con la creazione di un'ampia rete infrastrutturale nave-treno-nave fra l'India, i paesi del Golfo, Israele, il Mediterraneo e l'Europa, di cui parleremo diffusamente nel prossimo capitolo.

India e Unione Europea sono sempre più vicine e il coinvolgimento dell'India nel progetto Global Gateway e la riapertura dei negoziati per un Accordo di libero scambio fra UE e India, saranno il test sul quale misurare nel prossimo futuro la possibilità di costruzione di una partnership strategica, con una opportunità in più sullo sfondo: l'allargamento del G7 all'India, facendo nascere un nuovo G8 fra le grandi economie del pianeta che condividono i fondamentali valori di libertà e democrazia.

La nuova e assurda politica tariffaria dell'amministrazione di Donald Trump che nell'agosto del 2025 ha raddoppiato dal 25 al 50 per cento i dazi sui prodotti importati dall'India rischia ora di provocare un terremoto, rallentando la marcia a tappe forzate dell'India verso l'Occidente, anche se l'imprevedibilità della nuova amministrazione americana rende difficile capire la durata e la «solidità» nel tempo di tali scelte che, come già in altri casi, potrebbe mutare repentinamente.

Narendra Modi partecipando il 1° settembre 2025 al vertice a Tianjin della Shanghai Cooperation Organisation (Sco), ha però mandato un chiaro segnale all'amministrazione americana: la grande democrazia indiana e quarta economia del pianeta merita rispetto e l'imposizione surreale del 50 per cento sulle importazioni indiane va negoziato e tendenzialmente cancellato. Il premier Modi ha poi saggiamente evitato di partecipare alla parata militare del giorno successivo in piazza Tienanmen, con Xi Jinping, Vladimir Putin e Kim Jong-un, e ora l'Europa ha un compito in più: quello di riannodare le fila di un rapporto con Nuova Delhi per realizzare quella necessaria partnership strategica, che oggi rischia di essere indebolita dall'amministrazione americana.

L'India è dunque il cuore e uno dei centri di gravità più rilevanti di quel nuovo Grande Gioco che stiamo analizzando e raccontando, ma con una differenza sostanziale rispetto al Grande Gioco del XIX secolo:[5] allora l'India era la *preda* più ambita, da conquistare per l'impero zarista e da difendere per l'impero britannico, mantenendone il giogo coloniale.

Oggi è invece la *protagonista* più importante, la cui scelta di campo e la cui collocazione strategica saranno determinanti per gli equilibri globali del prossimo secolo fra il mondo delle autocrazie e quello delle democrazie, fra il nuovo *Asse* e la nuova *Alleanza*.

L'«ombelico del mondo» non è più l'Oceano Atlantico e l'asse fra Europa e America, bensì l'Indo-Pacifico, con al suo centro l'India e le nuove «linee di faglia»: il Mar del Giappone, lo stretto di Taiwan e il Mar Cinese Meridionale; la frontiera himalayana fra India e Tibet occupato dalla Cina; il grande Medio Oriente fra il Mediterraneo e il Golfo Persico; la nuova frontiera europea dall'Ucraina, ai Baltici, al Mare Artico.

2. *Lungo la frontiera himalayana fra India e Cina*

Con questo in mente torno in India a inizio del luglio del 2025 con un volo della compagnia indiana low-cost IndiGo fra Hanoi, Calcutta e Nuova Delhi. IndiGo in pochi anni è diventata una potenza indiscussa dell'aviazione di tutto il subcontinente indiano e l'Indo-Pacifico: con 118 milioni di passeggeri, 417 aerei e 125 destinazioni che l'hanno trasformata in una delle compagnie aeree più grandi del pianeta. Nel giugno del 2023 all'Air Show di Parigi, IndiGo ha firmato un ordine record per 500 nuovi Airbus A320 del valore complessivo di 55 miliardi di dollari, portando così il totale degli ordini siglati con il fabbricante europeo a 1330 velivoli che saranno consegnati entro il 2035.

Torno a Nuova Delhi per incontrare diversi think tank, utili per capire il ruolo dell'India nel nuovo Grande Gioco del XXI secolo, e al tempo stesso, arrivare in tempo a Dharamsala, nello Stato indiano dell'Himachal Pradesh, per partecipare il 6 luglio 2025 alle celebrazioni dei novant'anni di Tenzin Gyatso, il XIV Dalai Lama del Tibet, in esilio da sessantasei anni sul versante indiano dell'Himalaya.

Il viaggio mi porterà poi nella lunga frontiera di oltre 3800 chilometri fra India e Cina, fra l'Arunachal Pradesh, che Pechino rivendica come proprio e ha rinominato Zangnam (Tibet del Sud); lungo il corso del fiume Brahmaputra e poi del Gange, percorrendo la Grand Truck Road, l'arteria lungo la quale da mille anni scorre la vita dell'India; poi nell'Uttarakhand, dove si combatte una guerra segreta per il Tibet; nelle valli di Spiti, Lahaul e infine in Ladakh, il piccolo Tibet in territorio indiano, con confini mai riconosciuti fra Pechino e Nuova Delhi.

Questa è la nuova frontiera sul tetto del mondo, lungo la quale i due paesi più popolati del pianeta si scontrano, proponendo due modelli antitetici di sviluppo e di coesistenza: il modello autocratico cinese e la grande democrazia indiana.

3. *Pema Khandu e l'Arunachal Pradesh conteso nel cuore dell'Himalaya*

A Nuova Delhi l'aria è carica di umidità. Sono appena iniziati i monsoni che hanno sconfitto il caldo opprimente del mese di giugno. La temperatura è scesa di almeno dieci gradi e la città cambia volto: la polvere marrone dell'estate è scomparsa e gli ampi parchi cittadini si ricoprono di un verde brillante: gli alberi di fico, i banani e le piante esplodono di nuova vita.

Dalla stazione di Nuova Delhi prendo il Jammu Rajdhani Express delle 20.40 che in 6 ore e 48 minuti raggiungerà all'alba la cittadina di Pathankot, nello Stato indiano del Punjab.

Uscendo dalla città, la strada comincia a salire dolcemente lungo la NH-154, affiancata da foreste di pini. A ogni curva, l'aria si fa più fresca e leggera. La strada attraversa due ecosistemi radicalmente differenti: quello subtropicale delle pianure del Punjab, con campi di senape e grano, e quello temperato dell'Himachal Pradesh, dove le foreste di pini e di rododendri iniziano a dominare il paesaggio.

Dopo tre ore di tornanti si raggiunge Dharamsala e poi il piccolo centro di McLeod Ganj, a oltre 2000 metri sul livello del mare, cuore del Tibet in esilio. Ed è qui che vive il Dalai Lama, insieme alla diaspora tibetana, dopo la fuga dal Tibet occupato dalla Cina nel 1959. Per qualche istante le nuvole si diradano e appare il massiccio innevato del Dhauladhar a ricordare che il Tibet non è distante.

In questi giorni McLeod Ganj è animata come non mai: fra poco il Dalai Lama compirà novant'anni e la cittadina abbarbicata su pendii impossibili è pronta ad accogliere le delegazioni che giungono da tutto il mondo, e soprattutto da tutte le regioni della lunga catena himalayana a sud della quale la libertà politica e religiosa ha permesso la sopravvivenza di interi popoli.

Le vie piccolissime di McLeod Ganj non sono abituate a reggere la folla di questi giorni e gli ingorghi sono la regola: i taxi indiani faticano ad avanzare in una folla eterogenea di monaci e monache buddiste, delegazioni internazionali, giovani *backpackers*, commercianti kashmiri e le serafiche vacche sacre, le uniche in grado di dettare il ritmo del traffico.

Raggiungo a piedi il villaggio di Dharamkot, un paio di chilometri più in alto di McLeod, attraversando una fitta foresta di cedri dell'Himalaya, alternati a querce e rododendri selvatici, per incontrare Pema Khandu, il Chief Minister (governatore) dell'Arunachal Pradesh, giunto qui dal suo Stato nel Nord-Est dell'India per partecipare alle celebrazioni del novantesimo compleanno del Dalai Lama.

Pema Khandu racchiude in sé molti aspetti dell'India che sta cambiando rapidamente: fa parte dei *monpa*, una delle cinquantasei minoranze etniche simbolo di un'India multietnica e multiconfessionale; fa parte della nuova classe dirigente del Bjp,[6] più dinamica e internazionale di quella precedente; guida uno Stato di frontiera che la Cina rivendica interamente come proprio; ha promosso decine di progetti di sviluppo che hanno migliorato in modo significativo tutti gli standard del proprio Stato; sostiene con convinzione la causa del Tibet.

Discutendo con lui, ci spostiamo oltre 3000 chilometri più a oriente, fra gli Stati del Nord-Est dell'India, incuneati fra Bhutan, Tibet occupato dalla Cina, Bangladesh e Myanmar.

L'Arunachal Pradesh è un capitolo importante del nuovo Grande Gioco ed è qui che le tensioni fra Cina e India potrebbero sfociare in un conflitto aperto.

La Cina rivendica l'intero Stato indiano dell'Arunachal Pradesh come «parte integrante e inalienabile» del proprio territorio e lo ha rinominato Zangnam, il «Tibet del Sud».

La rivendicazione si fonda sul fatto che ciò che è oggi l'Arunachal Pradesh, è stato per diversi secoli controllato dal Tibet, oggi occupato da Pechino.

La rivendicazione di sovranità, oltreché essere totalmente illegittima, è anche contraddittoria in quanto, per validare storicamente le proprie rivendicazioni territoriali su questa parte di India, riconosce contemporaneamente il fatto che il Tibet è stato per molti secoli una nazione indipendente in grado di esercitare la piena sovranità su un ampio territorio.

In più, Pechino non ha mai riconosciuto l'attuale confine che fu definito in occasione della Conferenza di Simla del 1914, quando il Regno Unito (allora potenza coloniale in India) e il governo del Tibet firmarono un accordo che definiva il confine tra India e Tibet, la cosiddetta Linea McMahon.[7]

La firma di quell'accordo da parte del governo del Tibet dimostra invece esattamente ciò che viene sempre negato da Pechino: il Tibet era in quel momento uno Stato indipendente, con pieno controllo del proprio territorio e con capacità di siglare accordi e trattati internazionali.

L'India, quando divenne indipendente nel 1947, ereditò i confini coloniali britannici, inclusa la Linea McMahon, che furono riconosciuti da tutta la comunità internazionale, fatta eccezione per la Repubblica Popolare Cinese.

Sempre qui si è combattuta l'ultima «guerra calda» fra Cina e India nel 1962, quando le truppe di Pechino occuparono per tre settimane gran parte dell'Arunachal Pradesh, per poi ritirarsi.

Oggi l'India non è più impreparata come allora e lungo tutta la linea McMahon è in corso un ambizioso progetto per realizzare una strada di frontiera di oltre 2000 chilometri,[8] dal confine con il Bhutan poco a ovest di Tawang fino al Myanmar, che porterà sviluppo alle popolazioni dei villaggi più remoti di montagna e al tempo stesso migliorerà notevolmente la logistica militare dell'intera area.

Pema Khandu, il governatore dello Stato dell'Arunachal Pradesh, mi mostra la mappa del progetto, «la nuova infrastruttura stradale è una grande sfida ingegneristica di oltre 2500 chilometri attraverso decine di passi fra i 4000 e i 5000 metri sul livello del mare e valli profonde fra Mago, al confine con il Bhutan, Tawang, l'alto Subansiri, Tuting, Mechuka, l'alto Siang, la valle di Dibang, Desali, Chaglagam, Kibithu, Dong, per finire a Vijayanagar vicino al confine con il Myanmar.

«Il 1962 è storia e non si ripeterà mai più» prosegue «allora lo scenario era molto diverso, le infrastrutture nella regione erano molto scarse e nonostante ciò, l'Esercito indiano combatté con coraggio e sacrificò migliaia di vite per proteggere la madrepatria. Ma oggi non siamo più quelli di allora».

L'ambizioso progetto è affidato alla Border Roads Organisation,[9] un'organizzazione del Ministero della Difesa indiano, alla quale sono affidate le infrastrutture nelle aree di frontiera con la Cina.

Pema Khandu è insieme al suo *chief of staff* Sonam Chombay, che è anche un bravo scrittore e ha da poco pubblicato uno dei pochi libri che analizzano le complesse sfide geopolitiche dell'Arunachal Pradesh.[10]

«Il nostro Stato» prosegue con decisione «condivide la parte più estesa di confine con il Tibet... Sì, con il Tibet che noi consideriamo un paese libero occupato dalla Repubblica Popolare Cinese.

«Fino al 1950 il Tibet era un paese indipendente, libero, in grado di governare il proprio territorio, con un piccolo esercito, un governo, un'amministrazione pubblica e pure con un sistema postale. Poi c'è stata la brutale occupazione cinese del 1950 e la fuga del Dalai Lama nel 1959.

«Il Dalai Lama» continua «quando fuggì con un piccolo gruppo di soldati a cavallo, entrò in India, proprio vicino al grande monastero di Tawang, che ancora oggi conta oltre cinquecento monaci, nel nostro Stato dell'Arunachal Pradesh.» Il monastero di Tawang fu costruito dal V Dalai Lama, il primo che riunì tutto il Tibet e gli diede una coerente forma statuale e il VI Dalai Lama nacque proprio lì nel villaggio di Tawang.

Gli chiedo di approfondire il tema del rapporto fra India e Cina. «India e Tibet hanno un rapporto di grande condivisione storica, religiosa, culturale, filosofica. Il buddismo è nato in India ed è cresciuto e si è arricchito grazie agli studi dell'Università di Nalanda.

«Dalle pianure dell'India il buddismo è stato poi esportato sull'altopiano del Tibet nell'VIII secolo, dove è nato il buddismo tibetano, grazie al sincretismo fra gli insegnamenti della tradizione di Nalanda e la religione Bon, pre-esistente in tutto il Tibet, e di tradizione animista... la nuova forma di buddismo, arricchita dalla tradizione Bon, è poi tornata al di qua dell'Himalaya per diffondersi nuovamente dal Ladakh fino all'Arunachal Pradesh.

«Il Tibet è cruciale nella relazione fra Cina e India e credo che finché non sarà risolta la questione tibetana, sarà impossibile una piena normalizzazione dei rapporti fra Cina e India.»

Gli ricordo che Pechino sostiene in tutte le sedi internazionali il fatto che il Tibet abbia sempre fatto parte della Cina...

«La Cina» conclude «ha un'inaccettabile politica espansionistica, spesso fondata su dei falsi storici costruiti ad arte. Noi crediamo che queste rivendicazioni, comprese quelle assurde sul mio Stato siano totalmente prive di fondamento.»

4. *Xiaocang: la Grande Muraglia dei villaggi*

Al di là della frontiera indiana, sull'altopiano tibetano, Pechino sta realizzando ciò che in molti definiscono una vera e propria *Great Wall of Villages*, una «Grande Muraglia di villaggi» nel cuore dell'Himalaya, fra i 3000 e i 4000 metri di altitudine, i cosiddetti *Xiaocang*.

Si tratta di decine di villaggi di nuova costruzione che, dietro l'apparenza civile, svolgono un ruolo strategico: consolidare il controllo territoriale nelle regioni contese con India, Bhutan e Nepal. Uno di questi è Qionglin, edificato *ex novo* in una valle un tempo disabitata, oggi popolata da coloni incentivati dal governo cinese con sussidi, infrastrutture moderne e incarichi di pattugliamento della frontiera.

Questi insediamenti, che il presidente Xi Jinping ha definito i «guardiani del confine», rappresentano un'espansione silenziosa ma decisa della presenza cinese nelle zone di confine. Un'indagine condotta dal «New York Times»,[11] tramite l'analisi di immagini satellitari, ha individuato almeno novanta nuovi villaggi o insediamenti ampliati solo in Tibet dal 2020 in poi. Molti di questi sorgono in territori contesi, persino all'interno delle linee di controllo effettive dell'India e del Bhutan.

Questi villaggi non sono semplici insediamenti civili; spesso sono dotati di infrastrutture *dual use*, che possono facilitare il rapido dispiegamento di truppe.

«Dalle informazioni in nostro possesso» aggiunge Pema Khandu «sono poche le famiglie tibetane che hanno accettato di essere ricollocate in queste aree remote e i villaggi sono prevalentemente popolati da civili cinesi di etnia Han e da soldati dell'Esercito di Pechino.»

La Cina utilizza questi villaggi per affermare la propria sovranità *de facto* su aree contese, replicando la stessa strategia già adottata nel Mar Cinese Meridionale.

Il villaggio di Qionglin, a soli 3 chilometri dal confine con l'Arunachal Pradesh; il villaggio di Gyalaphug costruito in una zona contesa tra Bhutan e Cina e situato a circa 8 chilometri all'interno del territorio bhutanese; il villaggio di Pangda, realizzato nella strategica regione di Doklam, dove India, Bhutan e Tibet si incontrano, vicino a uno dei pochi passi ancora aperti fra India e Cina, attraverso lo Stato del Sikkim.

La risposta dell'India è stato il programma Vibrant Villages,[12] con una serie di progetti di sviluppo locale sul versante indiano della frontiera, con «la realizzazione» prosegue Pema Khandu «di nuove strade, sostegno all'economia locale, promozione del turismo rurale. Ma noi, a differenza dei cinesi, non promuoviamo lo spostamento forzato della popolazione, cerchiamo invece di sostenere e rafforzare l'economia locale».

5. *La strozzatura di Siliguri*

Per comprendere meglio la realtà geopolitica di questa parte dell'India, occorre rivolgere lo sguardo un po' più a sud.

Tutte le mattine alle 6.48 parte dalla stazione di Calcutta il treno 13173, *Kangchenjunga*, il cui itinerario è un'avventura geopolitica: per raggiungere la sua destinazione a Sabroom, nello Stato del Tripura, è costretto a percorrere un lunghissimo viaggio di 1665 chilometri per bypassare il Bangladesh, disegnando una grande «u» rovesciata.

Il treno è un simbolo della storia recente dell'India e della drammatica «partizione» del 1947 con la nascita dell'allora Pakistan Orientale, poi diventato l'odierno Bangladesh.

Fra il 14 e il 15 agosto Pakistan e India festeggiano la loro indipendenza. Quella notte del 1947 l'ex colonia britannica venne divise in due Stati indipendenti: il Pakistan (allora diviso fra Pakistan Occidentale – l'odierno Pakistan – e il Pakistan Orientale, l'odierno Bangladesh) e l'India di oggi.

La *Partition* provocò la migrazione di massa di 15 milioni di esseri umani, fra atroci violenze e oltre un milione di morti.

Prima di svoltare verso oriente, il treno attraversa lo strettissimo Corridoio di Siliguri, uno dei più complessi grattacapi geopolitici dell'India moderna: qui l'India si stringe fino a diventare larga soltanto 22 chilometri, la distanza che separa il Nepal dal Bangladesh, in ciò che tutti qui chiamano *chicken neck*, il «collo di pollo», dalla forma disegnata dallo Stato del Bengala Occidentale che potrebbe sembrare un pollo, per l'appunto, con il collo nella strozzatura.

Il Corridoio è l'unico collegamento fra la grande India subcontinentale e gli Stati del Nord-Est: Assam, Arunachal Pradesh, Mizoram, Nagaland, Tripura, Meghalaya, Manipur ed è una delle aree con il maggior presidio militare di tutto il paese.

Tutti gli scenari di un possibile conflitto con la Cina passano da qui e il Corridoio di Siliguri è studiato nei minimi dettagli da generazioni di ufficiali dell'intelligence e pianificatori militari dell'Esercito di Nuova Delhi.

Una rapida avanzata cinese attraverso i passi del Sikkim e del disarmato Bhutan potrebbe facilmente occupare il Corridoio tagliando fuori dalla madrepatria tutti gli Stati del Nord-Est e 50 milioni di cittadini indiani.

Gli incidenti fra i due eserciti del 2017 nel Doklam Plateau,[13] all'incrocio fra il Tibet occupato dalla Cina, il regno del Bhutan e lo Stato indiano del Sikkim; e poi ancora il 9 dicembre 2022[14] di fronte a Tawang, nell'Arunachal Pradesh, sono tutti avvenuti in un'area estremamente vicina alla strozzatura di Siliguri.

Gli scontri del dicembre 2022 sono considerati dall'India l'ennesimo tentativo da parte dell'Esercito di Pechino di modificare in modo unilaterale lo *status quo* definito dalla cosiddetta *Line of Actual Control* (Lac), la linea di demarcazione tra India e Cina, quel lungo confine, mai definitivamente riconosciuto.

L'episodio è considerato il più grave registrato nell'area orientale del confine sino-indiano dopo gli scontri in Ladakh nella Galwan Valley del 2020. Secondo le autorità indiane, circa trecento soldati cinesi hanno tentato di sfondare la Lac nella zona di Yangtse, vicino al monastero di Tawang. I militari cinesi erano armati di mazze chiodate, bastoni di ferro, *taser* e altre armi improvvisate, per evitare l'uso di armi da fuoco, proibite in base agli accordi bilaterali fra i due paesi. Le truppe indiane presenti nell'area, principalmente appartenenti ai reggimenti del Jammu and Kashmir Rifles, del Jat Regiment e della Sikh Light Infantry, hanno fermato l'avanzata cinese dopo duri scontri durati tutta la giornata.

I continui incidenti di frontiera fra India e Cina, unitamente alle insistenti rivendicazioni cinesi sull'Arunachal Pradesh, fanno sì che il governo indiano consideri molto seriamente la minaccia. Questa è la ragione del massiccio dispiegamento militare indiano nell'area della strozzatura di Siliguri, con gli armamenti più avanzati a disposizione dell'Esercito di Nuova Delhi: dai jet *Rafale* di fabbricazione francese nella base di Hasimara, unitamente al dispiegamento di oltre sessantamila soldati con tre divisioni di montagna nella base di Sukna.

6. *Tawang, la «porta» del Tibet e la fuga del Dalai Lama*

Per raggiungere Tawang sono necessari due giorni di viaggio percorrendo 450 chilometri di una piccola e tortuosa strada asfaltata che, dalle pianure gonfie di umidità e attraversate dalle mille ramificazioni del fiume Brahmaputra, si inerpica rapidamente sulle prime pendici della più grande catena montuosa del pianeta fino al passo di Sela a 4200 metri sul livello del mare e poi nella piccola Tawang, sovrastata dal grande monastero buddista, secondo solo al Potala per dimensione e numero di monaci ospitati. Questa stessa strada fu percorsa in senso inverso, e a cavallo, nel 1959 dal Dalai Lama in fuga dal Tibet.

Le truppe dell'Esercito popolare di liberazione di Pechino occuparono il Tibet nel 1950 per «liberarlo», secondo la narrativa di allora non troppo diversa da quella odierna, dal «giogo della teocrazia feudale del Dalai Lama e della sua cricca».

Le truppe cinesi presero possesso di Lhasa e di tutti i principali centri abitati della regione, piegando facilmente la resistenza dello sparuto Esercito tibetano.

Le autorità di Pechino costrinsero successivamente la delegazione tibetana a firmare l'«Accordo in 17 punti» che certificò la fine del Tibet indipendente e l'annessione alla Repubblica Popolare Cinese. Oltre a prevedere il diritto all'autogoverno per i tibetani, il punto 4 dell'Accordo impegnava le autorità di Pechino a «non alterare il sistema politico esistente in Tibet [...] e a non alterare lo status, le funzioni e il potere del Dalai Lama».

Non sarà mai rispettato. Anche le parti dell'Accordo che prevedevano il rispetto della libertà religiosa, delle tradizioni locali, dell'uso della lingua tibetana, vennero progressivamente disattese con una crescente politica di assimilazione e sinizzazione dell'intero paese.

La leadership tibetana in breve tempo si rese conto della trappola, mentre l'occupazione militare cinese diventava sempre più violenta e pervasiva.

Nel marzo 1959 si diffuse a Lhasa la voce di un progetto di rapimento del Dalai Lama da parte dell'Esercito cinese. Migliaia di tibetani scesero in piazza per fare da scudo alla loro guida, circondando la sua residenza. Era il 10 marzo 1959 quando iniziò una rivolta popolare che fu duramente repressa dall'Esercito e alla fine degli scontri saranno migliaia i morti fra la popolazione civile.

Dopo una settimana dall'inizio della sommossa, la notte del 17 marzo 1959, il Dalai Lama lasciò il Palazzo di Norbulingka travestito da soldato per intraprendere la strada dell'esilio, attraversando clandestinamente la catena dell'Himalaya a cavallo, accompagnato da una piccola scorta di soldati tibetani. Nei mesi successivi oltre ottantamila tibetani lo seguiranno verso l'India, per dare vita alla comunità in esilio che conosciamo oggi.

Il Dalai Lama, allora ventiquattrenne, fu accolto dal Primo

ministro dell'India Pandit Jawaharlal Nehru il quale gli assicurò il pieno sostegno del governo indiano e la disponibilità ad accoglierlo nel paese insieme alla diaspora.

Il leader tibetano prima raggiunse il grande monastero di Tawang, poi fu ospitato per un anno a Mussoorie, nello Stato indiano dell'Uttarakhand e nel maggio del 1960 le autorità indiane concessero al governo tibetano in esilio diverse porzioni di territorio a McLeod Ganj, poco sopra la città di Dharamsala, dove da allora vive insieme a una parte rilevante della diaspora tibetana.

Il Dalai Lama in fuga da Lhasa, attraversando il confine qui a Tawang, salvò se stesso insieme alla millenaria tradizione religiosa e culturale tibetana a rischio di estinzione sotto il giogo di Pechino. Ancora oggi l'India rivendica con orgoglio quella scelta.

Il monastero di Tawang dista soltanto 15 chilometri dalla frontiera con il Tibet, ma quella piccola distanza non deve trarre in inganno. La distanza fra la libertà politica, civile e religiosa che si respira qui è siderale rispetto alla realtà al di là della linea McMahon.

La Repubblica Popolare Cinese, dopo avere occupato militarmente il Tibet nel 1950 ha promosso un radicale processo di «sinizzazione» delle aree tibetane occupate per sradicare e cancellare storia, identità, cultura, lingua e religione della popolazione tibetana.

Nella «neo-lingua» di Pechino, il Tibet è letteralmente scomparso per essere sostituito dal termine *Xizang* con un'ampia campagna di ridisegno semantico che ha coinvolto testi scolastici, carte geografiche, indicazioni stradali.

Si tratta di un radicale processo di riscrittura della storia per negare il fatto che il Tibet da molti secoli sia stato un paese con tutte le caratteristiche di uno Stato indipendente: un territorio definito; una forma di governo efficace; l'esistenza documentata di un'intensa attività di relazioni diplomatiche con i paesi confinanti, a cominciare da Cina e India; esercito, moneta, sistema postale.

È sufficiente sfogliare le carte geografiche degli ultimi cinque secoli per trovare costantemente il Tibet separato dalla Cina.

Con l'avvento al potere di Xi Jinping nel 2014, tale processo ha assunto modalità e connotati sempre più aggressivi e invasivi. Si stima che oltre un milione di bambini tibetani siano stati sradicati dalle proprie famiglie per frequentare delle *boarding schools* nelle quali è vietato parlare tibetano e le nuove generazioni tibetane subiscono un costante e prolungato indottrinamento per apprendere la neo-storia cinese.

Pechino ha poi negli anni alterato drasticamente la demografia della regione con un ampio programma di incentivi fiscali e salariali per favorire la colonizzazione cinese di ampie aree dell'altopiano tibetano che ha già alterato in modo significativo il mix etnico e culturale del paese delle nevi.

Agli arresti di massa, alle continue incursioni delle forze dell'ordine all'interno di molti monasteri e a un sistema diffuso di sorveglianza con oltre 5 milioni di telecamere con riconoscimento facciale in tutto il Tibet, si è aggiunto un programma di raccolta massiccia del Dna di circa un milione di tibetani adulti, spesso senza alcun consenso.

7. *Il rubinetto di Indo, Gange e Brahmaputra nelle mani di Pechino*

L'altopiano tibetano possiede in enormi quantità una risorsa sempre più rara e sempre più strategica: l'acqua. La regione tibetana viene infatti spesso definita il «Terzo Polo» o l'*Asia Water Tower* (la «torre dell'acqua dell'Asia»), alla luce della grande quantità di ghiacci e acqua dolce ospitati nel proprio territorio.

Dopo l'Antartide e la Groenlandia (insieme alle altre terre artiche), è proprio il Tibet a ospitare la maggiore concentrazione di ghiacciai della Terra: circa quindicimila ghiacciai, che custodiscono decine di migliaia di chilometri cubi di acqua dolce.

È proprio dal Tibet che nascono i fiumi più grandi e vitali di tutta l'Asia, che condizionano la vita di oltre tre miliardi di esseri umani: lo Yangtze e il Fiume Giallo, che scorrono interamente in Cina; il Gange e il Brahmaputra, arterie vitali di India e Bangladesh; l'Indo che attraversa il Pakistan; l'Irrawaddy che scende verso Myanmar e il Mekong che condiziona in modo determinante la vita di Laos, Thailandia, Cambogia e Vietnam.

Questo ampio e delicato ecosistema deve però oggi affrontare due minacce: i cambiamenti climatici e la geopolitica, o meglio l'idro-geopolitica.

Il Tibet ha un clima molto secco, con precipitazioni estremamente limitate e la maggior parte dell'acqua disponibile proviene dallo scioglimento stagionale dei ghiacciai, che alimentano i grandi fiumi e le falde acquifere sottostanti. Negli ultimi decenni, però, i cambiamenti climatici stanno alterando questo equilibrio delicato: i ghiacciai del Tibet si stanno ritirando a un ritmo elevato alterando in modo significativo la portata dell'acqua che scende a valle.

Poi c'è l'idro-geopolitica.

Il Tibet occupato dalla Repubblica Popolare Cinese è stato oggetto negli ultimi cinquant'anni di uno sviluppo intenso, totalmente incurante della delicatezza e della fragilità del suo ecosistema. Ma sono soprattutto i recenti e giganteschi progetti idroelettrici che rischiano di mettere a repentaglio la sicurezza idrica di un intero continente, a cominciare dal Brahmaputra, una delle più importanti arterie vitali di tutto il continente.

Il Brahmaputra nasce nel ghiacciaio di Chemayungdung, a oltre 5000 metri sul livello del mare, nell'area del monte Kailash, considerato sacro dalle religioni buddista, induista e giainista. In Tibet si chiama Yarlung Tsangpo, scorre da occidente verso oriente, parallelo alla catena himalayana toccando la città di Shigatse, la seconda città del Tibet dopo Lhasa.

Dopo circa 1700 chilometri il fiume compie una brusca virata verso sud, dando vita alla grande ansa del Tsangpo, una delle gole fluviali più profonde della terra, per poi iniziare la sua discesa precipitosa verso l'India, nello Stato dell'Arunachal Pradesh.

Qui il fiume cambia nome per diventare il Siang, con un paesaggio e un clima che muta in modo radicale: dagli altipiani secchi e gelidi del Tibet, raggiunge le foreste pluviali del Nord-Est indiano. Sarà solo nello Stato indiano dell'Assam che il fiume assumerà il nome con cui è più conosciuto: Brahmaputra. Qui il fiume si allarga nella grande pianura alluvionale dell'Assam, creando centinaia di isole, fra cui Majuli, l'isola fluviale più grande al mondo.

L'Assam e i suoi 34 milioni di abitanti vivono in una simbiosi totale con il Brahmaputra: le sue acque sono fondamentali per l'agricoltura, i trasporti, la pesca e l'approvvigionamento idrico.

Ma il suo percorso non è ancora finito. Dopo l'Assam entra in Bangladesh, dove prende il nome di Jamuna e confluisce nel Gange, dando vita a uno dei più grandi e fertili delta fluviali del pianeta, prima di sfociare nel Golfo del Bengala.

L'intero Bangladesh con una popolazione di 175 milioni di esseri umani è praticamente uno «Stato-fiume», totalmente dipendente dalla sua portata e dalla sua stagionalità.

Ma ora la «madre di tutte le dighe» rischia di consegnare il «rubinetto» del Brahmaputra nelle mani di Pechino:[15] si tratta del gigantesco progetto idroelettrico della diga di Motuo, con il quale verrà realizzato il sistema di dighe in alta quota con una potenza installata di oltre 60.000 MW e una capacità produttiva di 300 miliardi di kWh, con un costo stimato fra i 130 e i 170 miliardi di dollari. La nuova diga sarà tre volte più grande della diga delle Tre Gole sul fiume Yangtze nella provincia di Hubei in Cina.

Il nuovo progetto si aggiunge a una serie di altre opere idriche già realizzate nello stesso bacino fluviale, come la diga di Derge, nella prefettura di Kardze, sempre in Tibet, che ha già cancellato decine di villaggi e sei antichi monasteri, fra le proteste della popolazione tibetana che nel febbraio del 2024 sono state soffocate con migliaia di arresti.[16]

Le paure dell'India non sono infondate.

Nel 2021, la Cina ha ridotto il flusso del fiume Mekong del 50 per cento per tre settimane senza preavviso, per avviare una serie di interventi di manutenzione delle linee elettriche, provocando un forte impatto su tutti i paesi a valle, condizionando la vita di milioni di persone fra Cambogia, Laos, Thailandia e Vietnam.

Ciò che è già accaduto sul fiume Mekong potrebbe assumere dimensioni molto più rilevanti nel caso del Brahmaputra sia per la sua localizzazione che per le implicazioni geopolitiche. La grande diga di Motuo verrebbe realizzata al confine con l'Arunachal Pradesh, in un'area estremamente delicata dal punto di vista ambientale, dove il fiume scende bruscamente di oltre 2700 metri.

In più la Cina non ha mai firmato la Convenzione delle Nazioni Unite sull'uso dei corsi d'acqua internazionali per scopi diversi dalla navigazione, nota come *UN Watercourses Convention*.[17]

La Convenzione è stata adottata nel 1997 dall'Assemblea Generale dell'Onu, e il suo obiettivo principale è promuovere una gestione equa e sostenibile dei fiumi e dei corsi d'acqua che attraversano più paesi. È entrata in vigore nel 2014, dopo che un numero sufficiente di Stati l'ha ratificata. I principi su cui si fonda sono piuttosto semplici e ragionevoli: ogni paese ha il diritto di usare le proprie acque e i propri corsi fluviali, ma ha anche il dovere di non causare danni significativi agli altri Stati interessati dal corso dei fiumi e di collaborare apertamente, soprattutto prima di iniziare grandi progetti idroelettrici che potrebbero avere un impatto sul territorio di altri Stati.

«La Cina non solo non ha mai firmato né ratificato questo accordo, anzi è uno dei pochissimi paesi che hanno addirittura votato contro» come mi fa notare Srikanth Kondapalli, rettore della School of International Studies della Jawaharlal Nehru University di Nuova Delhi, «ma agisce unilateralmente su questioni relative ai fiumi transfrontalieri che hanno origine nel suo territorio e questo aumenta inevitabilmente le tensioni con gli altri paesi della regione.»

«Non possiamo fidarci della Cina» aggiunge Pema Khandu «e per l'India la gestione delle acque è un problema esistenziale. Questo è il motivo per il quale stiamo pensando di realizzare sul nostro territorio, sul fiume Siang (il nome arunachali del Brahmaputra) una serie di dighe e di invasi che ci permettano a nostra volta di controllare il corso di acque così vitali e prevenire anche il rischio di una gestione cinese ostile, come la possibilità di provocare inondazioni.

«La sicurezza idrica» conclude «è una questione cruciale di sicurezza nazionale.» La guerra dell'acqua è già cominciata.

8. *Sulle orme di Kim lungo la Grand Trunk Road*

Dal Nord-Est dell'India, l'Assam e il bacino del Brahmaputra inizia il viaggio verso Nuova Delhi attraverso la grande pianura del Gange. Da Gauhati, la capitale dello Stato indiano dell'Assam, decido di prendere il Rajdhani Express delle 6.39 che in poco meno di ventotto ore raggiungerà la stazione di Nuova Delhi.

Il treno è lunghissimo e, arrivando da Dibrugarh, 450 chilometri più a est, dove l'Assam si incunea fra Nagaland, Myanmar e Arunachal Pradesh, racconta la storia delle «molte Indie», dalla clamorosa diversità linguistica, etnica e antropologica, che qui è particolarmente accentuata.

I binari scorrono in un paesaggio sub-tropicale con villaggi su palafitte e ponti sospesi sul Brahmaputra per poi perdersi nel verde delle risaie, da cui si vedono in lontananza le prime grandi piantagioni di tè.

Il treno corre parallelo alla Grand Trunk Road (la «Grande strada maestra») e i miei pensieri corrono a *Kim* il romanzo di Rudyard Kipling,[18] che avevo nello zaino durante il mio primo viaggio in India poco più che ventenne.

Per il giovane Kim, immerso nel Grande Gioco del XIX secolo, la Grand Trunk Road non è soltanto una strada, è il fiume umano che attraversa l'India, il grande crocevia dove si incontrano l'asceta tibetano e le spie britanniche, il mercante musulmano e il contadino indù, il sadhu e il soldato.

La Grand Trunk Road è l'arteria vitale del subcontinente indiano. Ma prima ancora che l'impero britannico la denominasse così e la rendesse la colonna vertebrale dell'India coloniale collegando Calcutta, nell'estremo oriente del paese con Peshawar, oggi al confine fra Pakistan e Afghanistan, questa strada esisteva già da secoli.

Siamo nel III secolo avanti Cristo, durante il regno dell'imperatore Ashoka, uno dei grandi sovrani della dinastia Maurya. Ashoka, che trasformò l'India in uno dei primi imperi unificati e contribuì a diffondere il buddismo fino allo Sri Lanka e alla Cina, aveva bisogno di collegare le province del suo vasto dominio. Per questo fece costruire una strada reale che univa Pataliputra (l'attuale Patna) a Takshashila (oggi in Pakistan).

Ma fu nel XVI secolo che questa via assunse per la prima volta la forma attuale. Il merito fu di Sher Shah Suri, il sovrano afghano che strappò per qualche anno l'India settentrionale al dominio dei Mughal. Abile riformatore e grande stratega, Sher Shah Suri comprese che per consolidare il proprio potere avrebbe avuto bisogno di infrastrutture stradali efficienti. Fece quindi ampliare e ristrutturare quella antica strada imperiale, prolungandola da Sonargaon (nell'odierno Bangladesh) fino a Peshawar, alle porte dell'Afghanistan: un'impresa colossale di più di 2000 chilometri attraverso pianure, fiumi, foreste e città.

Tre secoli dopo, i britannici ereditarono e razionalizzarono questo asse millenario, trasformandolo in una strada militare e commerciale con il nome che ancora conserva: la Grand Trunk Road. Per l'amministrazione coloniale britannica, era l'arteria vitale dell'impero, per trasportare merci, truppe e persone fra Calcutta e il Khyber Pass.

Dai finestrini del treno osservo i tratti odierni di quella grande strada che oggi corrisponde alla NH19 e alla NH44 del sistema stradale indiano: non più polverosa, ma con lunghi tratti autostradali e tuttora una delle principali vie di comunicazione dell'India indipendente.

Il Rajdhani Express corre nella grande pianura indiana e i mercanti e i monaci dell'India di *Kim* si trovano ora nei treni notturni, nei vagoni letto, nel tè servito in bicchieri di plastica, nei venditori che gridano a ogni stazione.

Il treno attraversa Patna, Varanasi, Allahabad, Kanpur e Lucknow. Siamo nel grande Stato indiano dell'Uttar Pradesh, il più popoloso dell'India con oltre 250 milioni di abitanti.

In *Kim* di Rudyard Kipling, la Grand Trunk Road è più di un luogo fisico: è il vero teatro dell'India imperiale, dove ogni tipo umano si incontra, dove le caste si incrociano e si confondono, dove il giovane Kim – mezzo irlandese, mezzo indiano – e il Lama tibetano camminano insieme. È lungo questa strada che Kipling mette in scena l'India mobile, stratificata, pulsante, percorsa da mendicanti, commercianti, soldati coloniali, funzionari, asceti, contadini. Il paesaggio cambia, ma il ritmo resta: la polvere sollevata dai carri, il suono degli zoccoli, le grida dei venditori, i tamburi dei reggimenti.

La strada è un fiume di umanità. E attraverso questa «strada-fiume», Kim segue il Lama nel suo cammino spirituale, ma al tempo stesso viene assorbito nel mondo del «Grande Gioco» tra britannici e russi per il controllo dell'Asia centrale.

Oggi, il Grande Gioco è cambiato radicalmente: non è più soltanto una contesa fra imperi europei per il dominio dell'Asia, ma una competizione a tutto campo fra autocrazie e democrazie, con India e Cina nel cuore di questi nuovi assi competitivi.

Alle 10.30 del mattino arrivo alla stazione ferroviaria di Nuova Delhi che, con cinquecento treni e trecentomila passeggeri ogni giorno, non è soltanto un'importante infrastruttura ferroviaria, ma un vero e proprio organismo vivente. La lingua hindi si mescola al punjabi, al bengali, al telugu e all'urdu e un'umanità densa e iperattiva riempie le banchine con treni in partenza per gli angoli più remoti del subcontinente. Venditori di chai con il samovar a tracolla si alternano ai colletti bianchi della nuova classe media, e famiglie intere con i loro bagagli si mescolano a studenti, monaci, sadhu e *backpackers* un po' smarriti.

9. *Nuova Delhi: il Raisina Dialogue*

Arrivo a Nuova Delhi per partecipare alla decima edizione del Raisina Dialogue,[19] diventato negli ultimi anni uno dei più rilevanti eventi geopolitici e geoeconomici in Asia e soprattutto il luogo nel quale l'India esibisce al mondo il suo nuovo status di potenza economica, politica e militare.

Fra il 17 e il 19 marzo 2025 oltre 3700 delegati e ottocento relatori da centotrenta paesi del mondo hanno dato vita all'evento geopolitico indiano più partecipato di sempre.

Quest'anno il Raisina Dialogue è stato intitolato *Kālachakra, people, peace, planet.*

Inaugurato dal Primo ministro Narendra Modi e da un *keynote speech* del Primo ministro della Nuova Zelanda Christopher Luxon, la «Davos/Monaco»[20] indiana ha fornito alcuni segnali inequivocabili alla comunità internazionale: primo fra tutti il proprio definitivo posizionamento nel campo della comunità delle democrazie.

Il ministro degli Esteri dell'India Subrahmanyam Jaishankar, presente in tutte le fasi cruciali della Conferenza ha illustrato la sua dottrina che coincide con il titolo del suo libro da poco pubblicato: *Why Bharat Matters*, «Perché l'India conta».[21]

Il paese più popolato al mondo è anche la più grande democrazia del pianeta: multietnica, multiconfessionale, multiculturale, con un efficace *check and balance* fra potere legislativo ed esecutivo, magistratura indipendente, stampa libera, una sempre più dinamica economia di mercato e a breve il terzo paese al mondo per ricchezza prodotta.

Il posizionamento geopolitico dell'India nel campo dell'alleanza fra le democrazie potrebbe rappresentare una chiave di volta rilevante nel crescente confronto con un asse delle autocrazie sempre più assertivo sulla scena globale.

In questi giorni è apparso evidente come il posizionamento strategico dell'India non sia certamente con i Brics,[22] ma che la grande democrazia indiana è già, a pieno titolo, parte di quell'*Occidente globale*, candidandosi peraltro a diventare il naturale ponte fra il *Global South* e l'Occidente stesso.

I tre grandi assenti al Raisina Dialogue sono stati Cina, Russia e Iran: le tre autocrazie che, con modalità diverse, stanno promuovendo un progetto di sovversione del sistema internazionale fondato sulle regole e sui diritti.

I protagonisti indiscussi di queste giornate sono stati invece il Quad (l'alleanza quadrilaterale fra India, Australia, Giappone e Usa); i Free Trade Agreement con l'Unione Europea, il Regno Unito e gli Stati Uniti; l'asse strategico fra India e mondo sunnita moderato a cominciare dagli Emirati Arabi Uniti rappresentati in questi giorni da Mohammed Gargash, l'advisor diplomatico del presidente degli Emirati Arabi Uniti e vero *mastermind* della politica estera emiratina.

Come mi ha ricordato Samir Saran, presidente dell'Observer Research Foundation[23] e «padre» del Raisina Dialogue: «Non c'è alcun ambito politico, economico e militare nel quale il rapporto strategico fra India ed Emirati Arabi Uniti non possa svilupparsi in modo esponenziale nei prossimi anni».

Incontro Samir Saran a margine della Conferenza ed è un fiume in piena sul posizionamento dell'India nel nuovo Grande Gioco del XXI secolo.

«La competizione fra Cina e India» inizia «non si risolverà a breve. Purtroppo abbiamo a che fare con un partner inaffidabile a cominciare dal contenzioso sui nostri confini sull'Himalaya che è tuttora ampiamente irrisolto. Prosegue poi senza sosta il *build-up* militare cinese nell'Oceano Indiano con un evidente tentativo di accerchiare l'India nei propri confini marittimi con forti ingerenze nei confronti di Sri Lanka e Maldive.

«Xi Jinping è il peggior leader cinese di sempre e ogni rivendicazione territoriale cinese, dall'Arunachal Pradesh al Mar Cinese Meridionale è solo "satira", totalmente priva di fondamenti storici.»

Samir Saran è fermamente convinto che il posizionamento dell'India debba essere nel campo occidentale e da tempo teorizza l'unione fra i diversi «esercizi minilaterali» promossi negli anni fra le democrazie occidentali e dell'Indo-Pacifico: il Quad, il Quadrilateral Security Dialogue fra Australia, India, Giappone e Usa; I2U2, il meno noto esercizio quadrilaterale fra Emirati Arabi Uniti, India, Israele e Stati Uniti.

«Sono anche molto favorevole» conclude Samir Saran «a un ingresso dell'India nel G7: un nuovo G8 fra le grandi economie del pianeta, che condividono anche gli stessi valori democratici, sarebbe una scelta intelligente e lungimirante.»

Durante le giornate del Raisina incontro a Nuova Delhi anche Eerishika Pankaj, la giovane e dinamica direttrice del think tank Organisation for Research on China and Asia (Orca),[24] a mio giudizio il miglior pensatoio indiano sulla Cina e che raduna i migliori esperti in India sul «dossier cinese».

Fra un panel e l'altro del Raisina Dialogue, riusciamo a trovare un tavolo libero nell'affollatissimo giardino dell'Hotel Taj Mahal. «La nuova postura estremamente aggressiva di Pechino negli ultimi anni» attacca Eerishika Pankaj «ha provocato la nascita di un forte antagonismo fra India e Cina: gli scontri armati sull'Himalaya lungo la Linea di controllo effettivo (*Line of Actual Control*);[25] l'assenza di Xi Jinping al vertice G20 del 2023 durante la presidenza indiana; le costanti provocazioni nell'Oceano Indiano e il costante sostegno al Pakistan, hanno determinato un rafforzamento da parte dell'India del proprio protagonismo diplomatico, economico e difensivo per proteggere meglio la propria sovranità nazionale e i suoi interessi.

«Il progressivo avvicinamento agli Stati Uniti e all'Europa fa parte di questa strategia, in particolare per garantire la piena libertà di navigazione in tutto l'Indo-Pacifico in risposta all'aggressività e all'unilateralismo cinese.

«L'ascesa pacifica della Cina è oramai terminata» insiste «dunque l'India ha incominciato a considerare la Cina come una minaccia militare immediata e come una potenza rivale. Questo cambiamento ha portato Nuova Delhi a rafforzare i legami con gli Stati Uniti nei settori della difesa, tecnologia, commercio e diplomazia, con un'attenzione particolare all'Indo-Pacifico.

«Il lancio della Strategia dell'Unione Europea per la Cooperazione nell'Indo-Pacifico è stato cruciale per far avanzare le relazioni UE-India e le collaborazioni dell'India con il Global Gateway[26] sono particolarmente promettenti.»

«Qual è la posizione dell'India sulla *One China Policy*, il mantra che Pechino pone alla base delle proprie relazioni diplomatiche bilaterali?» le chiedo.

«Come può pretendere Pechino» insiste Eerishika Pankaj «che venga universalmente riconosciuto il principio della *One China Policy*, quando rivendica l'intero Stato indiano dell'Arunachal Pradesh e non riconosce ampie porzioni del confine indiano sull'Himalaya? Pechino riconosca intanto una *One India Policy* e poi se ne potrà discutere.»

Il nostro incontro si conclude con una riflessione strategica sul se e come l'India possa essere nel futuro un possibile e solido pilastro sul quale l'Occidente possa poggiare le proprie strategie di lungo periodo.

Su questo tema Eerishika Pankaj non ha esitazioni: «Va sostenuta la creazione di un trilaterale Unione Europea-India-Stati Uniti, poiché tutti e tre gli attori democratici hanno una visione strategica comune sulla vasta area dell'Indo-Pacifico e condividono gli stessi valori fondamentali.

«Anche se la Cina sta spingendo l'India a rafforzare i legami con l'Occidente» conclude «è importante sottolineare il fatto che il valore dell'India per l'Occidente resterebbe immutato, con o senza la sfida cinese: l'India è centrale per la stabilità della vasta area dell'Indo-Pacifico e l'Occidente non deve considerare l'India solo come un contrappeso alla Cina, ma un cruciale interlocutore per costruire un partenariato equo, solido, globale e comprensivo».

Dalle sale dell'Hotel Taj Mahal, affollate dai delegati del Raisina Dialogue, mi sposto nel grande campus della Jawaharlal Nehru University.

Lungo la strada intravedo l'imponente India Gate con i viali curati, le molte ambasciate e gli uffici dei ministeri. Imbocco la Prithviraj Road e mi allontano dal cuore di Nuova Delhi per passare accanto alla tomba di Safdarjung, il grande mausoleo in stile Mughal costruito nel 1754 in arenaria e marmo in memoria del Primo ministro dell'allora imperatore Muhammad Shah.

Da qui raggiungo la Outer Ring Road, che delimita la zona universitaria. Siamo nel quartiere di Munirka, frequentato in gran parte da studenti e famiglie della nuova *middle class*. Infine, entro nel gigantesco campus della Jawaharlal Nehru University, una vera oasi accademica immersa nel verde: 450 ettari con dipartimenti, biblioteche e residenze universitarie molto distanziati fra loro, immersi in una vegetazione sorprendente: alberi di mango e *gulmohar*, gli alberi della fiamma con fiori rossi e arancioni, grandi baniani con le radici aeree che scendono a formare colonne naturali e palme a ventaglio.

Qui incontro Srikanth Kondapalli, rettore della School of International Studies.[27]

Il nostro incontro inizia con una piccola incomprensione: dopo avere discusso per circa un'ora sull'India e il nuovo Grande Gioco, di fronte a molteplici e ottimi *chai*, mi comunica che stiamo facendo tardi per il mio incontro in aula magna con un gruppo selezionato di studenti e dottorandi di ricerca... Il passaggio da «intervistatore» a «intervistato» avviene senza soluzione di continuità e soprattutto senza la ben che minima consapevolezza da parte mia. «Saranno soltanto poche domande sulla politica estera italiana ed europea nei confronti dell'India e dell'Indo-Pacifico» mi dice il rettore. Naturalmente l'aula magna è stracolma e passerò le successive due ore a rispondere alla raffica di domande di decine di studenti e ricercatori...

Considero Srikanth Kondapalli, uno dei migliori analisti indiani sulle questioni di politica estera e il nostro colloquio, prima del bagno di folla in aula magna, è stato estremamente utile per approfondire in particolare il tema del rapporto fra India e G7 e una sua possibile trasformazione in nuovo G8, con la partecipazione dell'India.

«La posizione dell'India» inizia «come quarta economia mondiale, paese più popoloso, con un giovane capitale umano, la più grande democrazia del mondo con elezioni competitive, una classe media in crescita, impegno per lo stato di diritto e posizione strategica nell'Oceano Indiano rendono attrattiva per i paesi del G7 la partecipazione dell'India.

«Mentre l'ordine globale subisce scosse telluriche a causa dell'invasione russa dell'Ucraina, del conflitto Israele-Palestina e delle tensioni su Taiwan e il Mar Cinese Meridionale, i paesi del G7 sono al tempo stesso preoccupati per la sicurezza economica globale, in particolare per l'aumento dei prezzi dell'energia, del cibo e dei fertilizzanti, oltre che per le tendenze inflazionistiche... questo approccio è lo stesso dell'India che ha posto la pluralità di questi problemi al centro della propria presidenza del G20 nel 2023.»

Sulla nuova Via della Seta promossa da Pechino, il suo giudizio è netto: «È iniziato un processo in corso di *de-coupling* (disaccoppiamento) e *de-risking* (riduzione del rischio) di Stati Uniti ed Europa nei confronti della Cina, e in questo contesto l'Italia ha mostrato la sua determinazione ritirandosi dall'Iniziativa della Belt and Road-Bri (la nuova Via della Seta) di Pechino.[28] L'India crede che l'intero progetto della Bri manchi di trasparenza, sia insostenibile da un punto di vista finanziario, violi i principi di sovranità e sia potenzialmente dannoso per l'ambiente... mi pare che G7 e India convergano su questi giudizi.

«I tassi di crescita economica e le innovazioni tecnologiche in ambiti come l'intelligenza artificiale, l'internet delle cose, i semiconduttori, si stanno spostando inesorabilmente dall'area transatlantica alla regione indo-pacifica, dove la "militarizzazione" di commercio, investimenti, rotte marittime e catene di approvvigionamento minaccia la pace e la stabilità regionale».

10. *Chakrata: la guerra segreta del Tibet*

A soli 2 chilometri a nord dalla centralissima Connaught Place, con la sua architettura georgiana e i porticati di colonne bianche che ospitano una intensissima vita commerciale, raggiungo la stazione ferroviaria di Nuova Delhi, dove alle 22.59 prendo il Mussoorie Express che in circa dieci ore arriva a Dehradun, la capitale dello Stato indiano dell'Uttarakhand, incastonato fra Nepal, Tibet e Himachal Pradesh.

Fino al 1816 lo Stato ha fatto parte del regno nepalese dei Gurkha ed è stato inglobato nell'India britannica soltanto alla fine della Guerra anglo-nepalese (1814-16). Durante il Raj britannico, Dehradun divenne un importante centro militare e amministrativo e ancora oggi ospita istituzioni chiave come l'Indian Military Academy, il Survey of India e il Forest Research Institute.

Lasciato il corso del fiume Gange che qui è ancora freddo, impetuoso e con un susseguirsi di rapide, con una strada sempre più tortuosa si raggiunge Mussoorie, una delle più famose *hill stations* dove gli occupanti britannici si rifugiavano d'estate per sfuggire al caldo delle pianure. Qui Tenzin Gyatso, il XIV Dalai Lama, ha vissuto nel suo primo anno di esilio nel 1959, insieme ad altre migliaia di tibetani in fuga dalla brutale occupazione cinese.

In queste valli sono ancora vitali e attive molte istituzioni civili e religiose che ricordano quella diaspora: il grande monastero di Mindrolling che ospita oltre cinquecento monaci, il Sakya College (l'università di studi tibetani) e la numerosa comunità tibetana nel villaggio di Dekyiling.

A Dekyiling incontro un gruppo di veterani delle Special Frontier Forces,[29] otto battaglioni di forze speciali, composte da circa settemila soldati tibetani reclutati fra la diaspora e inquadrati nell'Esercito indiano. Sono forze altamente specializzate, abituate a operare in alta quota e svolgono un ruolo importante nel nuovo Grande Gioco che vede competere India e Cina sulle montagne più alte del mondo.

Sulla divisa hanno cucito il Leone delle Nevi, il simbolo del Tibet indipendente prima dell'occupazione cinese e il loro quartier generale è a poca distanza da qui nel villaggio di Chakrata.

Ngawang Tenpa ha oggi ottant'anni, ha servito trent'anni nelle forze speciali e quando è stato congedato dal servizio militare è stato eletto per due mandati nel Parlamento tibetano in esilio a Dharamsala.

Incontro Ngawang in un pensionato per i veterani finanziato e gestito comunemente dal governo indiano e dal governo tibetano in esilio. Ngawang è lucidissimo e ha molta voglia di raccontare la sua storia. Porta un cappellino color rosso porpora/bordeaux (dello stesso colore delle tuniche dei monaci buddisti), sul quale sono cuciti la bandiera del Tibet e l'insegna del suo reparto militare.

«Le Forze speciali di frontiera sono nate nel 1962» racconta «dopo il conflitto fra Cina e India, con l'idea di rafforzare il controllo delle frontiere e contrastare le provocazioni cinesi lungo tutta la frontiera himalayana. Il reclutamento è iniziato allora fra i giovani della comunità tibetana in esilio e fra i gurkha che vivono in India. Le forze speciali sono composte da circa settemila unità e fra loro ce n'è una formata da sole donne: l'unità 34.»

Le Forze speciali tibetane sono considerate da molti analisti militari fra le migliori al mondo e hanno avuto un ruolo importante nei diversi scontri fra il 2020 e il 2022, che hanno visto contrapporsi l'Esercito di Pechino e quello indiano.

«Abbiamo combattuto anche nella Galwan Valley in Ladakh nel 2021» prosegue Ngawang «riuscendo a conquistare un passo strategico e perdendo Nyima Tenzin, comandante di una delle compagnie delle Sff e un veterano con trentatré anni di servizio nelle forze speciali. Al suo funerale, la bara era coperta dalla bandiera dell'India e da quella del Tibet indipendente.»

La guerra segreta del Tibet ha anche un capitolo cinese. Dopo gli scontri nella Galwan Valley, Pechino ha iniziato a reclutare soldati fra la popolazione tibetana di Lhasa e Shigatse. Il secondo veterano che incontro a Dekyiling, Dawa, racconta di come i soldati tibetani inquadrati nei due eserciti si siano anche parlati a distanza ravvicinata durante alcuni pattugliamenti notturni: «Ci è anche giunta da Lhasa la notizia di scontri fra militari tibetani e cinesi quando un ufficiale di Pechino ha deriso il Dalai Lama. Non credo» prosegue Dawa «che l'Esercito popolare possa fare grande affidamento sul reclutamento nel Tibet occupato, ma ne hanno bisogno perché non sono in grado di condurre operazioni nelle condizioni climatiche estreme dell'Himalaya. È come se dovessero scalare il Monte Everest senza gli sherpa».

L'Esercito indiano ha conferito a Dawa l'onorificenza *Shauria Chakra* per il servizio reso nelle molte operazioni militari *covert* in cui le Special Frontier Forces sono state coinvolte e ricorda come «le Forze speciali tibetane siano dispiegate in tutte le aree sensibili lungo la frontiera: in Sikkim, Arunachal Pradesh, Ladakh e rappresentano una componente fondamentale per monitorare i passi di alta montagna e le costanti provocazioni cinesi lungo la frontiera».

I soldati tibetani sono una parte rilevante della diaspora tibetana e rappresentano oggi circa il 10 per cento dell'intera popolazione tibetana in esilio, stimata in circa settantacinquemila rifugiati in India e altri ottantamila fra Europa e America. La Central Tibetan Administration (il governo tibetano in esilio in India) non interferisce con la struttura militare dei giovani tibetani arruolati nell'Esercito, ma il Dipartimento della Sicurezza a Dharamsala si occupa di diversi aspetti del welfare relativo ai veterani, una volta che vengono congedati. A pochi chilometri da qui a Lhankawala c'è un intero villaggio di veterani in congedo dalle Special Frontier Forces con sessanta case, un altro pensionato e un centro medico.

Sempre nello Stato indiano dell'Uttarakhand, nella valle di Auli, si sono tenute nell'estate del 2022 le prime esercitazioni militari congiunte Yudh Abhyas fra l'Esercito indiano e quello statunitense dove truppe di montagna dei due eserciti hanno testato l'interoperabilità in alta quota fra le due formazioni militari.[30] Un secondo round di esercitazioni è stato realizzato in Alaska nel settembre 2023[31] e in entrambi i casi le forze speciali tibetane hanno rappresentato una componente importante delle attività di esercitazione. «La partnership fra Usa e India è uno degli assi portanti per garantire la sicurezza e la libertà dell'intera regione dell'Indo-Pacifico» ha commentato l'allora portavoce del Pentagono John Kirby in occasione della conclusione delle esercitazioni.

«Il Tibet non ha mai fatto parte della Cina» conclude Ngawang «e con l'avvento al potere di Xi Jinping la situazione è terribilmente peggiorata per la popolazione tibetana. È in atto un vero e proprio genocidio culturale: la lingua, la religione e la cultura tibetana rischiano di scomparire per sempre. Anche per questo ci siamo arruolati.»

11. *I cammelli perduti di Nubra*

Dall'Uttarakhand proseguo verso il Kinnaur, le valli di Spiti e di Lahaul, continuando il viaggio lungo quel nuovo *limes* che non divide soltanto i due paesi più popolati al mondo, ma rappresenta una vera e propria «faglia geopolitica» nella quale il crescente confronto fra *democrazie* e *autocrazie* potrebbe tradursi in un conflitto aperto.

Sto per raggiungere il Ladakh dove dal 2020 si assiste a un intenso *build-up* militare fra i due lati del confine, con una tensione crescente esplosa negli scontri nella remota valle di Galwan, quando nel giugno del 2022 venti soldati indiani e un numero mai dichiarato di soldati cinesi hanno perso la vita. Al di là della frontiera la Cina sta costruendo una nuova infrastruttura stradale in alta quota (la G695) che collegherà Lhasa, la capitale del Tibet, con Kashgar, l'antica capitale dello Xinjiang, un tempo il punto mediano della Via della Seta fra Venezia e Pechino, oggi trasformata in una gigantesca prigione nella quale Pechino ha rinchiuso la minoranza uigura.

Lungo questa frontiera ho viaggiato via terra per oltre 1000 chilometri fra l'Uttarakhand, il Kinnaur, le valli di Spiti e Lahaul, fino a Leh in Ladakh, per meglio comprendere la nuova cortina di ferro che sta crescendo nel cuore dell'Asia.

Il Kinnaur è una delle regioni più affascinanti dell'Himachal Pradesh, nel Nord dell'India. Adagiata lungo le ultime propaggini dell'Himalaya e stretta tra il Tibet e le valli indiane verso sud è circondata dalle cime innevate dell'Himalaya e il paesaggio è dominato da frutteti di meli e albicocchi fino a oltre i 3000 metri sul livello del mare, alternati al verde intenso delle foreste di conifere. Gli abitanti del Kinnaur sono un *melting pot* delle popolazioni della pianura indiana e tibetane. La loro lingua, il kinnauri, è di origine tibeto-birmana, e in tutto il viaggio si può notare il costante sincretismo fra induismo e buddismo: nei templi, costruiti in pietra e legno intagliato, coesistono statue delle divinità indù con le immagini del buddismo tradizionale, insieme ai *devta*, le molte divinità locali.

L'economia del Kinnaur ha sofferto in modo considerevole per la tensione crescente lungo la frontiera himalayana: i sentieri commerciali battuti che univano tradizionalmente il Tibet e l'India sono sigillati da una pluralità di nuove infrastrutture civili e militari necessarie per la sicurezza nazionale. Nuovi tunnel, ponti, radar e piste d'atterraggio secondarie costellano ormai le vallate più remote.

Mi muovo in auto e raggiungo diversi villaggi la cui economia era indissolubilmente legata agli scambi transfrontalieri con il Tibet, come Kalpa, Nako e Chitkul, oggi tutti sottoposti a forti restrizioni negli spostamenti. L'antico legame con il Tibet, un tempo naturale e quotidiano, oggi è solo più un ricordo. Anche il flusso dei rifugiati che dal Tibet riuscivano periodicamente a raggiungere l'India, fino ai primi anni del nuovo millennio, si è definitivamente interrotto a causa dei controlli sempre più ferrei.

Il mio obiettivo è prendere la National Highway n.5 che dal Kinnaur sale ancora per proseguire lungo la frontiera fino alle remote valli tibetane di Spiti prima e poi Lahaul.

Dal villaggio di Kalpa, circondato dal massiccio del Kinner Kailash di 6471 metri, raggiungo la cittadina di Rekong Peo, dove è obbligatorio ottenere un permesso speciale per proseguire lungo le aree di frontiera. Siamo a pochi chilometri dal confine cinese e il posto di polizia indiano è addobbato di bandiere tibetane di preghiera e foto del Dalai Lama. Il funzionario mi rilascia il permesso e si scusa per il tempo perso in faccende burocratiche. Augurandomi buon viaggio mi ricorda: «Passerai molto vicino alla frontiera, ma non è Cina... è Tibet occupato dai cinesi».

Da Rekong Peo la strada si arrampica sui contrafforti himalayani in un susseguirsi di passi oltre i 5000 metri. Prima si entra nella valle di Spiti, inaccessibile per cinque mesi l'anno per via della neve: un angolo di Tibet salvato dalla furia distruttrice dell'Esercito popolare di liberazione cinese, dove si trova l'eccezionale monastero di Tabo che ospita i più antichi dipinti buddisti, risalenti al 964 d.C. Poi ancora più in su, i monasteri di Dankar e di Key appollaiati su rocce impossibili. Qui, nella valle di Spiti c'è anche il seggio elettorale più alto del pianeta nel villaggio di Hikkim a 4400 metri sul livello del mare, simbolo di un'India, che ogni cinque anni elegge il proprio Parlamento e i propri leader facendo votare oltre 700 milioni di esseri umani.

Dalla valle di Spiti si passa a quella di Lahaul e per raggiungere il Ladakh la strada si arrampica su passi altissimi: il Nakeela (4904 metri), il Baralacha La (5033 metri), il Tanglang La (5330 metri). Ogni passo è segnato da migliaia di bandiere tibetane di preghiera e ogni vallata è costellata da un susseguirsi di decine di insediamenti militari indiani, alcuni di recentissima costruzione.

Sono i battaglioni dei Ladakh Scouts, dei Mountain Tamers, dei Kargil Tigers, dei Parashu Tuskers. Il *build-up* militare indiano è impressionante e l'antico villaggio ladakhi di Karu è oramai un unico grande accampamento con decine di basi, memoriali per i caduti, *army store* e *army restaurant*.

Siamo in Ladakh, da secoli conosciuto come il «Piccolo Tibet», oggi nel cuore del nuovo Grande Gioco.

Per secoli il Ladakh è stato una terra di passaggio, un luogo di incontro e crocevia fra Asia centrale, Tibet e subcontinente indiano. Nel IX secolo il Ladakh si costituì come un regno indipendente tibetano, separato da Lhasa, dove il buddismo Mahayana fiorì in forme proprie: i grandi monasteri di Lamayuru, Hemis, Thiksey e Alchi, ancora oggi tutti pienamente funzionanti, divennero centri nei quali le tradizioni spirituali e monastiche insieme alle varie forme di arte e cultura tibetana si svilupparono e progredirono.

Poi, nel 1947 con la partizione dell'India britannica, il Ladakh fu incorporato nello Stato indiano di Jammu e Kashmir, e divenne parte integrante dell'India moderna, riuscendo così a evitare le devastazioni del Tibet occupato dai cinesi e a salvare la propria unica e originale cultura.

Oggi il Ladakh è forse l'area più complessa della lunga frontiera che abbiamo costeggiato lungo la catena montuosa più alta del mondo ed è circondato da tensioni sempre più evidenti. A ovest, lungo la linea di contatto con il Pakistan, si trova il Siachen, il ghiacciaio più militarizzato al mondo, dove gli eserciti di Nuova Delhi e Islamabad si fronteggiano in condizioni estreme, a oltre 5000 metri. A est, invece, il Ladakh confina con la regione cinese dell'Aksai Chin, che la Cina occupa fin dagli anni Cinquanta e che l'India considera ancora parte integrante del proprio territorio.

Il 5 agosto 2019 il governo indiano ha ridisegnato la mappa dell'India settentrionale, dividendo lo Stato del Jammu e Kashmir in due nuovi Territori dell'Unione: il Jammu e Kashmir, con una sua assemblea legislativa e il Ladakh, senza un Parlamento locale e con una forma di autogoverno con meno competenze di quelle attribuite agli altri Stati dell'Unione.

La popolazione ladakhi, in gran parte buddista tibetana nelle valli di Leh, Nubra e Zanskar, e sciita musulmana nell'area di Kargil, chiede oggi maggiori garanzie: autonomia culturale, protezione per le terre tribali, diritto a una rappresentanza politica reale.

Dal 2023 si sono intensificate le proteste e i movimenti popolari guidati da organizzazioni locali come la Leh Apex Body e la Kargil Democratic Alliance. Questi gruppi chiedono principalmente tre cose: che il Ladakh venga riconosciuto come Stato federato, con un proprio governo locale; che venga inserito nel cosiddetto «Sesto allegato» della Costituzione indiana, una clausola che garantisce protezioni legali speciali per le popolazioni tribali e le minoranze indigene; e che siano garantite riserve di lavoro per i residenti, oltre a un'equa rappresentanza politica con seggi parlamentari separati per le due principali regioni del Ladakh, Leh e Kargil.

Uno dei volti più noti della protesta è Sonam Wangchuk, ingegnere e attivista ambientale noto per avere inventato gli *Ice Stupa*, coni di ghiaccio artificiali che conservano acqua durante l'inverno per irrigare i campi in estate. Nel 2024, Sonam Wangchuk ha lanciato uno sciopero della fame durato ventuno giorni, attirando l'attenzione sulle richieste di maggior autonomia politica e protezione costituzionale per il Ladakh.

Nel frattempo, la tensione con la Cina non accenna a diminuire e prosegue senza sosta la militarizzazione sui due lati della frontiera più alta del pianeta.

Lascio la capitale Leh con la sua città vecchia, il bazar, gli stupa millenari e l'antico palazzo di nove piani con una struttura simile al Potala, che domina tutta la regione per raggiungere la valle di Nubra. Dai 3500 metri sul livello del mare di Leh la strada si inerpica fino al passo di Khardung La a 5359 metri di altezza. Il paesaggio qui cambia ancora e una volta scesi nella valle, ci si trova davanti a una sorprendente combinazione di deserti di sabbia, ampi frutteti di albicocchi e foreste di pioppo.

Le carovane della Via della Seta hanno attraversato per secoli la valle seguendo un percorso che partiva dal passo del Karakorum (fra l'odierno Xinjang/Turkestan Orientale e il Pakistan) per giungere a Leh e poi scendere verso il Kashmir e l'India.

Oggi le frontiere sono ermeticamente sigillate e dell'antica Via della Seta sono rimasti soltanto alcune migliaia di cammelli bactriani che vagano oramai liberi fra le dune della valle di Nubra.

12. *Dharamsala, il Dalai Lama compie novant'anni e pensa alla sua reincarnazione*

Finisco il mio viaggio in India a Dharamsala, dove il 6 luglio 2025 ci saranno le celebrazioni del novantesimo compleanno del Dalai Lama.

Il piccolo borgo di McLeod Ganj è più affollato che mai in attesa dell'evento: migliaia di monaci buddisti di tutte le scuole del buddismo Mahayana giunti qui dalle valli più remote dell'Himalaya; sostenitori del Tibet e fedeli buddisti da Europa, Asia e America; parlamentari e membri del governo indiano; giovani *backpackers* da tutto il mondo; gruppi numerosi di taiwanesi. Sono tutti qui per rendere omaggio al miracolo che il Dalai Lama ha saputo compiere durante i suoi sessantasei anni di esilio: salvare una tradizione millenaria e al tempo stesso realizzare un esperimento di «democrazia in esilio», che ha pochi eguali al mondo.

La Temple Road unisce la piazza principale di McLeod Ganj al complesso di Tsuglagkhang, dove risiede il Dalai Lama. La strada in discesa che porta al tempio principale è un susseguirsi di librerie, bancarelle con artigianato tibetano, centri yoga e piccoli caffè. Il tempio principale di Tsuglagkhang è stato costruito alla fine degli anni Sessanta replicando il tempio di Jokhang nel centro di Lhasa e, nonostante la struttura di cemento armato lo renda inevitabilmente meno affascinante del tempio originario dal quale trae ispirazione, qui si trovano centinaia di dipinti, statue e reliquie salvati dalle distruzioni in Tibet al tempo della Rivoluzione culturale e portati clandestinamente in India attraverso l'Himalaya.

Non lontano dal tempio si può visitare il Museo del Tibet, guidato dal giovane e dinamico direttore Tenzin Topdhen che mi accompagna attraverso le sale dove si racconta la storia del Tibet indipendente, una nazione che non ha mai fatto parte della Cina.

La diaspora tibetana ha investito la totalità delle proprie energie e risorse nella promozione di una molteplicità di organizzazioni politiche e culturali votate alla preservazione della ricca cultura tibetana minacciata nella madrepatria.

A solo un chilometro dal centro di McLeod Ganj, lungo la strada tortuosa che scende verso Dharamsala, si trova il sobborgo di Gangchen Kyishong dove ha sede l'Amministrazione centrale tibetana, l'insieme di istituzioni e organizzazioni che compongono l'architettura istituzionale di questa forma unica di democrazia in esilio.

I centocinquantamila tibetani fuggiti dopo l'occupazione militare cinese eleggono democraticamente ogni quattro anni i quarantasei membri del Parlamento tibetano in esilio e un Primo ministro, che viene chiamato «Sykong».

È al Sykong che il Dalai Lama nel 2011 ha ceduto ogni forma di rappresentanza politica, e con lui agli organismi democratici della diaspora, conservando naturalmente le proprie prerogative di guida spirituale e leader religioso. Dal mese di maggio 2021 la carica di Primo ministro del governo tibetano in esilio è ricoperta da Penpa Tsering, uno dei leader più noti della diaspora, che ha vinto la tornata elettorale dopo un'accesa competizione.

Nelle strade e nei vicoli di McLeod Ganj accanto alle istituzioni politiche della diaspora sono state fondate decine di istituzioni culturali. La rete dei Tibetan Children's Village, con centri in diverse aree dell'India, dal Ladakh a Bangalore, è uno di questi strumenti: ha già permesso a decine di migliaia di bambini tibetani rifugiati di studiare la propria lingua e di essere sostenuti nel proprio percorso scolastico.

Il Tibetan Institute of Performing Arts tiene in vita la ricca tradizione culturale tibetana nel settore del teatro, della musica e della danza, con corsi, master di specializzazione, performance in India e nel mondo. La Library of Tibetan Works and Archive è invece una miniera del sapere tibetano, con oltre centoventimila manoscritti, alcuni vecchi di oltre quattro secoli, e quindicimila volumi sulla storia del Tibet, dell'Himalaya e dell'India.

E poi ancora, il Tibetan Medical and Astro-Science Institute Men-Tsee-Khang con un centro di ricerca, un'università e un ospedale dedicato allo studio e alla pratica della medicina tibetana e all'integrazione della medicina tradizionale con quella occidentale.

La festa della celebrazione per il suo novantesimo compleanno è sobria, ma emozionante. Il Tsuglagkhang, il tempio del Dalai Lama, ha accolto fin dall'alba migliaia di fedeli sotto una battente pioggia monsonica, che come prima cosa hanno visto cinque grandi volti che sovrastavano il palco delle cerimonie: accanto a quella del Dalai Lama, le foto di Martin Luther King, Madre Teresa di Calcutta, Nelson Mandela e il Mahatma Gandhi.

«Sono un semplice monaco buddista» ha iniziato così il suo breve intervento Tenzin Gyatso, il XIV Dalai Lama del Tibet «e normalmente non prendo parte a celebrazioni per il compleanno. Tuttavia, poiché state organizzando diversi eventi incentrati sul mio compleanno, desidero condividere alcuni pensieri... continuerò a concentrarmi sui miei impegni: promuovere i valori umani fondamentali, l'armonia tra le religioni, dare risalto all'antica saggezza indiana che spiega il funzionamento della mente e delle emozioni, e alla cultura e al patrimonio tibetano, che hanno un enorme potenziale per contribuire al mondo grazie alla loro enfasi sulla pace e sulla compassione.»

Conclude poi, citando un insegnamento di Shantideva, filosofo indiano e monaco buddista dell'VIII secolo dopo Cristo: «*Finché durerà lo spazio / Finché resteranno esseri senzienti /*

Fino ad allora possa anch'io restare / Per dissipare le sofferenze del mondo».

In poche parole, tutta l'essenza della sua vita e del suo pensiero che ha ispirato milioni di esseri umani in tutto il mondo: non violenza, compassione, difesa dei diritti umani ovunque siano minacciati, libertà e tolleranza.

Ma queste poche parole rappresentano una minaccia esistenziale per le autocrazie del pianeta, a cominciare naturalmente dalla Cina.

Il Comitato centrale del Partito comunista cinese ritiene di avere il diritto di decidere su chi sarà il XV Dalai Lama: per l'autocrazia di Pechino non è sufficiente avere occupato il Tibet, costringendo 6 milioni di tibetani a non parlare la propria lingua, a non poter godere dei diritti fondamentali, a vedere il proprio fragile ecosistema sistematicamente depredato, ora vuole impossessarsi anche dell'anima del Tibet.

Due giorni prima delle celebrazioni il Dalai Lama è stato chiaro: «La tradizione del Dalai Lama continuerà e il processo di reincarnazione, dopo la mia morte, seguirà i dettami della tradizione buddista, senza alcuna interferenza esterna».

Pechino dopo avere cercato invano negli ultimi cinquant'anni di screditare la figura del Dalai Lama, rendendo persino un reato penale, punibile con il carcere, il semplice possesso in Tibet di una sua foto, ha messo in cantiere una chiara strategia per controllare il processo della sua successione/reincarnazione con l'obiettivo di installare un Dalai Lama di «fiducia», leale al Partito comunista cinese.

Il tentativo di Pechino di appropriarsi e controllare il sistema della reincarnazione colpisce il cuore dell'identità religiosa tibetana: la reincarnazione è centrale nella fede e nella pratica buddista tibetana, radicata nel concetto del ciclo di nascita, morte e rinascita.

Nel 2007 è stata approvata dal governo di Pechino una prima legge che ha previsto per tutti gli esponenti del clero buddista tibetano di alto rango (che la legge stessa definisce «Buddha viventi»), di ottenere l'approvazione e la validazione del governo cinese. In pratica il governo di Pechino si arroga il diritto di interferire direttamente nel processo di reincarnazione, tentando di asservire la tradizione buddista e il suo complesso sistema di regole e procedure alle norme molto terrene imposte dal Partito comunista.

Penpa Tsering, Primo ministro del governo tibetano in esilio, ha guidato la parte più politica delle celebrazioni ringraziando e introducendo le delegazioni straniere presenti.[32]

I videomessaggi di Bill Clinton, George W. Bush, Barack Obama e del presidente di Taiwan Lai Ching-te, sono stati accolti da una serie di ovazioni calorose.

Il Primo ministro dell'India Narendra Modi ha mandato un suo caloroso messaggio, letto fra gli applausi e inviato qui due suoi ministri: il potente Kiren Rijiju, ministro per i Rapporti con il Parlamento e per le minoranze e Rajiv Ranjan Singh, ministro dell'Agricoltura.

Uno degli speech più applauditi è stato quello di Pema Khandu, Chief Minister dell'Arunachal Pradesh. Il suo intervento molto appassionato si è concluso con *Bod Gyalo*, «Tibet Libero» in tibetano, mandando un messaggio chiaro a Pechino: la democrazia indiana non abbandonerà il Dalai Lama e non rinuncerà a occuparsi della libertà del Tibet occupato dalla Cina.

L'ampia delegazione Usa è stata guidata da Ben McAdams, l'unico deputato democratico dello Utah ed esponente della Blue Dog Coalition, la componente centrista dei Democratici, e dall'Assistant Secretary of State Bethany Poulos Morrison che pochi giorni fa è corsa ai ripari riuscendo a ripristinare il budget del Dipartimento di Stato in sostegno alle istituzioni del Tibet in esilio, tagliato in modo sconsiderato da Elon Musk e dall'amministrazione del presidente Trump. Come in molti altri casi, i tagli indiscriminati del Dipartimento sull'Efficienza governativa hanno demolito una componente importante del *soft power* americano, cancellando ogni forma di sostegno economico statunitense al governo tibetano in esilio.

Petr Pavel, il coraggioso presidente della Repubblica Ceca, ha inviato qui l'ambasciatrice di Praga in India Eliška Žigová, per poi incontrare lo stesso Dalai Lama a Leh in Ladakh pochi giorni dopo le celebrazioni a Dharamsala.

Richard Gere su queste montagne è molto popolare non tanto per la sua carriera cinematografica, ma per la sua fede buddista e per l'impegno di una vita dedicato a favore della causa tibetana. Oggi occupa gran parte del suo tempo a guidare la International Campaign for Tibet[33] con sede a Washington DC che coordina decine di iniziative per far conoscere al mondo la tragedia del Tibet.

Alle celebrazioni incontro anche l'italiano Piero Verni, autore di una bellissima biografia del Dalai Lama[34] e anche uno dei fondatori dell'Associazione Italia-Tibet,[35] l'Ong che in Italia sensibilizza l'opinione pubblica e promuove un'intensa lobby parlamentare in sostengo alla causa tibetana. Ci vediamo a bere un tè al Norbulingka Institute,[36] un'altra delle istituzioni della diaspora dove si insegna ai giovani l'arte dei dipinti religiosi tangka e le tecniche di scultura delle statue sacre tibetane. Il Norbulingka prende il nome dalla residenza estiva del Dalai Lama di Lhasa, 3 chilometri a ovest del Potala, dove visse l'attuale Dalai Lama fino alla sua fuga nel 1959.

Le celebrazioni del novantesimo compleanno si sono quasi concluse. Ora è la volta dell'esibizione di decine di gruppi musicali e di danza giunti da tutte le regioni dell'Himalaya indiano con i loro costumi coloratissimi e molto diversi fra loro, a testimoniare la grande diversità culturale e artistica di un patrimonio culturale a rischio di scomparsa.

Tre oracoli raggiungono la trance subito dopo avere comunicato al Dalai Lama le loro profezie e il pensiero non può che correre naturalmente al Dalai Lama stesso.

Pochi giorni prima del suo compleanno, il Dalai Lama ha detto di credere che vivrà fino ai centotrent'anni... per poi aggiungere con la sua pungente ironia: «Vediamo se vivrò più a lungo del Partito comunista o se il Partito comunista sarà in grado di sopravvivere al Dalai Lama...».

Il Grande Gioco del Tibet è ricominciato e la partita fra il «semplice monaco buddista» in esilio sulle montagna dell'India e il regime autocratico di Pechino è una storia ancora da scrivere.

L'Oceano Indiano e il Grande Medio Oriente

6
Monsoni

1. *Monsoni*

I monsoni, dall'arabo *mausim* (stagione) soffiano in modo regolare d'estate da sud-ovest verso l'India e l'Asia e poi d'inverno da nord-est verso la Penisola Arabica e l'Africa.

La precisa stagionalità ha rafforzato la struttura agricola di intere civiltà e al tempo stesso ha dato vita, nei secoli, a quelle rotte commerciali e a quelle connessioni che ancora oggi sono strategiche per gli equilibri e per il commercio globale: i porti di Calcutta, di Malabar (il sistema di porti dell'India sudoccidentale), di Muscat e Dubai, i porti dell'Africa Orientale di Lamu, Zanzibar, Isola di Mozambico, nascono tutti intorno alle opportunità offerte dai monsoni. Gli stretti di Bab el-Mandab (la porta del Mar Rosso) e di Hormuz (fra la penisola omanita di Musandam e l'Iran), allora come oggi, sono quelle «strozzature», il cui controllo o la possibilità di aggirarle, rimangono strategici.

Ed è esattamente in quella vasta area che connette l'Oceano Indiano e il Mar Mediterraneo, lungo le cicliche rotte dei monsoni, che il nuovo Grande Gioco del XXI secolo si sta dispiegando nella sua interezza.

Il nostro viaggio prosegue lungo le rotte monsoniche fra Oceano Indiano e Grande Medio Oriente in un'area attraversata da conflitti, tensioni e frontiere ermeticamente sigillate, ma anche da nuove e rilevanti opportunità.

2. *Un viaggio più difficile*

Il progetto di proseguire lungo la nuova cortina di ferro per raccontare in presa diretta il nuovo *limes* che separa due visioni del mondo contrapposte è qui più complesso.

Il mio obiettivo è attraversare la frontiera fra India e Pakistan, per poi giungere nell'inquieto Belucistan, un popolo senza Stato che ha dichiarato guerra alla Via della Seta di Pechino e all'alleanza strategica fra Cina e Pakistan.

Poi, l'Afghanistan dei talebani 2.0 che, dall'alto del Khyber Pass, nodo strategico di tutti i «grandi giochi» dell'Asia, potrebbe tornare in primo piano dopo anni di isolamento internazionale.

Infine virare verso sud lungo le nuove rotte che connettono l'Oceano Indiano, la Penisola Arabica e il Mar Mediterraneo, attraverso quel Grande Medio Oriente che oggi ha la possibilità di voltare pagina e dove un'inedita coalizione «abramitica», fra Israele e i paesi sunniti del Golfo, compete con ciò che resta della Mezzaluna sciita di Teheran.

Mentre progetto la prosecuzione del mio itinerario per raggiungere da qui il Mediterraneo, leggo sul «Times of India» che in questi giorni ricorre l'anniversario dell'inaugurazione della linea di bus Londra-Calcutta-Londra, gestita da Albert Travel, che in «soli» 53 giorni, e una volta al mese, univa le due città attraversando 16.000 chilometri fra Europa Orientale, Turchia, Iran, Afghanistan e infine le grandi pianure indiane.

Il servizio resistette quasi vent'anni ispirando una generazione di giovani che in quegli anni si avventurarono, con quel bus e con mille altri mezzi di fortuna, dall'Europa verso oriente.

La rivoluzione khomeinista in Iran e l'invasione sovietica dell'Afghanistan del 1979 cancellarono quella lunga rotta e pure i pellegrinaggi dei giovani occidentali in Oriente.

Il mio obiettivo di raggiungere Abu Dhabi da Nuova Delhi, attraverso il Belucistan pakistano, si rivela presto impossibile: la frontiera fra India e Pakistan è ermeticamente sigillata con un unico passaggio aperto agli stranieri fra Attari e Wagah, sulla strada che collega Amritsar, nel Punjab indiano, e Lahore nel Punjab pakistano.

Siamo pochi mesi prima dell'esplosione del conflitto di quattro giorni fra India e Pakistan del giugno 2025.

L'Ambasciata pakistana a Roma è diffidente sulla mia pratica per ottenere un visto giornalistico per attraversare quella frontiera terrestre, che diventa poi un «no» definitivo quando presento la seconda richiesta di poter viaggiare fino al porto di Gwadar sull'Oceano Indiano. Gwadar non è soltanto il più importante progetto «cinese» del Corridoio economico Cina-Pakistan, ma è anche nel cuore del Belucistan, la provincia ribelle del Sud del paese sempre più travolta da grandi manifestazioni popolari della minoranza «belucia» e dagli attacchi terroristici dell'Esercito di liberazione del Belucistan.

Passare dall'Iran è escluso: mi hanno già rifiutato il visto in passato e la totale inaffidabilità di quel regime rende prudente starne alla larga, come peraltro caldamente suggerito da tutti gli esponenti dell'opposizione iraniana in esilio.

Quindi ho optato per il volo prima ad Abu Dhabi e poi in Israele per raccontare come quest'area, oggi devastata da un conflitto a Gaza, che non finisce mai, e da una crescente competizione fra Iran e Israele e fra Iran e le monarchie sunnite del Golfo, possa diventare il luogo di nuove speranze e di nuove «connettività».

Viaggeremo dunque lungo le rotte marittime fra India e Penisola Arabica e i binari di un treno che non c'è ancora fra Abu Dhabi, Riyad, Amman e Haifa per raccontare una possibilità che potrebbe cambiare il volto dell'intera regione. Ma prima di partire lungo questi possibili binari è utile comprendere quali siano gli attori in campo in questo nuovo e complesso Grande Gioco.

3. *Oceano Indiano e Grande Medio Oriente: un unico teatro*

Quella vasta area fra le coste occidentali dell'India, i porti di Pakistan, Sri Lanka e Maldive, la Penisola Arabica con i suoi due stretti vitali di Bab el-Mandab e di Hormuz, il Golfo Persico, fino al porto di Haifa in Israele, è sempre più un *unico teatro*, nel quale competono due visioni alternative del mondo.

Su quest'area si confrontano un Asse sino-russo-islamista, con una crescente convergenza strategica fra le tre autocrazie di Iran, Russia e Cina, più alleati (Pakistan) e *proxies* (Hamas, Hezbollah, Houthi), e una sempre più strategica Alleanza fra paesi sunniti del Golfo, Israele e India.

L'Asse, con modalità differenti fra i vari attori che lo compongono, scommette sul passato: l'esportazione di instabilità e terrorismo su ciò che resta della Mezzaluna sciita; l'impossibilità di giungere a una pace stabile e definitiva con lo Stato di Israele; l'anacronistico conflitto fra sciiti e sunniti; un mondo dominato esclusivamente dalle risorse fossili e dal controllo su di esse; l'uso strumentale della questione palestinese; la rete globale dei Fratelli Musulmani come strumento di instabilità permanente; la contrapposizione con Europa e Usa.

L'Alleanza fra le democrazie scommette invece su un futuro dominato da una nuova stagione di connettività e di grandi opportunità fra India, Golfo, Israele ed Europa; sulla estensione degli Accordi di Abramo (la pace già siglata fra Israele ed Emirati Arabi Uniti, Bahrein e Marocco) a nuovi paesi a cominciare dall'Arabia Saudita, per poi includere Libano, Siria e Autorità nazionale palestinese; sulla nascita del Corridoio economico India-Medio Oriente-Europa (Imec) in grado di azzerare le strozzature politiche degli stretti del Golfo e di creare una nuova stagione di sviluppo economico e commerciale per tutta l'area.

I due assi in competizione fra loro si sviluppano lungo diverse *linee di faglia:*

L'Asse

- Il Corridoio economico Cina-Pakistan, forse il progetto più importante di tutta la cosiddetta nuova Via della Seta, che da Pechino, attraverso la Karakorum Highway, giunge fino all'Oceano Indiano nel porto di Gwadar, oramai un'area extraterritoriale, con pieno controllo logistico e militare cinese.
- Il conflitto aperto fra l'insorgenza del Belucistan e l'Esercito pakistano che sta dando vita a un'inedita e poco conosciuta «guerra alla Via della Seta».

- La competizione India-Pakistan che dalle montagne del Kashmir giunge fino all'Oceano Indiano, sfociata nel giugno del 2025 dopo l'attentato terroristico di Pahalgam in una guerra «calda» di quattro giornate.
- La strategia cinese della *String of Pearls*, quella lunga «catena di perle» nell'Oceano Indiano per accerchiare l'India nel suo più prossimo vicinato e conquistare il dominio dei porti.
- L'inclusione dell'Afghanistan nell'alleanza Cina-Pakistan per creare un'ampia area di influenza cinese, con connotati autoritari e islamisti, senza soluzione di continuità fra Pechino, Islamabad e Kabul.
- Il salvataggio di ciò che resta del progetto della Mezzaluna sciita[1] di Teheran, dopo la caduta di Assad in Siria, la sconfitta di Hezbollah in Libano, il drastico ridimensionamento di Hamas a Gaza e l'attacco militare al programma nucleare iraniano da parte di Israele e Usa.

L'Alleanza

- Il rilancio delle due alleanze quadrilaterali che hanno consolidato la convergenza fra le democrazie della regione: I2U2,[2] l'accordo fra Emirati Arabi Uniti, India, Israele e Stati Uniti e il Quad, Quadrilateral Security Dialogue, fra Australia, India, Giappone e Stati Uniti.
- Il lancio del Corridoio Imec, attraverso la creazione di una rete multimodale di 4800 chilometri di connessioni navali e ferroviarie ad alta velocità in grado di unire i porti indiani di Mundra e Kandla, quelli emiratini di Fujairah e Jebel Ali, quelli sauditi di Dammam e Ras al Khair per poi giungere attraverso la Giordania e i territori palestinesi al porto israeliano di Haifa, hub strategico per connettere l'intera rete con i porti europei, a cominciare dal Pireo e Trieste.
- L'estensione degli Accordi di Abramo fra Israele e Arabia Saudita e poi Siria, Libano e Autorità nazionale palestinese.
- La promozione di una serie di accordi strategici fra l'Unione Europea e i paesi del nuovo Corridoio Indo-Mediterraneo, a cominciare dalla sigla di un Free Trade Agreement fra EU e India.

- La creazione di un sistema di sicurezza regionale che renda stabili nel tempo gli Accordi di Abramo.

Le esercitazioni navali congiunte fra le Marine militari di Cina, Russia e Iran, del marzo del 2025 hanno certificato il consolidamento e la forte Security Belt 2025[3] ha visto impegnate le Marine dei tre paesi di fronte al porto iraniano di Chabahar nel Golfo dell'Oman, in un'area cruciale per la sicurezza globale: di fronte alla «strozzatura geopolitica» dello stretto di Hormuz, dal quale transita il 30 per cento del greggio mondiale di cui il 70 per cento diretto verso la Cina;[4] nel cuore dei progetti di espansione cinese verso l'Oceano Indiano (al confine fra Pakistan e Iran e sbocco al mare per l'Afghanistan); al centro del Belucistan, una nazione senza Stato, la cui popolazione è brutalmente oppressa in Iran e Pakistan; in un'area strategica per il contenimento dell'India, la più grande democrazia del pianeta e *competitor* globale di Cina e Pakistan.

Anche la scelta semantica delle esercitazioni militari (*Security Belt*) richiama il progetto della nuova Via della Seta nella sua dimensione «securitaria».

Ma, come accennavamo in precedenza, c'è una nuova speranza.

4. *Una nuova speranza: Imec, il corridoio fra India, Golfo, Israele ed Europa*

Il progetto del Corridoio economico India-Medio Oriente-Europa (Imec),[5] nasce durante il summit del G20 di Nuova Delhi il 9-10 settembre 2023 su iniziativa di un gruppo di paesi promotori: Arabia Saudita, Emirati Arabi Uniti, Francia, Germania, India, Italia, Stati Uniti e Unione Europea.

L'idea è semplice è rivoluzionaria: creare una grande connessione mare-ferrovia-mare fra l'Indo-Pacifico e il Mediterraneo unendo l'India con i paesi del Golfo, Israele e l'Unione Europea con il suo ampio sistema portuale, a cominciare dal Pireo e Trieste.

Il progetto si fonda su alcune scommesse strategiche:

- l'estensione degli Accordi di Abramo e un accordo di pace

fra Israele e Arabia Saudita, fondamentale per la realizzazione delle connettività e delle infrastrutture previste dal progetto;
- il partenariato strategico fra India ed Emirati Arabi Uniti;
- pace e sviluppo nel Grande Medio Oriente come alternativa all'esportazione sistematica di instabilità e terrorismo dell'Iran;
- bypassare le «strozzature» degli stretti di Bab el-Mandab e Hormuz, costantemente minacciati;
- costruire un'alternativa al progetto della Via della Seta di Pechino, e all'asse strategico fra le autocrazie di Cina, Iran e Russia.

Imec nasce all'interno della cornice politica di I2U2, il mini-Quad fra India, Israele, Emirati Arabi Uniti e Usa nato nell'ottobre del 2021, noto anche come Alleanza Indo-Abramitica (l'acronimo «I2U2» deriva dalle iniziali dei quattro paesi: India e Israele – due «*i*» – più Usa e Uae – due «*u*»).

I2U2 è un format il cui punto di forza è la combinazione di capitale arabo, tecnologia israeliana, capacità produttiva indiana e influenza statunitense.

I progetti messi già in cantiere spaziano dal Corridoio alimentare India-Uae, con un investimento emiratino di oltre 2 miliardi di dollari per sviluppare catene di approvvigionamento e infrastrutture agricole in India; progetti di energia rinnovabile, a cominciare dal Parco solare da 300 MW in Gujarat, finanziato dagli Emirati, con know-how tecnico israeliano; alla progettazione di quei corridoi multimodali di porti e ferrovie tra India, Medio Oriente e Mediterraneo, che sono stati la base concettuale sulla quale è poi nata Imec nel 2023.

Ma il Corridoio India-Medio Oriente-Israele-Europa è qualcosa di più di un brillante progetto geoeconomico: è nei fatti uno spin-off degli Accordi di Abramo,[6] quello straordinario accordo di pace fra Israele, Marocco, Emirati e Bahrein che sta già cambiando l'intera regione, mutando anche in profondità i paradigmi con i quali eravamo abituati a interpretare il Medio Oriente.

Il confronto storico fra sciiti e sunniti non è più sufficiente per spiegare la nuova realtà di un mondo islamico sempre più diviso invece fra «innovatori» e «conservatori», fra chi vuole riformare l'Islam e renderlo pienamente compatibile con stato di diritto e democrazia; fra i sostenitori degli «Accordi di Abramo» e fra quanti invece vorrebbero semplicemente cancellare la presenza ebraica dal fiume Giordano al Mar Mediterraneo e mantenere il Medio Oriente in una condizione di perenne conflitto fra Islam e Occidente.

L'alleanza fra sunniti di Hamas e sciiti di Hezbollah è l'altra faccia di questa medaglia e gli Accordi di Abramo, da Avraham/Abramo/Ibrahim che ebrei, cristiani e musulmani considerano il patriarca del monoteismo, rappresentano un incubo per chi vorrebbe cancellare Israele dalla faccia della terra.

Il corridoio fra India e Mediterraneo ha uno dei suoi terminali strategici nel porto di Haifa, nel quale il gruppo indiano Adani ha già investito 1,2 miliardi di dollari[7] e la partnership strategica fra India e Israele con ampie relazioni politiche, economiche, commerciali e militari, ha rafforzato l'intero progetto.[8]

Ma c'è di più: Imec è oggi la vera alternativa alla cosiddetta Via della Seta cinese, peraltro uscita molto indebolita dal suo terzo Forum di ottobre 2023 a Pechino, con un record negativo di partecipazioni e giudicata sempre meno attrattiva per l'insostenibilità finanziaria dei suoi progetti.

Il progetto di integrazione e nuova connessione fra India, Golfo, Israele ed Europa permette di bypassare i due *chokepoints*, le «strozzature» dello stretto di Hormuz e di Bab el-Mandab realizzando una rete infrastrutturale finalmente libera dai condizionamenti iraniani sugli stretti. Attraverso lo stretto di Hormuz, sul quale Teheran esercita un pericoloso potere di controllo, passa ancora oggi il 70 per cento del greggio mondiale e l'accesso al Mar Rosso tramite lo stretto di Bab el-Mandab è condizionato da un mix di minacce che spaziano dalla pirateria alle milizie Houthi, il *proxy* di Teheran in Yemen.

La nuova rete non sarà solo ferroviaria e sull'asse di Imec verrà realizzata anche una connettività energetica (gasdotti, solare e idrogeno) e una connessione digitale in grado di rappresentare una importante opportunità di integrazione delle economie europee, del Medio Oriente e dell'Indo-Pacifico, distante e libera dai condizionamenti geopolitici delle autocrazie di Cina e Iran.

La prospettiva di una pace strutturale e duratura fra Israele e i paesi arabi del Golfo, rafforzata anche da un grande progetto di sviluppo e di nuova connettività, aveva purtroppo molti nemici.

Durante gli stessi giorni del G20 a Nuova Delhi (9-10 settembre 2023) i negoziati fra Arabia Saudita e Israele stavano compiendo rilevanti progressi e la possibilità che l'Arabia Saudita, custode dei luoghi più sacri dell'Islam di Mecca e Medina, potesse raggiungere un duraturo accordo di pace con Tel Aviv, rappresentava per l'Iran e per i suoi alleati una possibilità da escludere con ogni mezzo possibile.

Questo è il contesto in cui è anche nato il terribile attacco terroristico del 7 ottobre, con un obiettivo preciso: far saltare le trattative di pace allora in corso fra Riyad e Gerusalemme per includere l'Arabia Saudita negli Accordi di Abramo.

India, Unione Europea, i paesi del Golfo e Israele hanno tutto l'interesse a rilanciare il progetto di Imec anche per favorire la ripresa del dialogo fra Arabia Saudita e Israele, una delle chiavi per la costruzione di una pace duratura in tutto il Medio Oriente.

Questo è uno dei motivi per il quale i proponenti del progetto non demordono.

«L'India come l'Italia è una penisola» racconta Francesco Talò, già ambasciatore d'Italia in Israele e alla Nato e oggi Inviato speciale del governo italiano per Imec «con una grande differenza però: alle nostre spalle c'è un'Europa amica con la quale siamo sempre più integrati; l'India, invece, confina con paesi con i quali è in aperto conflitto (il Pakistan), in forte competizione strategica (la Cina), o in crescente contrasto (il Bangladesh)... Per Nuova Delhi lo sbocco geopolitico e geoeconomico verso l'Oceano Indiano e verso l'Indo-Mediterraneo è una scelta naturale e necessaria.»

«E per l'Italia?» gli chiedo.

«L'Italia è l'approdo strategico di questo progetto, la vera porta per l'Europa» risponde Talò «con il porto di Trieste che farà da capofila, ma con l'intero sistema portuale italiano di almeno quattordici porti sul Mediterraneo, che sono il terminale naturale della futura connettività indo-mediterranea. La nuova visione dell'Indo-Mediterraneo è dunque nel nostro interesse comune.»

Il progetto rappresenta una sfida enorme soprattutto per l'elevata complessità del contesto geopolitico in cui si svolge: si è da poco concluso un conflitto caldo di quattro giorni fra India e Pakistan; il Belucistan è scosso da grandi manifestazioni popolari indipendentiste e attentati terroristici; Pechino prosegue con la strategia del «Filo di Perle» per accerchiare l'India nell'Oceano Indiano; l'Afghanistan sta entrando sempre più nell'orbita di Pechino; Israele non riesce a concludere la guerra a Gaza anche di fronte alla indignazione crescente della comunità internazionale per il numero inaccettabile di vittime civili.

Ma andiamo per ordine.

5. *La guerra dei quattro giorni fra India e Pakistan*

L'attacco terroristico del 22 aprile 2025 nella valle di Pahalgam nel Kashmir indiano, in cui ventisei persone, per lo più turisti indù, sono state brutalmente uccise da miliziani islamici, ha riacceso la miccia in un contesto geopolitico già incandescente. Le autorità indiane hanno puntato il dito contro il gruppo armato The Resistance Front (Trf), legato alla Lashkar-e-Taiba, l'«esercito dei giusti», con basi militari in territorio pakistano e apertamente sostenuto dal Pakistan.

A rendere ancora più inquietante l'attacco di Pahalgam è il contesto politico e ideologico in cui si inserisce. Solo pochi giorni prima, il 15 aprile, durante la prima Convenzione annuale dei pakistani all'estero tenutasi a Islamabad, il capo dell'Esercito pakistano, il generale Asim Munir, ha pronunciato un discorso con toni estremamente violenti e ultranazionalisti. Parlando ai connazionali emigrati, Munir ha affermato: «Noi siamo diversi dagli induisti e dai cristiani», rivendicando poi la superiorità della civiltà islamica rispetto a quella occidentale: «Non dimenticate mai che appartenete a un'ideologia e a una cultura superiore: l'Islam».[9]

L'attacco di Pahalgam è stato caratterizzato da una selezione settaria delle vittime. I terroristi hanno chiesto alle persone di recitare la *Kalma* – la dichiarazione di fede islamica – e chi non riusciva a farlo veniva giustiziato. Le testimonianze descrivono una vera e propria caccia ai non musulmani, in particolare indù e cristiani.

L'India ha risposto il 7 maggio del 2025 con l'operazione militare «Sindoor»,[10] colpendo con precisione nove campi terroristici legati ai gruppi terroristi di Lashkar-e-Taiba, Jaish-e-Mohammad e Hizbul Mujahideen, evitando accuratamente però di colpire infrastrutture civili o militari pakistane.

Ciò che però preoccupa Nuova Delhi è il ruolo della Repubblica Popolare Cinese nel recente e breve conflitto. Pechino è un alleato strategico del Pakistan con il quale condivide il Corridoio economico Cina-Pakistan (Cpec), lo sbocco strategico della Cina sull'Oceano Indiano, attraverso il grande territorio uiguro dello Xinjiang e la Karakorum Highway sull'Himalaya. Il Corridoio ha come terminale il porto di Gwadar interamente costruito e gestito dai cinesi.

Pechino ha fornito negli ultimi tre anni oltre 20 miliardi di dollari in armamenti al Pakistan: tra questi, caccia multiruolo J-10CE, droni Wing Loong, sottomarini, sistemi missilistici HQ-9P, missili aria-aria PL-15E, e sofisticati velivoli da allerta precoce Zdk. L'integrazione delle due forze armate è ormai operativa, con esercitazioni congiunte (Shaheen, Aman, Mir), e personale condiviso nei centri di comando a Chengdu e Rawalpindi.

Diverse fonti confermano che durante i giorni dell'operazione «Sindoor», la Cina abbia anche offerto supporto di intelligence in tempo reale al Pakistan monitorando i movimenti bellici indiani e mentre ancora infuriava lo scontro militare fra India e Pakistan, la Cina ha bloccato un riferimento diretto al gruppo terroristico Trf all'interno del Consiglio di Sicurezza dell'Onu, dichiarando anche come «inappropriata» la risposta militare indiana.

A ciò si aggiunge il sostegno di Ankara al Pakistan, confermato nei giorni del breve conflitto, che rende sempre più complessa la relazione fra l'Occidente e la Turchia, membro dell'Alleanza Atlantica. «Il Pakistan» ha dichiarato un portavoce dell'Esercito di Nuova Delhi «ha lanciato fra trecento e quattrocento droni contro trentasei siti in India fra il 9 e il 10 maggio 2025, la maggioranza dei quali erano del tipo Songar, prodotto dall'industria bellica turca Asisguard.»[11]

Il cessate il fuoco annunciato il 10 maggio tra India e Pakistan ha congelato, almeno temporaneamente, le ostilità, ma tuttavia, la pace resta fragile e le conseguenze a lungo termine dell'attacco di Pahalgam, dal coinvolgimento cinese alla crescente militarizzazione della regione, pongono serie domande sulla stabilità del subcontinente.

6. *Il porto «cinese» di Gwadar e la guerra del Belucistan alla Via della Seta*

Il porto di Gwadar nel Belucistan pakistano è il terminale di uno dei progetti geopolitici più rilevanti di Pechino: il Corridoio economico Cina-Pakistan (Cpec).[12] È qui che molti analisti ritengono sorgerà la seconda base militare cinese fuori dalla madrepatria. Gwadar è già oggi un porto interamente cinese: finanziato e gestito da Pechino e con la sicurezza organizzata direttamente da *contractor* cinesi.

La sua posizione, affacciata sullo stretto di Hormuz, e a soli 50 chilometri dal confine con l'Iran, è strategica.

Il Pakistan ha un indebitamento verso la Cina di oltre 82 miliardi di dollari e ha nella Cina il principale partner economico, politico e militare. La solidissima alleanza fra Cina e Pakistan è uno dei motivi di maggiore inquietudine a Nuova Delhi.

Il porto di Gwadar in Pakistan avrebbe dovuto essere nelle intenzioni originarie di Cina e Pakistan un porto strategico per competere con l'India da un punto di vista commerciale e per contenerla da un punto di vista militare.

Gwadar, un tempo un piccolo villaggio di pescatori che apparteneva al Sultanato dell'Oman, viene acquistata dal Pakistan nel 1958 per 3 milioni di dollari. Nel 2001 la Cina entra in scena con la China Harbour Engineering Company che con 198 milioni di dollari di investimento realizza la prima fase dello sviluppo del porto, completata nel 2006.

Il progetto iniziale era estremamente ambizioso con l'obiettivo di trasformare Gwadar in una città di 2 milioni di abitanti con un Pil potenziale di 30 miliardi di dollari e 1,2 milioni di nuovi posti di lavoro. Il Pakistan sperava di importare il modello cinese «porto/parco industriale/città», che avevano radicalmente trasformato città come Shenzhen.

Per la Cina, Gwadar e il Corridoio economico Cina-Pakistan, avrebbero dovuto rappresentare la «porta» verso l'Oceano Indiano per risolvere il cosiddetto «dilemma di Malacca», la strozzatura geopolitica fra Malesia e Indonesia dalla quale transita il 72 per cento del suo attuale fabbisogno petrolifero.

Il progetto originale prevedeva che le petroliere mediorientali avrebbero attraccato nel porto di Gwadar per poi trasportare il greggio via oleodotto fino in Cina. La possibilità poi di un *dual use* commerciale e militare delle infrastrutture portuali avrebbe permesso a Pechino di aprire la seconda base militare fuori dalla madrepatria dopo Gibuti in grado così di controllare gli accessi allo strategico stretto di Hormuz e proiettare sull'Oceano Indiano la propria potenza militare.

Tuttavia, le cose a Gwadar sono andate diversamente.

Dopo il completamento della prima fase, lo sviluppo portuale, che prevedeva un terminal petrolifero, banchine per container e un nuovo terminal portuale, per un investimento totale di circa 800 milioni di dollari, non è mai stato realizzato.

Da un lato il Pakistan non è stato ancora in grado di realizzare i collegamenti infrastrutturali con il Nord del paese e l'area dove sorge il porto soffre di gravi carenze idriche ed energetiche, dipendendo quasi totalmente dall'importazione di elettricità dall'Iran.

Ma l'elemento cruciale è stata la crescente ribellione del Belucistan[13] che ha cambiato radicalmente le carte in tavola.

I beluci sono una nazione senza Stato divisa fra Pakistan (70 per cento) e Iran (25 per cento), con una componente minoritaria che risiede nel Sud dell'Afghanistan (5 per cento), che fin dal 1947 ha promosso numerose insurrezioni contro i regimi dei due paesi, sempre represse con durezza.

Come ricorda Naseem Baloch, presidente del Baloch National Movement (Bnm)[14] in occasione dei lavori a Ginevra dell'ultimo congresso nel marzo 2024: «Molti esponenti politici della minoranza del Belucistan hanno sofferto gravi violazioni dei diritti umani, tra cui omicidi extragiudiziali, torture e sparizioni forzate e la repressione della minoranza belucia è progressivamente incrementata con il lancio del Corridoio economico Cina-Pakistan (Cpec), con massicci investimenti infrastrutturali, uniti allo sfruttamento intensivo delle risorse naturali della regione».

Il gruppo armato del Balochistan Liberation Army (Bla), dopo anni di conflitto con l'Esercito di Islamabad, ha oggi lanciato una sfida diretta a Pechino, inaugurando una serie di azioni militari e di guerriglia, spesso disperate, contro la presenza cinese in Pakistan.

Si tratta della prima, e molto poco conosciuta, «guerra contro la Via della Seta» che ha visto la sua nascita nel 2018 con gli attentati terroristici contro obiettivi cinesi nel porto di Gwadar e più a nord verso la Karakorum Highway che collega il Pakistan con la regione cinese dello Xinjiang.

Da allora è stato un crescendo di azioni terroristiche: attacco al consolato cinese di Karachi (23 novembre 2018); attentato suicida a Quetta contro l'ambasciatore di Pechino Nong Rong (21 aprile 2021); attentato contro un bus di ingegneri e tecnici cinesi con nove morti (14 luglio 2021); attentato suicida contro un'auto con tecnici cinesi a Gwadar (20 agosto 2021); attentato suicida contro l'Istituto Confucio a Karachi con tre morti (26 aprile 2022); attentato contro tecnici cinesi nel distretto di Shangla con cinque morti (26 marzo 2024); attentato contro cittadini cinesi all'aeroporto di Karachi con due morti (7 ottobre 2024); due cittadini cinesi uccisi a Karachi (5 novembre 2024).

Intanto Gwadar nel luglio 2024 è stata travolta dalle proteste di massa organizzate dal Baloch Yakjehti Committee (Byc),[15] un gruppo attivo nella difesa dei diritti civili, politici ed economici nella provincia del Belucistan e guidata da Mahrang Baloch, la giovane leader del movimento. Nonostante il blocco totale della città portuale: connessioni internet e telefoniche interrotte, tutte le vie di accesso bloccate, numerosi manifestanti sono riusciti a raggiungere Gwadar. Durante gli scontri fra manifestanti e forze dell'ordine un manifestante è stato ucciso, sette sono rimasti feriti e centinaia sono stati arrestati.

Le proteste popolari hanno acceso un ulteriore campanello d'allarme a Pechino, che sta già affrontando crescenti minacce alla sicurezza dei propri investimenti nel Pakistan meridionale e nella regione di Gwadar.

La guerra alla Via della Seta è incominciata.

7. *Il Filo di Perle di Pechino*

Il porto di Gwadar nel Sud del Pakistan è soltanto uno dei capitoli della dottrina militare cinese del cosiddetto «Filo di Perle» nell'Oceano Indiano, realizzata tramite l'acquisizione di una rete di infrastrutture portuali con un duplice obiettivo: contendere all'India il dominio del suo mare più prossimo e costruire contemporaneamente una rete di porti *dual use*, in grado di sostenere sia la rete commerciale delle imprese cinesi, che la nuova proiezione «globale» dell'Esercito popolare.

Ed è esattamente nell'Oceano Indiano fra Cambogia, Bangladesh, Sri Lanka, Myanmar, Maldive e Pakistan che la «Via della Seta marittima» ha incrociato esigenze commerciali e proiezione militare.

Il Council of Foreign Relations di Washington DC ha realizzato il sito interattivo «Tracking China's Control of Overseas Ports»,[16] con il quale vengono monitorate le acquisizioni e gli investimenti di Pechino nelle infrastrutture portuali su scala globale.

La Cina si è già assicurata una partecipazione significativa in una rete di porti che sono fondamentali per il commercio mondiale e la libertà di navigazione: a fine 2024 la Cina risulta essere già presente in 129 porti al di fuori della madrepatria, in diciassette di essi con quote azionarie maggioritarie e con la possibilità di un duplice utilizzo civile e militare in almeno altri quattordici.

Questa è la cornice nella quale la Repubblica Popolare Cinese sta anche negoziando una serie di accordi con paesi terzi per espandere la propria presenza militare e di sicurezza internazionale, ampliando così il raggio d'azione dell'Esercito popolare di liberazione.

Dopo la prima base militare al di fuori della madrepatria, già operativa a Gibuti, Pechino è impegnata in un'intensa attività diplomatica per ottenere un accesso militare in diversi porti strategici, per poi negoziare la realizzazione di basi militari permanenti.

La maggior parte degli investimenti nelle infrastrutture portuali sono stati effettuati da società di proprietà del governo cinese, rendendo di fatto Pechino e il Partito comunista cinese il più grande operatore di porti, al centro delle catene di approvvigionamento globali.

Ma c'è di più: Pechino è anche il detentore di ingenti crediti nei confronti dei paesi che si sono indebitati, spesso in modo insostenibile per realizzare le stesse infrastrutture portuali.

Il porto di Hambantota nello Sri Lanka è considerato un caso da manuale della cosiddetta «diplomazia della trappola del debito» ed è anche uno degli snodi fondamentali della strategia del «Filo di perle».

Il presidente singalese Mahinda Rajapaksa lanciò il progetto del nuovo porto di Hambantota nel 2007 con un primo finanziamento della EximBank cinese. Il suo successore Maithripala Sirisena scoprì l'insostenibilità del debito contratto con Pechino e fu costretto nel 2017 ad avviare una *debt for equity swap*, cedendo per 1,4 miliardi di dollari e per novantanove anni il porto alla China Merchant Port Holdings. L'infrastruttura portuale che Sri Lanka aveva costruito grazie al prestito cinese è quindi finita direttamente nelle mani di Pechino, suscitando una forte indignazione in tutto il paese. Il caso del porto di Hambantota ha suscitato allarme a Nuova Delhi e anche in molte cancellerie in Occidente, alla luce dei rischi di *dual use* civile e militare delle stesse infrastrutture portuarie.

La Cina possiede il 52 per cento del debito bilaterale dello Sri Lanka, pari a 7,2 miliardi di dollari e può facilmente usare la leva economica per ottenere altro dal paese, come dimostrano gli ulteriori investimenti nella capitale con il progetto di Colombo Port City, con un investimento totale di 1,6 miliardi di dollari da parte della China Harbour Engineering Company. Molte navi militari cinesi hanno già usato il porto di Hambantota come ancoraggio e per attività di manutenzione.

L'accerchiamento dell'India da parte di Pechino non si è fermata nel porto pakistano di Gwadar e in quello singalese di Hambantota, ma è proseguito nell'arcipelago delle Maldive, le cui 1192 isole nel cuore dell'Oceano Indiano sono al centro di ogni rotta commerciale fra l'Asia Orientale e la Penisola Arabica.

Malé, la piccola capitale dell'arcipelago, è una sorta di «Manhattan dei coralli», al centro del nuovo Grande Gioco nell'Oceano Indiano, dove la fortissima competizione geopolitica fra Cina e India convive con una densità abitativa fra le più alte al mondo: 257.000 abitanti si affollano in soli 8,3 chilometri quadrati, fra grattacieli e moschee che si contendono ogni metro quadro disponibile, fra rischi di innalzamento del livello del mare, erosione delle coste, sottosviluppo, e una crescente penetrazione jihadista.

India e Cina fanno a gara nel sostenere leader e partiti politici nell'arcipelago a colpi di finanziamenti e di investimenti infrastrutturali.

L'indebitamento con la Cina è stato l'oggetto dello scontro elettorale alle Maldive in occasione delle elezioni presidenziali del 2019: l'80 per cento del debito estero del piccolo paese insulare è stato contratto con la Cina e il presidente neo-eletto, il filoindiano Ibrahim Mohamed Solih ha denunciato l'insostenibilità del debito stesso, che potrebbe essere ripagato con la cessione di isole sul modello dello *swap* del porto di Sri Lanka.

Ma nel 2023 un nuovo colpo di scena ha portato al potere Mohamed Muizzu, eletto con una piattaforma anti-indiana e filocinese, che ha immediatamente imposto all'India il ritiro del piccolo contingente militare che operava con aerei di ricerca e soccorso nell'arcipelago e ha visitato la Cina prima dell'India, sovvertendo una consolidata prassi diplomatica.

La visita del premier Narendra Modi a Malé nel luglio del

2025,[17] in occasione delle celebrazioni del sessantesimo anniversario dell'indipendenza delle Maldive dal dominio britannico, ha rappresentato l'ennesimo capitolo della competizione sino-indiana nell'arcipelago. Modi ha inaugurato diversi progetti infrastrutturali finanziati dall'India, tra cui la nuova sede del Ministero della Difesa, nuove strade e un complesso residenziale da quattromila unità.

L'ex presidente Mohamed Nasheed, il primo eletto democraticamente dopo la lunga dittatura di Maumoon Abdul Gayoom che ha governato ininterrottamente per trent'anni dal 1978 al 2008, che raggiungo telefonicamente, non ha dubbi: «La Cina tenta in ogni modo di condizionare la vita politica ed economica del mio paese, provando ad allontanarla dal suo alleato naturale, l'India.

«L'adesione delle Maldive» prosegue «alla Via della Seta marittima è stato un errore strategico. Il primo progetto finanziato da Pechino è stato il ponte per collegare l'isola/aeroporto di Hulhumale con la capitale, indebitando le Maldive con la Cina per 1,8 miliardi di dollari, pari al 20 per cento del nostro Pil. Questa scelta è una follia: c'è il rischio di dover cedere parti del nostro territorio nel caso non fossimo in grado di ripagare quel debito, esattamente come è accaduto per il porto di Hambantota in Sri Lanka».

8. *La caduta di Kabul accelera il «nuovo Grande Gioco»*

È Ferragosto, ma non a Kabul.

Le centinaia di afghani che corrono sulla pista dell'aeroporto di Kabul, accompagnando l'Hercules C-130 dell'Aviazione statunitense e quei puntini che cadono dal cielo, giovanissimi afghani disperatamente aggrappati ai carrelli di uno degli ultimi voli in fuga dalla capitale, sono immagini che rimarranno impresse a lungo nelle menti e nelle coscienze dell'intero Occidente.

Siamo nel 2021, nel cuore dell'Asia centrale, ma il pensiero corre a quarantasei anni prima: quel 30 aprile del 1975, sul tetto dell'Ambasciata degli Stati Uniti a Saigon, quando gli ultimi elicotteri abbandonano l'edificio dopo la presa dell'intera città da parte dell'Esercito dei Vietcong.

Il precipitoso ritiro delle forze di Usa e Nato da Kabul segnerà in modo profondo e per lungo tempo le relazioni internazionali, i rapporti di forza, gli equilibri dell'Asia centrale, con notevoli ripercussioni su scala globale.

Le immagini iconiche dell'aeroporto di Kabul, l'attentato suicida, le prime proteste delle donne contro i talebani, l'uscita di scena dopo vent'anni dell'Occidente riaprono i «giochi» nell'intera Asia centrale con effetti inimmaginabili solo fino a poco tempo fa.

Il Pakistan è il padre politico dell'insorgenza talebana e il definitivo ancoraggio dell'Afghanistan nella sfera politica cinese e pakistana, permetterebbe a Pechino di aumentare notevolmente la propria sfera d'influenza in tutta l'Asia centrale, creando anche una continuità territoriale con il regime di Teheran, già fornitore di greggio e di materie prime.

Per la Repubblica Popolare Cinese, l'Afghanistan rappresenta anche un'opportunità unica per ottenere diritti estrattivi nel sottosuolo afghano, a cominciare dalle riserve di terre rare, e Pechino è pronta a riconoscere l'Emirato Islamico in cambio di un patto transazionale di reciproca «non ingerenza»: risorse per sviluppo e infrastrutture, ingresso dell'Afghanistan nella nuova Via della Seta, in cambio di un condiviso «silenzio» sui diritti umani della minoranza musulmana uigura.

I talebani hanno già annunciato la loro disponibilità a questo scambio in occasione dell'incontro fra il ministro degli Esteri Wang Yi e il mullah Abdul Ghani Baradar a Tianjin il 28 luglio 2021[18] (due settimane prima del ritiro statunitense), al quale ha fatto poi seguito la visita ufficiale del ministro degli Esteri cinese Wang Yi che ha incontrato a Kabul le massime autorità talebane il 24 marzo del 2022.

Nei fatti oggi la Cina è l'unica potenza ad avere riconosciuto il regime talebano, non ha mai chiuso la propria Ambasciata a Kabul, ha immediatamente ricevuto i massimi leader del nuovo regime a Pechino, cerca di includere in ogni modo Kabul nei suoi disegni espansivi verso l'Asia centrale e l'Oceano Indiano.

La Russia, dopo aver accolto per prima a Mosca la leadership talebana, sta cercando di recuperare la propria influenza geopolitica in Asia centrale approfittando della debolezza occidentale.

Mosca non ha però né gli strumenti economici, né la forza politica e militare di promuovere un disegno ambizioso come quello cinese: l'impegno militare «totalizzante» nella nuova guerra europea in Ucraina sta drenando enormi risorse economiche, umane e militari; le sanzioni occidentali hanno fortemente indebolito l'economia del paese e Mosca non è oggi in grado di aprire nuovi «fronti» in Asia centrale e in Estremo Oriente.

Ma c'è un elemento di novità.

I fatti dell'Afghanistan dell'agosto 2021 stanno provocando la nascita di un'ampia area di influenza cinese, con connotati autoritari e islamisti, senza soluzione di continuità fra Pechino e Istanbul: la presenza all'inaugurazione presidenziale del nuovo regime talebano 2.0 di soli sei paesi (Cina, Russia, Pakistan, Iran, Qatar e Turchia) ha definitivamente certificato l'inizio di una nuova stagione geopolitica.[19]

La possibile inclusione, poi, dell'Afghanistan nel Corridoio economico Cina-Pakistan (Cpec) determinerebbe la creazione di un asse sino-islamista senza continuità fra Pechino e Teheran.

La scelta di disimpegnarsi in modo definitivo dall'Afghanistan, effettuata da Donald Trump durante il suo primo mandato e poi implementata da Joe Biden, ha dato vita a un terremoto con onde telluriche che si faranno sentire per lungo tempo in tutta l'Asia.

L'Afghanistan non sarà però un paese stabile e i diritti e le libertà conquistate dalle donne, dai media, dalla multietnica società civile e politica afghana nei vent'anni appena conclusi non saranno ceduti con facilità ai jihadisti nuovamente al potere.

La rivolta della valle del Panshir, guidata da Ahmad Massoud, figlio del «Leone del Panshir» Ahmad Shah Massoud e leader dell'Alleanza del Nord, ucciso due giorni prima dell'attentato alle Torri Gemelle a New York dell'11 settembre 2001, potrebbe dare filo da torcere al nuovo regime di Kabul.

9. *Iran: l'export del terrore e Israele sotto attacco*

Nir Oz, Be'eri, Kfar Aza, Netiv Haasara, Alumim sono nomi che rimarranno impressi in modo indelebile nella memoria collettiva dello Stato di Israele: sono i kibbutz che più hanno subito le stragi, le devastazioni, gli stupri, le torture, i rapimenti di quel 7 ottobre del 2023 che ha già cambiato la storia di tutto il Medio Oriente.

L'alba di quel sabato, che chiudeva la festa ebraica del Sukkot per celebrare anche *Simchat Torah* (la «gioia della Torah»), fa crollare molte certezze: l'Esercito e l'intelligence di Israele non riescono a evitare un'invasione di circa seimila terroristi di Hamas che seminano morte e distruzione per un giorno e mezzo prima di essere intercettati e ricacciati nella Striscia di Gaza.

I confini di Israele, protetti dai sistemi tecnologici di difesa fra i più avanzati del mondo, Iron Dome, David's Sling, Arrow-2 e Arrow-3, pensati per proteggere i civili dai missili balistici dell'Iran e dai missili a medio e corto raggio di Hezbollah e di Hamas, soccombono di fronte a un'invasione tradizionale con più di cento irruzioni attraverso la barriera fra la Striscia di Gaza e il Sud del paese.

Il bilancio è terribile e il pogrom del 7 ottobre 2023 sarà ricordato per essere la più grande aggressione contro la popolazione ebraica dai tempi della Shoah.

Dopo un primo e massiccio attacco missilistico, i terroristi di Hamas superano il confine con dei parapendii a motore realizzando un'azione senza precedenti al Nova Festival, vicino al kibbutz Re-im e a soli 5 chilometri dalla Striscia, dove migliaia di ragazzi israeliani si erano radunati dalla notte precedente per un weekend di musica techno. Il massacro fra le tende del festival dura un paio d'ore con 364 giovani uccisi, moltissimi feriti, decine di stupri e quaranta ostaggi sequestrati e portati dentro la Striscia.

La follia omicida è poi proseguita nei kibbutz a est della Striscia con una terribile scia di violenze, distruzioni, massacri e rapimento di ostaggi, portando il numero totale delle vittime a 1139 e gli ostaggi a 242.[20]

Il pogrom del 7 ottobre con gli stupri seriali, le torture, le violenze indiscriminate contro i civili e il tragico bilancio di vittime è stato realizzato da Hamas con la leadership militare di Yahya Sinwar a Gaza e politica di Ismail Haniyeh a Doha, ma è soltanto uno dei capitoli di un disegno più ampio ideato, progettato, finanziato e armato a Teheran.

Come ama ripetere spesso la guida suprema Ali Khamenei, il regime degli ayatollah ha un progetto chiaro: «estirpare il cancro sionista», eliminando per sempre la presenza ebraica dal fiume Giordano al Mar Mediterraneo e per raggiungere questo obiettivo l'Iran ha destinato enormi mezzi economici e militari, che hanno anche piegato in questi anni l'economia del paese.

Hamas ha usato i fondi delle Nazioni Unite, dell'Unione Europea e della cooperazione allo sviluppo di decine di paesi, Italia inclusa, per costruire tunnel, depositi militari e far vivere nel benessere una piccola setta di combattenti, grazie a una dittatura militare islamista che ha sequestrato in questi diciannove anni la Striscia di Gaza, esattamente come il regime di Teheran ha consolidato la casta guerriera dei Guardiani della Rivoluzione con budget illimitato, gestione di un'economia parallela, intrusione violenta nella vita privata dei cittadini con l'imposizione di regole anacronistiche implementate dalla Polizia della Morale e della Virtù e dalle milizie paramilitari dei Basij.

Le «rivolte del pane» del 2018, con le piazze che chiedevano a gran voce lo «stop dei fondi per Gaza, Libano e Yemen», e le rivolte delle donne contro l'imposizione del velo da parte del regime, hanno colto due elementi fondanti della teocrazia iraniana: l'esportazione del proprio modello islamico-dittatoriale in tutto il Medio Oriente e l'obiettivo di silenziare con la forza ogni possibile pulsione verso la normalità, la modernità e l'apertura verso l'Occidente.

L'Iran è stato il mandante dell'attacco terroristico del 7 ottobre e senza il sostegno politico, finanziario e militare di Teheran semplicemente Hamas non sarebbe mai esistita.

Il 7 ottobre è stato il culmine di una strategia iraniana che per almeno vent'anni si è articolata lungo quattro assi: la Mezzaluna sciita,[21] il «controllo degli stretti», il programma nucleare e la competizione con le monarchie sunnite del Golfo.

Oggi, almeno una parte di quel disegno sistemico di esportazione di terrore e instabilità in tutto il Medio Oriente è stata duramente messa in crisi dalla reazione militare dello Stato di Israele a Gaza[22] e in Libano[23] e dalla caduta del regime di Bashar al-Assad in Siria.[24]

Il progetto della Mezzaluna sciita fra Teheran e Beirut, lungo il quale l'Iran ha finanziato e armato una pluralità di *proxies* (Hezbollah, il regime di Assad, le milizie sciite irachene di Hashd al-Shaabi in Iraq) con l'obiettivo di ottenere una contiguità territoriale per minacciare direttamente la frontiera di Israele si è drasticamente ridimensionato in seguito all'invasione di Israele del Libano del Sud il 1° ottobre 2024. Un'azione che ha distrutto gran parte delle capacità militari del gruppo terrorista, a cominciare dall'annientamento di una parte rilevante dell'arsenale missilistico costruito negli anni, stimato in circa 160.000 testate.

L'attacco ibrido, poi, ai quadri dell'organizzazione con la manomissione degli strumenti personali di comunicazione (i *pager*), che ha praticamente messo in condizione di non nuocere oltre cinquemila militanti e quadri del gruppo terroristico, unitamente all'eliminazione dell'intera catena di comando dell'organizzazione a partire dall'uccisione del suo fondatore e leader indiscusso Hassan Nasrallah, ha permesso di cancellare in soli dieci giorni quella che veniva universalmente ritenuta la più temibile e potente organizzazione del terrore in tutto il Medio Oriente.

Israele in pochi giorni non ha soltanto distrutto Hezbollah, ma ha azzerato un'intera dottrina politica, diplomatica e militare progettata a Teheran, radicatasi in Libano e diffusa in tutto il Medio Oriente, da Gaza, a Siria, Yemen e Iraq.

L'onda tellurica originata dal 7 ottobre non ha raggiunto soltanto il Libano ma ha travolto rapidamente anche la Siria con il crollo del regime di Assad l'8 dicembre del 2024.

Il regime di Bashar al-Assad era sopravvissuto alla guerra civile siriana soltanto grazie al sostegno militare di Russia, Iran ed Hezbollah, sostanziato dalla presenza di decine di basi militari dei tre partner nel paese, da costanti forniture belliche e da flussi economici e commerciali in violazione di tutto il sistema sanzionatorio messo in atto dalla comunità internazionale nei confronti di Damasco.

La riammissione poi della Siria nella Lega Araba[25] nel maggio del 2023 durante il vertice di Jeddah,[26] costituì un'ulteriore fonte di legittimazione politica per il satrapo di Damasco in barba a ogni forma di legalità internazionale.

Alla principale organizzazione che riunisce i paesi arabi sono bastati soltanto dodici anni per far dimenticare al mondo una delle più grandi tragedie che l'umanità abbia conosciuto dal secondo conflitto mondiale: 500.000 civili uccisi e altri 150.000 scomparsi nelle carceri del regime; 6,6 milioni di rifugiati in Medio Oriente (di cui una parte rilevante in Turchia) e altri 6 milioni di sfollati interni; 82.000 barili bomba lanciati contro ospedali, scuole, edifici religiosi; Aleppo e decine di altre città rase al suolo; 340 attacchi documentati con armi chimiche; stupri ed eccidi di massa, torture; la nascita e la scomparsa del Califfato con la sua scia di morti e il genocidio degli yazidi; un'economia in caduta libera e il 90 per cento della popolazione che vive al di sotto della soglia di povertà; metà degli ospedali e delle scuole distrutte; 70 per cento della popolazione senza accesso all'acqua potabile.[27]

Il rischio di un pericoloso *new normal* con l'ennesimo trionfo dell'impunità per una delle dittature più pericolose del pianeta è stato evitato dalla tempestiva reazione di Israele che distruggendo Hezbollah non ha soltanto evitato un secondo 7 ottobre in Galilea, ma ha innescato anche una positiva reazione a catena che è giunta fino alle porte di Damasco.

Ora Damasco è nelle mani di Al-Jolani e del gruppo salafita di Hay'at Tahrir al-Sham-Hts, gli eredi del gruppo jihadista di al-Nusra, la filiale siriana di al-Qaeda, dalla quale si è autonomizzato, realizzando una progressiva marcia di avvicinamento verso la Turchia di Erdogan.

Al-Jolani ha cambiato rapidamente volto, cercando di offrire un'immagine di sé e della sua coalizione politica maggiormente accettabile per la comunità internazionale. Ora dovrà dimostrare di essere capace di avviare un vero processo di riconciliazione nazionale a partire dal dialogo con la minoranza curda del Rojava, che con le Syrian Democratic Forces[28] controlla oltre un terzo della Siria e tutto il territorio a nord dell'Eufrate; con i drusi di Dar'a e di Suwayda del Sud e con le minoranze cristiane e alawite della costa mediterranea.

I massacri fra il 7 e il 9 marzo 2025 nelle città costiere di Baniyas[29] dove vive la minoranza alawita (l'etnia dell'ex presidente Bashar al-Assad), non fanno però ben sperare.

Infine il programma nucleare di Teheran che dopo avere raggiunto nel marzo del 2025 un livello critico, di arricchimento dell'uranio,[30] ha subito un attacco prima da parte dell'Esercito di Israele (13-22 giugno 2025) e poi dell'Aviazione statunitense (22 giugno 2025).

Con un'operazione militare durata nove giorni l'Aviazione di Israele ha colpito i siti nucleari di Natanz, Fordo e Arak, decapitando il programma nucleare iraniano con l'eliminazione di oltre una dozzina di scienziati nucleari e trenta esponenti della struttura militare delle Guardie Rivoluzionarie. Gli attacchi hanno incluso anche obiettivi militari e infrastrutture missilistiche, con una intensa attività sul terreno da parte di forze speciali e di intelligence di Gerusalemme. Il 22 giugno 2025, gli Stati Uniti hanno poi promosso l'operazione *Midnight Hammer*, utilizzando bombardieri B-2 e missili Tomahawk per colpire tre siti nucleari iraniani: Fordo, Natanz e Isfahan.

Il programma nucleare iraniano non è stato completamente distrutto, ma i danni arrecati hanno ridotto le capacità di arricchimento dell'uranio e certamente ritardato di molti mesi, se non di anni, la capacità per l'Iran di dotarsi di un'arma nucleare.[31]

Ucraina: la guerra in Europa
Viaggio dell'autore
La nuova Cortina di ferro
Territori occupati dalla Russia nel 2014 (Crimea e Donbas)
Territori occupati dalla Russia, ottobre 2025
Paesi Nato
Lettonia
Lituania
Bielorussia
Polonia
Russia
Chernobyl
Žytomyr
Kyiv
Cracovia
Lviv
Vinnytsia
Kharkiv
Ucraina
Slovacchia
Luhansk
Donetsk
Transnistria
Zaporižžja
Moldavia
Ungheria
Chisinau
Odessa
Kherson
Romania
Crimea
Serbia
Kosovo
Bulgaria
Macedonia del Nord
Grecia
Turchia

7
La guerra in Europa.
Viaggio in Ucraina lungo la nuova frontiera

Air alert is over,
may the Force be with you!

Messaggio vocale dell'app ucraina «Air Alert» di notifica della fine dell'allarme

1. *Moldavia, la porta dell'Ucraina sospesa fra Europa e spazio post-sovietico*

Arrivo all'aeroporto di Chisinau, negli ultimi giorni del mese di aprile 2025. La piccola Repubblica della Moldavia vive ancora sospesa fra lo spazio post-sovietico e le aspirazioni europee e occidentali. I voli in arrivo e in partenza raccontano la storia di un paese ancora in bilico fra questi due mondi: una comitiva di cittadini russi si sta imbarcando per un volo dell'Azerbaijan Airlines per Baku e molte famiglie moldave, emigrate negli anni in Europa, arrivano da Francoforte, Milano e Stoccolma.

All'aeroporto si ascoltano voci concitate in moldavo e russo, tuttora le due lingue ufficiali nel paese.

Sto aspettando il minivan che mi porterà a Odessa per partecipare al Black Sea Security Forum del 30 e 31 maggio 2025. Il mio «contatto» ucraino mi dice che dobbiamo aspettare una piccola delegazione statunitense che arriva da Washington via Francoforte e ho quindi alcune ore di tempo.

Sento cantare in ebraico ed esco dall'aeroporto per trovarmi in mezzo a un grande gruppo di ebrei ortodossi appena sbarcati da un volo proveniente da Tel Aviv. I funzionari della Chabad Lubavitch, con un loro ufficio permanente all'aeroporto fra la Air Moldova e la low-cost locale FlyOne, stanno trattando animatamente con i tassisti e le compagnie turistiche locali per organizzate il trasferimento dei pellegrini fino alla cittadina di Uman in Ucraina dove si trova la tomba di Rabbi Nachman di Breslau.

Nonostante la guerra, ogni anno decine di migliaia di ebrei chassidici compiono un pellegrinaggio verso la città di Uman, durante tutto l'anno e in particolare in occasione del Rosh Hashanah, il Capodanno ebraico.

Il rabbino Nachman di Breslau visse e morì a Uman ed è considerato una figura centrale nel movimento chassidico. Il cuore del suo insegnamento è la convinzione che la gioia non sia un lusso, ma una necessità spirituale. Per lui, la tristezza e lo scoraggiamento sono tra i più grandi ostacoli al servizio divino, mentre anche nei momenti più bui è sempre possibile trovare un piccolo punto di luce da cui ripartire. La sua famosa affermazione «Non c'è alcuna disperazione al mondo» riassume questa visione di speranza radicale. Un altro pilastro del suo insegnamento è l'*hitbodedut*, la preghiera personale spontanea: un dialogo diretto con Dio, nella propria lingua, come si parlerebbe a un amico fidato. Rabbi Nachman incoraggiava a praticarla quotidianamente, preferibilmente in luoghi isolati nella natura, per liberare il cuore, chiarire i pensieri e rafforzare il legame con il Creatore.

Le decine di giovani ebrei chassidici, con chitarre e zaini, cercano in ogni modo di raggiungere Uman. La guerra e soprattutto l'enclave della Transnistria, con le frontiere sigillate, rendono impossibile un viaggio diretto, costringendo le decine di taxi e minivan a una lunga deviazione verso nord.

L'aeroporto di Chisinau è costellato di bandiere dell'Unione Europea e il suo destino è fortemente intrecciato a quello dell'Ucraina, a cominciare dalla Repubblica della Transnistria che si estende per l'appunto «al di là del fiume Dnestr», occupando gran parte del confine fra Moldavia e Ucraina.

Nel febbraio del 2024 il Congresso dei Deputati del popolo della Transnistria si è riunito in una sessione speciale per ribadire la volontà della piccola, ma strategica enclave, di essere integrata nella Federazione Russa.[1] Non è la prima volta che le autorità della Repubblica rivolgono un appello a Mosca per chiedere che i circa cinquecentomila abitanti della regione indipendente *de facto* dalla Moldavia vengano annessi alla Russia.

La narrazione è la stessa del Donbas e della Crimea in Ucraina e prima ancora di Abkhazia e Ossezia del Sud in Georgia: c'è una minoranza russa che è perseguitata e minacciata dall'espansione di Europa e Nato e soprattutto, come ripete spesso Vladimir Putin, c'è la necessità di riparare alla «dissoluzione dell'Unione Sovietica, la più grande catastrofe geopolitica del XX secolo: un dramma per decine di milioni di connazionali abbandonati fuori dai confini della Russia».

Il «racconto» è esattamente lo stesso che utilizzò il Terzo Reich per «salvare» nel 1930 i Sudeti, la popolazione di lingua tedesca della Boemia e della Moravia, con il tragico lasciapassare di Neville Chamberlain e di Édouard Daladier, gli allora primi ministri di Regno Unito e Francia.

Non è un mistero che la Transnistria e la Moldavia facessero parte dei piani russi di invasione dell'Ucraina del febbraio del 2022: l'incauto dittatore bielorusso Aleksandr Lukashenko rivelò ai media una mappa militare che prevedeva, dopo la rapida conquista di Kyiv, l'occupazione di tutta l'Ucraina meridionale, la riunificazione con l'enclave della Transnistria e l'occupazione della piccola Moldavia, antica Repubblica costituente dell'Unione Sovietica, oggi in corsa verso l'integrazione europea.

Nel 1990 poco dopo la dissoluzione dell'Unione Sovietica la 14ª Armata dell'Esercito russo, stazionata a Tiraspol nell'Est della Moldavia, combatté contro le truppe moldave e rumene in una guerra che in due anni provocò oltre cinquemila morti e la nascita della Repubblica della Transnistria, uno «Stato fantasma» con governo, parlamento, ministeri, esercito, passaporti e valuta propri (il rublo della Transnistria).

Oggi di quella presenza militare russa sono rimasti soltanto due battaglioni motorizzati e una stazione del Fsb, il servizio segreto esterno russo, per un totale di circa millecinquecento uomini.

Il 14 dicembre 2023 il Consiglio Europeo ha deciso di avviare i negoziati per l'adesione della Moldavia e dell'Ucraina all'Unione Europea. Un successo per la presidentessa filoeuropea Maia Sandu, che ha fatto dell'integrazione europea la stella polare del suo mandato. Da quel giorno le azioni di guerra ibrida e asimmetrica contro Chisinau non si sono più fermate. La disinformazione e le ingerenze nella vita politica del piccolo paese da parte della Russia sono state massicce e quotidiane: dal sostegno al partito filorusso Sor, dichiarato oramai illegale, alle ingerenze nei confronti del Referendum costituzionale del 20 ottobre del 2024, tenutosi in contemporanea al primo turno delle elezioni presidenziali, per decidere un emendamento della Costituzione con l'inclusione formale di poter aderire all'Unione Europea.

Il fronte europeista ha vinto per un soffio con il 50,35 per cento degli aventi diritto a favore di un'accelerazione del processo di integrazione europea.

Ma c'è una seconda enclave nei confronti della quale Mosca sta giocando ancora le sue carte per destabilizzazione la Moldavia: si tratta della piccolissima regione autonoma della Gagauzia, popolata da turchi cristianizzati nel XVI secolo, centoventimila abitanti pari al 5 per cento della popolazione moldava, di orientamento filorusso.

Il 4 agosto 2025 un tribunale moldavo ha condannato in primo grado a sette anni di carcere Evghenia Gutul, la governatrice filorussa della regione autonoma della Gagauzia, per aver raccolto e utilizzato in modo fraudolento fondi russi tra il 2019 e il 2022, quando era segretaria di Sor, il partito euroscettico e populista.[2]

L'arresto ha fatto aumentare le tensioni in Gagauzia e in altre parti del paese, e potrebbe dare anche una leva ulteriore a Mosca per nuove azioni di ingerenza nella piccola Repubblica di Moldavia.

2. *In viaggio fra Chisinau e Odessa*

Il minivan per Odessa è partito lungo la R-30, aggirando da sud la Transnistria, attraversando un paesaggio ondulato e rurale con un susseguirsi di filari di vigne, che fanno della Moldavia uno dei primi dieci paesi produttori di vino al mondo, con oltre 148.000 ettari di produzione vinicola e circa 4 ettari di vigneto ogni cento abitanti.

In tre ore raggiungiamo i villaggi di Tudora e Palanca, dove il paesaggio urbano è connotato dalle molte chiese tradizionali con tetto spiovente, cupole a cipolla rivestite da scandole in legno e sormontate da croci ortodosse. I canneti che circondano il fiume ci indicano che stiamo entrando nel Parco nazionale del Basso Dnestr, una zona protetta fra Moldavia e Ucraina intorno all'estuario del fiume Dnestr.

Sto per lasciare la Moldavia e mi viene in mente uno scritto di Milan Kundera del 1983 con il quale riflette sui piccoli paesi nell'orbita dell'Unione Sovietica in condizione di permanente precarietà: «Una piccola nazione è una nazione la cui stessa esistenza può essere messa in discussione in qualsiasi momento; una piccola nazione può scomparire, e lo sa».[3]

L'incubo totalitario dell'Unione Sovietica che sembrava scomparso nel 1991 è tornato prepotentemente di attualità nell'Europa centro-orientale: l'invasione dell'Ucraina ha nuovamente riaperto la possibilità che le frontiere in Europa possano essere mutate con la forza e la prevaricazione. L'ancoraggio all'Europa e alla Nato diventano sempre più l'unica garanzia possibile in un mondo nel quale l'incertezza ha ripreso a dominare.

La frontiera di Palanca-Maiaki-Udobne fra Moldavia e Ucraina conferma questa sensazione: accanto alle bandiere dei due paesi la bandiera dell'Unione Europea sventola sui due lati della frontiera. Oggi purtroppo quelle bandiere non hanno ancora un valore giuridico vincolante, ma sono lì a testimoniare un'idea forte, un progetto esistenziale, qualcosa per cui vale la pena combattere.

Le frontiere terrestri sono sempre così. Svelano la nuda verità di ogni paese: ciò che si vuole mostrare e ciò che si tenta di nascondere e lo si capisce dal modo in cui si viene accolti o respinti, dalle caratteristiche della burocrazia delle dogane, dai simboli, dalle scritte sui muri.

Quella bandiera europea così esibita racconta molto di più della decorazione di una piccola frontiera: descrive lo stato d'animo di due paesi in bilico, il cui destino non è ancora compiutamente scritto e la cui stessa esistenza è quotidianamente minacciata da un potere totalitario.

Dopo un'ora di attesa, bevendo tè nero con camionisti che aspetteranno molto più di me, entro in Ucraina.

3. *L'Ucraina siamo noi*

Sono di nuovo in Ucraina e, mentre mancano soltanto 58 chilometri a Odessa, mi tornano in mente le immagini di tre anni e mezzo di una guerra di difesa e di liberazione che sta cambiando il volto dell'Europa.

Bucha, Irpin, Mariupol, le acciaierie Azovstal, Zelensky e il suo «non ho bisogno di un passaggio, ma di armi»; le campagne per sbloccare le agognate e vitali forniture di armamenti occidentali: i Javelin, i Leopard, gli F-16, i Mirage, gli Himars e gli Atamcs, i Taurus; la gloriosa resistenza ucraina; la formazione della Coalizione Ramstein; i trattori ucraini che portano via i mezzi militari russi abbandonati nelle campagne; l'attacco russo alle forniture di grano e i rischi di un «Holodomor globale» sventato dall'intelligenza delle start-up ucraine, che hanno sfornato decine di droni aerei e navali che hanno cambiato il corso della guerra, sono i tanti capitoli di una storia che deve essere ancora compiutamente scritta.

Ed è una storia di donne e uomini liberi insorti contro chi quella storia la voleva riscrivere.

Vladimir Putin iniziò la guerra con una «lezione di storia»: il 21 febbraio del 2022 si rivolse alla nazione per spiegare come l'Ucraina non fosse un paese con una propria storia, lingua, cultura e identità nazionale e che i 40 milioni di ucraini non fossero altro che una «variante minore» della gloriosa tradizione russa.[4] Per il satrapo di Mosca, la statualità riconquistata nel 1991 dall'Ucraina non fu altro che una gentile concessione russa a un paese in realtà creato da Lenin e Stalin e la cessione della Crimea nel 1954, nient'altro che un regalo di Nikita Khrushchev in un momento di scarsa lucidità.

La riscrittura della storia è una costante dei regimi dittatoriali, che per raggiungere lo scopo non esitano a bruciare libri, deportare e sterminare interi popoli, radere al suolo paesi e culture. Come mi disse una volta il noto scacchista Garry Kasparov citando un famoso proverbio in voga durante l'era sovietica: «Noi russi viviamo con un passato imprevedibile».[5]

Riscrivere la storia e negare il diritto a esistere di interi popoli è ciò che accomuna le autocrazie di Russia, Cina e Iran e tale visione strategica condivisa non è soltanto un'astratta narrazione, ma si traduce anche in una concreta cooperazione militare ed economica: i droni iraniani Shahed-136 che ogni notte si abbattono sulle città ucraine; le massicce forniture belliche e le truppe nord-coreane dispiegate nella regione di Kursk contro l'Esercito ucraino con il beneplacito di Pechino; le esercitazioni militari Eagle Assault-2024 del luglio 2024 vicino alla città di Brest con truppe di Pechino in Bielorussia[6] a pochi chilometri dai confini di Polonia e Ucraina, disegnano qualcosa di più di una semplice collaborazione politica: stiamo assistendo alla nascita di un'alleanza più profonda.

Quindi la guerra di nuovo in Europa con la falsa missione di «denazificare» un paese guidato da Volodymyr Zelensky, eletto democraticamente e di famiglia ebraica; il capovolgimento semantico di tradizione orwelliana del chiamare le cose mai con il loro vero nome (non la guerra, ma l'operazione militare speciale...); la riconquista di uno «spazio vitale» negato (tanto simile a quel *Lebensraum* del Terzo Reich...); la narrazione della difesa della minoranza russofona nel Donetsk e nel Luhansk.

Le città che quasi ogni notte da più di tre anni vengono colpite dai missili balistici Iskander, dai droni Shahed iraniani, sono diventate famigliari al pubblico europeo: Kyiv, Lviv, Kharkiv, Odessa, Ivano-Fransk, Dnipropetrovsk, Mykolaiv, Kherson.

Il Donbas, occupato nel 2014 nel sostanziale silenzio dell'amministrazione Obama e dell'Europa, è oramai sullo sfondo. Gli attacchi russi hanno colpito le città ucraine al confine con l'Unione Europea, a pochi chilometri da Romania, Ungheria, Slovacchia e Polonia.

Come Hitler con i Sudeti in Boemia e Moravia nel 1938, oggi Vladimir Putin ha usato la scusa dell'inesistente minaccia alla popolazione di lingua russa del Donbas per scatenare una guerra nel cuore dell'Europa.

Lo strumentale riconoscimento delle repubbliche fantasma del Donetsk e di Luhansk è durato solo qualche ora per coprire il vero motivo della folle invasione: mettere a tacere per sempre le aspirazioni europee e atlantiche della libera e democratica Ucraina.

L'Ucraina moderna è nata nell'estate del 2014 quando una rivolta popolare costrinse alla fuga il satrapo al soldo di Mosca Victor Yanukovich. Nella piazza Maidan, cuore delle manifestazioni popolari, venne sventolata un'unica bandiera: quella blu con le stelle gialle dell'Unione Europea.

Di fronte a un'Europa troppo timida nel cogliere le aspirazione europee di Kyiv, Vladimir Putin non esitò dopo poche settimane dalla rivolta civile di «EuroMaidan» a lanciare una prima guerra contro l'Ucraina, occupando la Crimea e parte delle regioni orientali del paese.

Il prezzo di questo «primo tempo» della guerra in Ucraina fu di quindicimila morti, un milione e mezzo di sfollati e una prima modifica di frontiere europee con l'uso della forza militare dalla fine del secondo conflitto mondiale.

Da allora in poi la Russia si è incamminata lungo una strada di progressiva riduzione delle libertà individuali unitamente a una crescente aggressività sul fronte esterno.

La riforma costituzionale che ha permesso a Putin di governare praticamente a vita; le migliaia di arresti e l'azzeramento di ogni forma di dissidenza; l'omicidio di Boris Nemtsov prima e di Aleksej Navalny poi, i leader più popolari dell'opposizione democratica russa in grado entrambi di poter sfidare il nuovo zar del Cremlino; la costruzione di un'alleanza delle autocrazie con il progressivo avvicinarsi alla Cina autoritaria di Xi Jinping e all'Iran di Khamenei, sono la cornice nella quale si colloca la scelta bellica ancora in corso.

Il nemico non è soltanto l'Ucraina colpevole di voler diventare membro a pieno titolo dell'Unione Europea e in futuro dell'Alleanza Atlantica, il nemico siamo noi: l'Occidente democratico con i suoi valori di libertà e democrazia, la vera ossessione per ogni regime che ben sa come la libera scelta possa far cadere i tiranni.

Europa e Occidente hanno saputo reagire: le forniture belliche hanno permesso all'Ucraina prima di sopravvivere e poi di riconquistare oltre il 50 per cento dei territori occupati dall'Esercito russo; la formazione di truppe, reparti speciali e poi di piloti di F-16 e Mirage hanno permesso all'Ucraina di contendere il controllo dei cieli; gli accordi di associazione con l'Unione Europea[7] prima e con la Nato[8] poi, hanno fornito una chiara prospettiva di integrazione euro-atlantica del paese; le sanzioni hanno indebolito la struttura industriale e finanziaria della Russia; la diversificazione degli approvvigionamenti energetici ha praticamente azzerato il peso del gas russo nel mix energetico italiano ed europeo.

Quattro giorni dopo l'invasione russa dell'Ucraina, il 28 febbraio del 2022, l'Ucraina ha presentato formale domanda di adesione all'Unione Europea e il 25 giugno del 2024, l'Unione Europea ha avviato i negoziati di adesione dell'Ucraina,[9] aprendo la strada a un processo che ora, dopo le incertezze derivanti dall'elezione di Donald Trump a quarantasettesimo presidente degli Stati Uniti d'America, potrebbe essere ulteriormente accelerato.

Il rapporto fra Ucraina e Nato è più complesso. Dopo la battuta di arresto del vertice Nato di Bucarest del 2008, quando nei fatti venne rinviato il processo di adesione del paese all'Alleanza Atlantica (soprattutto per le riserve di Francia e Germania), nei due summit dell'Alleanza di Vilnius (2023) e Washington (2024)[10] è stato confermato l'avvio del percorso di adesione di Kyiv con l'istituzione del Comitato Nato-Ucraina su basi paritetiche con l'attivazione della Nato Security Assistance and Training for Ukraine (Nsatu) per coordinare le forniture militari e la formazione del personale militare ucraino.

Ora, le nuove scelte dell'amministrazione statunitense di Donald Trump potrebbero azzerare l'intero processo, impedendo così di fornire adeguate garanzie di sicurezza all'Ucraina e rimettendo in discussione anche la natura stessa della Nato.

Sì, «l'Ucraina siamo noi», e prendo in prestito questo *claim* dal bel libro di Christian Rocca che così s'intitola,[11] quell'Occidente diviso e complesso, con le sue paure, i suoi errori, le sue diffidenze, le sue debolezze, ma con quel sistema di regole, valori, libertà e opportunità per il quale vale ancora la pena combattere. I giovani ucraini, moldavi, bielorussi e georgiani e, prima di loro, estoni, lettoni e lituani, che rischiano la vita con in pugno la bandiera europea, avevano e hanno in mente con chiarezza tutto ciò e ben comprendevano la chiara alternativa fra totalitarismo e libertà.

Due giorni prima di arrivare in Ucraina sento al telefono una mia vecchia conoscenza, Oleksij Reznikov, cinquantanove anni, avvocato, nativo di Lviv, nominato ministro della Difesa dell'Ucraina pochi mesi prima l'invasione russa su larga scala del 2022, incarico che ha svolto fino al settembre 2023.

«C'era e c'è spesso ancora un pregiudizio cognitivo in Occidente» attacca Oleksij «sull'Ucraina. La narrazione russa che sarebbe stato possibile conquistare l'Ucraina in 72 ore era purtroppo condivisa da Washington, da molte cancellerie europee e dai principali media internazionali. Quando andai al Pentagono alla fine del 2021, mentre la Russia stava già iniziando ad ammassare un numero enorme di truppe alle nostre frontiere, l'Ucraina era per i nostri partner come un vicino di casa con un cancro terminale, che sa già di dover morire e per il quale quindi ogni supporto medico non può che avere una funzione meramente palliativa.

«Poi è arrivato il 22 febbraio del 2022 e ci siamo difesi con ogni mezzo, dimostrando che fosse possibile evitare il peggio e salvare la nostra sovranità. Ti ricordi il video girato con un cellulare nel quale Volodymyr Zelensky, il Primo ministro Denys Šmyhal' e il sottoscritto, poco fuori il palazzo presidenziale, di notte a invasione iniziata dichiaravamo a gran voce *We are all here*: siamo tutti qui nella capitale, non siamo fuggiti e siamo risolutamente pronti a combattere?»

«Sì, certo.»

«*We don't need a ride, we need ammunition*... Non abbiamo bisogno di un volo privato per rifugiarsi in un lido sicuro, abbiamo bisogno di armi e munizioni... da quel momento è cambiato l'atteggiamento in tutto l'Occidente...

«E qui siamo: dopo tre giorni, dopo tre settimane, dopo tre mesi e dopo tre anni abbiamo reagito, abbiamo combattuto, ma non è ancora finita.»

«Come descriveresti da un punto di vista militare la situazione sul terreno, oggi nell'estate del 2025?» gli chiedo.

«Nelle pianure dell'Ucraina si sta scrivendo una nuova dottrina militare. La Russia ha iniziato questa guerra nell'unico modo che sapeva fare, lo stesso di duecento e trecento anni fa: grandi quantità di truppe sul terreno, che presto sono diventate carne da cannone, con oltre un milione fra caduti e feriti dalla parte russa. Ma la "guerra di attrito" è stata vanificata dalle nuove tecnologie: i droni da cinquecento/mille dollari l'uno, sia Fpv[12] che a fibra ottica che possono distruggere un carro armato russo T-82 del valore di 12 milioni di dollari!

«Ma è soprattutto lungo i 1000 chilometri di linea del fronte» prosegue «che è cambiato tutto: prima il fronte aveva una "zona grigia" di circa 4 chilometri, equivalente alla distanza di un colpo di un cecchino (2 chilometri per parte); oggi quella zona grigia è diventata di 50 chilometri (25 per parte), all'interno della quale sono i droni a dominare il campo di battaglia, essendo in grado di spazzare via le truppe che tentano di avventurarsi nella zona stessa.»

4. *Odessa e il rischio di un Holodomor globale*

Arrivo a Odessa che è quasi sera. Il viale Prymorskyi pedonalizzato è pieno di famiglie a passeggio e sulla più che nota scalinata Potëmkin, che discende verso il mare e il porto, è un ingorgo di ragazzini che si fanno selfie e di giovani artisti di strada.

Domina ovunque una normalità apparente che però non deve trarre in inganno. Odessa è stata duramente colpita dal conflitto, con oltre duecento civili uccisi nei bombardamenti.

Dalla scalinata, la via Yevropeys'ka (Europa) prima di svoltare a sinistra, diventando una delle arterie cardine del centro cittadino, crea uno slargo con un piccolo giardino: qui vi sono le foto di decine di caduti giovanissimi, insieme alle bandiere dei loro reparti e i molti banner con la scritta *Free Azovstal Defenders*, «Libertà per i difensori di Azovstal».

Lungo la via Italiska (Italia) una serie di tabelloni pubblicitari, con comodo QR code, invitano ad arruolarsi nella 154ª brigata dell'Esercito ucraino, con un reparto specializzato nella progettazione e manutenzione di droni militari. La foto ritrae un giovane con un visore e un drone che vola sui campi...

Il centro storico di Odessa è stato inserito nel 2023 nell'elenco dei *World Heritage in Danger* dell'Unesco e molti dei monumenti più noti sono «impacchettati» con sacchetti di sabbia a cominciare dal monumento dedicato al Duca di Richelieu.

La notte del 31 gennaio 2025, due missili balistici hanno colpito l'Hotel Bristol, uno degli edifici storici più noti e apprezzati della città e luogo nel quale si tenne il Forum sulla sicurezza del Mar Nero nel 2024 e dove fino a un anno fa alloggiavano gran parte delle delegazioni straniere.

L'Hotel Bristol non aveva alcuna rilevanza da un punto di vista militare e l'attacco russo aveva un obiettivo chiaro: demoralizzare la popolazione, distruggendo gli edifici simbolo della città stessa.

I missili hanno sfondato il tetto e distrutto completamente i piani alti e tutto l'edificio è ora inaccessibile, con grandi paratie di legno al posto delle finestre. L'esplosione ha danneggiato anche altri due edifici importanti di Odessa: la Sala della Filarmonica e il Museo d'Arte Occidentale e Orientale, entrambi simboli della pluralità, multietnicità e diversità della metropoli del Mar Nero.

Il rifugio del Londonska Hotel è confortevole e lo raggiungo verso le tre del mattino quando l'inesorabile applicazione «Air Alert» suona fragorosamente con il volume automaticamente al massimo. Nel rifugio alcuni «esperti» mi dicono che durerà poco e che, consultando freneticamente alcune chat su Telegram, si tratta di uno sciame di droni Shahed di fabbricazione iraniana in volo sul Mar Nero (cadranno poi a 30 chilometri da qui).

Il messaggio che annuncia la fine dell'allarme fa sorridere: *Air alert is over, may the Force be with you!...* «L'allarme aereo è finito, che la Forza sia con te!» L'anima dell'Ucraina, la sua forza, la tenace resistenza contro un nemico che sembrava impossibile da battere, la ritrovi anche in queste piccole cose: l'autoironia e il sorridere con una citazione surreale di *Guerre Stellari*, ascoltata continuamente da un'applicazione vitale per sopravvivere in tempo di guerra.

Su Odessa è già stato scritto molto, ma prima di tornare nella «perla del Mar Nero», ho riletto due libri sulla città: i *Racconti di Odessa* di Isaak Babel[13] e *Odessa. Splendore e tragedia di una città di sogno* di Charles King.[14]

La città ebraica di Isaak Babel non esiste più e nel quartiere della Moldavanka, con i suoi criminali e personaggi grotteschi, non c'è praticamente più traccia della presenza ebraica, spazzata via dall'occupazione nazista. Ci vado a piedi in venti minuti dal mio albergo. Di quei racconti così vividi, trovo soltanto la struttura urbanistica con il suo reticolo irregolare di vicoli, i cortili e le piccole vie.

Il volume di Charles King narra mirabilmente il grande porto del Mar Nero, con quel crogiolo di etnie (ucraini, russi, ebrei, armeni, greci, italiani...), di creatività, avanguardia e commercio che ne hanno fatto una città poliglotta e multiculturale, oggi minacciata da un regime totalitario, per sua natura non soltanto opprimente, ma omologante. King si sofferma a lungo sulla vita del porto di Odessa, da secoli il cuore pulsante della città. Allora come oggi.

In realtà non è un unico porto, ma un sistema portuale composto di sette strutture integrate fra loro e gestite dalla Ukrainian Sea Ports Authority.[15] I quattro porti marittimi di Odessa, Chornomorske, Yuzhny/Pivdennyi e Bilhorod-Dnistrovs'kyj e i tre porti fluviali di Izmail, Reni e Ust-Dunaisk.

Il sistema portuale di Odessa rappresenta non soltanto l'ossatura dell'economia locale, ma un anello fondamentale della catena globale della sicurezza alimentare: prima del conflitto, l'Ucraina era in grado di esportare da qui alimenti sufficienti a sfamare oltre 400 milioni di esseri umani e ogni mese 5 milioni di tonnellate di grano e olio di semi di girasole raggiungevano Africa, Asia e Medio Oriente.

La presa di Odessa era uno degli obiettivi militari primari di Mosca per poter prima connettere i territori conquistati nel 2014 della Crimea e del Donbas e infine ricongiungere l'enclave della Transnistria e minacciare direttamente la Moldavia.

Fin dai primissimi giorni del conflitto la Russia ha realizzato un blocco navale rendendo impossibile la navigazione nel Mar Nero occidentale e settentrionale e bloccando ogni forma di export del grano. Dopo cinque mesi dall'inizio del conflitto e con la mediazione di Turchia e Nazioni Unite, il 22 luglio del 2022 viene siglata la Black Sea Grain Initiative, con la realizzazione di un corridoio sicuro grazie al quale oltre 33 milioni di tonnellate di grano sono partite dai porti ucraini di Odessa verso le aree del mondo in maggiore difficoltà alimentare.

Dopo neanche un anno, l'accordo sul grano verrà definitivamente affossato da Vladimir Putin che il 17 luglio 2023 annunciò la fine della partecipazione russa alla Black Sea Grain Initiative, poche ore dopo un attacco dell'intelligence ucraina contro il ponte di Kerch in Crimea. Da quel momento sono ripresi senza sosta i tentativi di blocco navale del porto, unitamente alle decine di attacchi con missili balistici e droni.

È evidente come la scelta di Mosca abbia rappresentato un'azione di guerra asimmetrica con un impatto non soltanto sull'Ucraina, ma sul sistema globale di approvvigionamento alimentare, facendo leva sul rischio di nuove carestie, come arma di ricatto nei confronti dell'Occidente, impegnato nel sostengo militare alla guerra di liberazione dell'Ucraina.

Non è la prima volta che la Russia usa la fame come arma di guerra. Già nel 1932 la carestia provocata artificialmente dall'Unione Sovietica di Stalin, per vendicarsi nei confronti degli agricoltori e della società ucraina, che resistevano ai progetti di collettivizzazione e pianificazione centralizzata dell'agricoltura, provocò la morte di circa 5 milioni di cittadini ucraini. L'*Holodomor*[16] (in ucraino letteralmente «morte per fame») è stato riconosciuto come un genocidio dal Parlamento europeo, dal Congresso Usa e da molti parlamenti nazionali europei, compresa l'Italia.

In quel momento la comunità internazionale si trovò di fronte al rischio di un «Holodomor globale», provocato dal regime di Mosca che provò a impedire con la forza la legittima esportazione di una risorsa alimentare, il grano ucraino, che non le apparteneva.

Come ha giustamente osservato la ministra degli Esteri tedesca Annalena Baerbock «ogni bomba che cade a Odessa colpisce anche i più poveri del mondo».[17]

Oggi, nell'estate del 2025, la situazione nel Mar Nero è stata però capovolta grazie all'ingegno dell'Esercito ucraino che senza disporre di una Marina funzionante è riuscito a controllare gran parte del Mar Nero, permettendo ai porti di Odessa di funzionare al pieno delle proprie capacità.

Il simbolo di questa rivincita si chiama Roman Gribov.

Conservo un piccolo francobollo delle poste ucraine nel portafoglio: si tratta dell'immagine di spalle del soldato Roman Gribov (il nome è di fantasia) che guarda dall'isola dei Serpenti la nave ammiraglia della flotta russa nel Mar Nero, l'incrociatore lanciamissili *Moskva.* La sua mano destra con il dito medio alzato ricorda il momento nei primi giorni dell'invasione, quando, intimato via radio ad arrendersi insieme a tutta la guarnigione ucraina sull'isola, mandò a farsi fottere l'ammiraglia e l'intera flotta occupante.

Il vero soldato responsabile del gesto venne successivamente catturato, senza che i russi sapessero chi fosse e l'intelligence ucraina inventò appositamente il nome Roman Gribov per depistare e tutelarlo. Una volta rilasciato con uno scambio di prigionieri e dopo essere stato decorato da Volodymyr Zelensky, chiese di tornare a combattere.

Ma la vera svolta arriva solo due mesi dopo quel gesto.

Per la gioia dei «complottisti» in ogni angolo del pianeta, il 14 aprile 1912 il *Titanic* impattò contro l'iceberg che di lì a poco l'avrebbe condannato a una morte repentina. Lo stesso giorno, il 14 aprile 2022, due missili Neptune R-360 di fabbricazione ucraina e lanciati non lontano da Odessa hanno affondato la *Moskva*, la nave ammiraglia di tutta la flotta russa nel Mar Nero, del costo di 750 milioni di dollari, con cinquecento marinai a bordo, e con capacità di lanciare contemporaneamente fino a quattordici missili da crociera supersonici, con gittata di circa 700 chilometri, in grado anche di montare testate nucleari.

Era dalla Guerra russo-giapponese del 1904-05 che la Russia non perdeva una nave ammiraglia.

Poi è stata la volta dei droni Magura.

Su iniziativa dell'intelligence militare ucraina (Gur) e di un piccolo gruppo di ingegneri, nell'autunno del 2022 nasce il primo prototipo di drone navale ucraino con motore fuoribordo e con una semplice antenna StarLink.

Ancora una volta l'ingegno, l'innovazione tecnologica, la libertà di pensiero hanno avuto la meglio su un avversario con catene di comando lente e arcaiche.

Senza aviazione e senza marina, l'Esercito ucraino riuscirà con i droni Magura a cambiare lo scenario militare del Mar Nero, salvando la città e il porto di Odessa.

Con una serie di attacchi sempre più intensi, la flotta dei MaguraV5 riuscirà ad affondare la corvetta *Ivanovets* (dicembre 2023), la nave d'assalto anfibia *Cezar Kunikov* (febbraio 2024), il pattugliatore *Sergey Kotov* (marzo 2024). Per poi abbattere per la prima volta nella storia bellica moderna un elicottero Mi-8 (dicembre 2024) e due cacciabombardieri russi Su-30 con missili Sidewinder montati su un drone MaguraV7 (2 maggio 2025).

«Il *Moskva* è affondato» mi ricorda l'ex ministro della Difesa Oleksij Reznikov «a circa cinquanta miglia dalla costa ucraina e il suo relitto si trova intorno ai 35 metri di profondità. Non so se lo sai, ma ho fatto molte immersioni subacquee nella mia vita e appena la guerra sarà finita voglio andare a vedere cosa resta del *Moskva* sul fondale marino. Verrai?» Appena finita la telefonata cerco freneticamente fra i cassetti della scrivania il mio vecchio brevetto subacqueo, che in verità non utilizzo da diversi anni. Lo trovo e mi riprometto di utilizzarlo a guerra finita.

5. Il Forum sulla sicurezza del Mar Nero

Il Forum sulla sicurezza del Mar Nero[18] si apre con l'inno nazionale ucraino *Ще не вмерла України і слава, і воля*, «Non è ancora morta la gloria dell'Ucraina», seguito da un minuto di silenzio per le vittime civili e militari del conflitto.

Siamo nel Teatro nazionale accademico dell'Opera e del Balletto di Odessa inaugurato nel 1887 con un'architettura neo-rinascimentale, con molti elementi barocchi.

Con un'acustica di eccellenza e 1600 posti non ha praticamente mai interrotto la propria programmazione nonostante la guerra. Il 15 agosto 2025 è in programma *Il Trovatore* di Giuseppe Verdi, il 17 agosto la *Carmen* di Georges Bizet, il 22 agosto *La Bohème* di Giacomo Puccini e il 4 settembre il *Rigoletto* di Giuseppe Verdi.

L'opera e la musica resistono alle barbarie del conflitto.

Il Forum riunisce oltre cinquecento fra esponenti della politica, dei media, della diplomazia, delle forze armate ucraine e ospiti internazionali dei paesi amici e alleati.

Nelle due giornate prenderanno la parola deputati di tutte le forze politiche dell'Ucraina, da Kira Rudik del Partito liberale Golos, alla vice Primo ministro Ivanna Klympush-Tsintsadze, all'ex presidente Petro Poroshenko, a Mike Pompeo, all'ex Primo ministro australiano Scott Morrison.

Oleksii Goncharenko, deputato del Partito di solidarietà europea, è una figura politica molto nota a Odessa ed è molto attivo anche nell'Assemblea parlamentare del Consiglio d'Europa, di cui l'Ucraina è membro dal 1995. È l'animatore del Forum e ci siamo incontrati l'ultima volta a Roma, qualche mese fa.

Il Forum nelle sue due prime edizioni ha continuamente usato metafore «scacchistiche» per comprendere e analizzare il Grande Gioco del Mar Nero. «Grazie a tutti per essere qui» inizia Goncharenko «la vostra sola presenza, con tutte le sfide logistiche e i rischi che avete dovuto affrontare per raggiungerci, ci fa sentire parte di una comunità di esseri umani che amano la libertà e la democrazia e sono pronti a difenderla a ogni costo.

«Siamo qui oggi per capire quali saranno le prossime mosse che dovremo affrontare, che cosa dobbiamo fare per vincere questa partita. Ma il nostro avversario non ha mai accettato le regole del gioco... La Russia non gioca a scacchi o meglio gioca con uno stile tutto particolare, che proprio in Russia si chiama *shabak*... è una metafora che illustra quando il tuo gioco avviene fuori dalla scacchiera, prendi una pentola e colpisci il tuo avversario in testa... È qualcosa che fanno sempre... siamo abituati... Ma noi siamo qui, insieme a voi per trovare le mosse migliori per vincere.»

Poi, indicando il «palco imperiale» del teatro, centrale e sul primo loggione, aggiunge: «Voglio svelarvi un segreto: Vladimir Putin avrebbe voluto sedersi lì... come un nuovo autoproclamato imperatore russo... pensava di entrare a Odessa tra due ali trionfanti di folla... Ma non è andata così... invece di lui, qui oggi siete seduti voi. E il satrapo di Mosca non si siederà mai in quel palco... In quel palco imperiale ci sarà un soldato ucraino, uno di quelle migliaia che hanno difeso la nostra libertà».

La sala del Teatro dell'Opera applaude fragorosamente.

Vicino a me sono seduti quattro soldati ucraini con l'insegna della Legione Georgiana. Uno di loro ha due protesi alle gambe, dopo che è saltato in aria su una mina. Fra di loro c'è anche Mamuka Mamulashvili, fondatore della Legione e tuttora suo comandante.

La Legione Georgiana è un'unità militare volontaria formata da cittadini della Georgia che combattono a fianco dell'Ucraina fin dal 2014.

Mamuka Mamulashvili ha quarantasei anni e non ha esitato a combattere in tutte le guerre provocate dalla Russia negli ultimi anni: «Ho combattuto nella prima guerra di Cecenia» mi racconta «e ho difeso il mio paese nell'agosto del 2008 quando la Russia ci ha attaccati in Abkhazia e Ossezia del Sud. Poi ero in piazza a Kyiv con i giovani ucraini durante EuroMaidan e quando, poco dopo, la Russia ha invaso la Crimea e il Donbas ho capito che il mio posto era qui». I numeri esatti non li può dire, ma sono migliaia i giovani georgiani che si sono arruolati in difesa dell'Ucraina e un centinaio di loro sono caduti combattendo. Dal 2016 la Legione è stata integrata nelle forze armate ucraine nel 25° Battaglione di fanteria meccanizzata «Kyiv Rus'», conservando però le proprie insegne.

Prende la parola Lord Michael Ashcroft,[19] membro della Camera britannica dei Lord, conservatore, imprenditore, filantropo, la cui fondazione è il principale sponsor del Forum.

«Abbiamo tutti molto da imparare da questo paese» attacca. «L'Ucraina non sta solo difendendo se stessa, sta difendendo l'intera Europa e il mondo libero... in più sta ridefinendo, proprio qui nel Mar Nero, la dottrina della guerra navale. Il Regno Unito, con la sua orgogliosa tradizione navale, ha molto da imparare dall'esempio dell'Ucraina.»

L'ammiraglio Oleksii Neizhpapa, comandante delle Forze navali della Marina ucraina riprende la sua riflessione: «La Russia ha provato a privare l'Ucraina del suo accesso al Mar Nero. Nel 2022 la Marina russa era dispiegata di fronte ai porti di Odessa, a poche miglia da dove ci troviamo adesso, oggi è costretta a stazionare a Novorossisk nella parte orientale del

Mar Nero a 320 miglia (circa 600 chilometri) dalle nostre coste... La sicurezza del Mar Nero è una priorità assoluta per la comunità internazionale».

«Non abbiamo bisogno solo di pace, ma di una pace giusta» attacca l'ex presidente dell'Ucraina Petro Poroshenko «non è possibile alcun compromesso sulla sovranità e sull'integrità territoriale dell'Ucraina. Vogliamo un'Ucraina pienamente integrata in Europa e nella comunità di sicurezza euro-atlantica... e per raggiungere questo obiettivo vi chiediamo ancora uno sforzo: abbiamo bisogno di più armi, abbiamo bisogno di più fondi, abbiamo bisogno di più sanzioni nei confronti della Russia e dei paesi che sostengono il suo sforzo bellico contro di noi.»

Lungo il Mar Nero corre quella nuova cortina di ferro che abbiamo percorso, iniziando nel Mare Orientale, che divide Cina e Giappone per giungere attraverso l'India e il Golfo, alle porte dell'Europa. È un nuovo *limes* che separa le autocrazie dal mondo libero fra conflitti aperti, rischi di nuovi conflitti e un'accesa competizione fra le grandi potenze.

Un paese in guerra (l'Ucraina) con fortissime aspirazioni europee ed euro-atlantiche, tre paesi Nato (Turchia, Romania e Bulgaria), la Georgia in bilico fra Europa e madre Russia, la Repubblica fantasma dell'Abkhazia con il suo porto di Sukhumi; la Russia con le propaggini di un Caucaso sempre più inquieto e un ponte illegale (Kerch), competono qui non soltanto per il controllo di un mare strategico, ma per imporre due visioni contrapposte del mondo.

Le due giornate del Forum si sono concluse e il teatro torna alla sua vita di sempre con l'Orchestra Filarmonica di Odessa, diretta da Hobart Earle. L'anima di Odessa è tutta nel concerto finale con una scaletta che ne racconta le sue cento etnie e le sue tante anime, che oggi qualcuno vorrebbe cancellare: un brano di un compositore greco, un altro di un compositore armeno, musica georgiana, brani di opere classiche italiane, musica popolare ucraina.

6. *I treni ucraini*

È tempo di andare a Kyiv. Prenoto un treno online sull'incredibile sito delle Ferrovie ucraine:[20] in pochi passaggi trovo il treno, scelgo la carrozza, le cuccette e infine inserisco i miei dati.

Per facilitare chi voglia comprare un biglietto online e aiutare a comprendere quale sia lo spazio per il «nome» e quale quello per il «cognome», le ferrovie ucraine hanno messo in grigio sullo sfondo «Taras» nello spazio del nome e «Schevchenko» in quello del cognome... il grande poeta ucraino come guida per non sbagliare nella compilazione del modulo di prenotazione... La letteratura e la poesia diventano più importanti in tempo di guerra.

Le Ferrovie ucraine sono un'altra storia incredibile che testimonia la caparbietà del popolo ucraino nel resistere a ogni costo all'invasione su larga scala: non hanno mai smesso di funzionare neanche un giorno; impiegano ancora oggi 187.000 addetti; hanno permesso l'evacuazione di oltre 4 milioni di passeggeri, tra cui un milione di bambini e 120.000 animali, dalle zone di guerra; hanno permesso alle delegazioni internazionali di continuare a giungere nel paese; hanno realizzato migliaia di evacuazioni di feriti dal fronte.

La rete ferroviaria è davvero un sistema arterioso vitale per il paese sotto attacco.

Il mio treno parte alle 21 dalla stazione neoclassica di Odessa e arriva la mattina dopo a Kyiv alle 5.58. I treni sono puntualissimi, nonostante l'allarme aereo che arriva trenta minuti prima della partenza, per poi essere revocato soltanto pochi minuti prima che il treno si muova. Le carrozze sono blu con una banda gialla che corre poco sotto i finestrini.

Nella stazione ferroviaria di Odessa ci sono tanti soldati, donne e uomini fra i venti e i sessant'anni, la cui destinazione ha solo due possibilità: chi torna a casa dalla guerra per una licenza; chi sta tornando al fronte a combattere.

7. *Kyiv, capitale d'Europa*

Arrivo a Kyiv la mattina di domenica 1° giugno 2025 e mi dirigo per prima cosa alla Fiera del Libro.[21] Una lunghissima coda si snoda dall'Arsenale Mystetskyi fino alle vie adiacenti: la guerra non ha fatto passare la voglia di arte e cultura.

Siamo di fronte al Pečerska Lavra, il monastero delle Grotte di Kyiv, uno dei più grandi complessi monastici dell'intero mondo ortodosso, costruito nel 1050 con le catacombe che conservano i resti intatti di decine di monaci.

È l'ultimo giorno del Book Arsenal (Knyžkovyj Arsenal), la Fiera internazionale del libro ucraino, uno degli eventi letterari e culturali più importanti del paese che per quattro giorni popola il vecchio e bellissimo ex Arsenale trasformato nel 2003 in un grande spazio di 60.000 metri quadrati per l'arte contemporanea e per la realizzazione di eventi.

Il tema di quest'anno della Fiera del Libro è «Tutto è traduzione» (*Vse miž nami pereklad*), ampliando il concetto di «traduzione» dalla linguistica a metafora della comprensione e del dialogo fra culture.

La guerra in corso inevitabilmente domina l'evento, senza però monopolizzarlo: le bancarelle con i libri scritti dai soldati, si alternano alle piccole case editrici che traducono in ucraino i principali fumetti manga giapponesi.

Mi fermo allo stand della fondazione Come Back Alive,[22] che dal 2014 raccoglie fondi in Ucraina e nel mondo per sostenere l'Esercito e la guerra di liberazione in corso.

In dieci anni, sono stati raccolti con il *crowdfunding* 16 miliardi di grivne (circa 332 milioni di euro), utilizzati per fornire all'Esercito oltre dodicimila droni Fpv e a fibra ottica, 2300 veicoli off-road e blindati, oltre diecimila visori ottici notturni.

Ho un appuntamento con Yaryna Grusha, docente di letteratura ucraina a Bologna che ha tradotto di recente il volume di Kateryna Zarembo *Il Donbas è Ucraina*.[23] Yaryna è anche una brava scrittrice e ho con me il suo libro *Dimensione Kyiv*, una guida alla città, dove la geografia urbana è raccontata attraverso la produzione letteraria di tanti autori.

«Leggere in tempo di guerra è un gesto di coraggio e di liberazione» mi dice Yaryna. E le sale affollate all'inverosimile, confermano questa riflessione. Con lei partecipo alla triste e commovente commemorazione di Victoria Amelina, scrittrice, giornalista e attivista, morta a soli trentasette anni il 1° luglio 2023, dopo essere stata gravemente ferita in un attacco missilistico russo contro un ristorante a Kramatorsk.

Sul palco si alternano molte donne, che hanno lavorato e conosciuto Amelina, ognuna raccontando una parte della sua eccezionale storia intellettuale e politica. Autrice di diversi libri sulla tormentata storia recente dell'Ucraina, quando è iniziata l'invasione russa su larga scala nel 2022 Victoria Amelina ha iniziato a collaborare con l'organizzazione umanitaria Truth Hounds,[24] documentando i crimini di guerra nelle aree occupate o liberate dell'Ucraina. Grazie a lei il mondo ha potuto conoscere la storia e gli ultimi scritti di Volodymyr Vakulenko, un autore di libri per bambini, che aveva seppellito i suoi scritti sotto un ciliegio poco prima di essere ucciso dalle forze russe e trovato proprio da Amelina, non lontano dalla sua abitazione.

Dopo la sua morte è uscito il volume *Guardando le donne guardare la guerra*,[25] che racconta la storia di donne che come lei hanno vissuto e raccontato le tragedie della guerra che ancora sta devastando l'Ucraina.

Questa notte i servizi di sicurezza ucraini (Sbu) hanno lanciato un attacco coordinato e senza precedenti su cinque basi aeree russe che ospitavano bombardieri strategici. Oltre cento droni sono stati nascosti all'interno del tetto di cabine in legno montate su camion per essere poi posizionati nelle vicinanze delle basi aeree di Olen'ya, Dyagilevo, Ivanovo, Bélaya e Ukraïnka, distanti fino a 4400 chilometri dal fronte nella Siberia occidentale.

Grazie all'operazione militare sono stati distrutti o danneggiati gravemente oltre quaranta aerei militari, fra cui diversi bombardieri strategici Tu-95, Tu-22M e aerei A-50, con un danno stimato di circa 7 miliardi di dollari.

L'operazione è senza precedenti e tutti qui si aspettano una dura reazione. L'ex presidente della Federazione Russa Dmitrij Medvedev, che nessuno prende però sul serio, ha dichiarato di ritenere necessaria una risposta con bombe nucleari tattiche contro l'Ucraina.

Cammino a piedi dall'Arsenale fino in centro. Ogni ministero, ufficio, albergo espone, accanto alle bandiere dell'Ucraina, la bandiera blu con le dodici stelle gialle dell'Unione Europea. La voglia di Europa è ovunque ed è una delle ragioni per le quali combattere questa guerra di liberazione che non finisce mai. È durissima, ma nessuno ancora demorde e molti pensano al futuro con decine di cartelli pubblicitari che recitano *Kyiv is waiting for you after the victory*.

Arrivo al monastero di San Michele, di fronte al quale c'è un'esposizione di mezzi militari russi distrutti durante i tre anni e mezzo di guerra e una grande scritta *Freedom*. Le mura che circondano il monastero sono tappezzate dalle migliaia di foto di giovani caduti nelle guerre dal 2014 a oggi.

Durante la notte in treno mi sono dimenticato di caricare il telefono e non posso sentire gli Air Alert. Non è così grave, perché tutti, ma veramente tutti hanno l'app installata sul cellulare e quando verso le 19 arriva il primo allarme sto rientrando nel mio albergo nella parte bassa della città a Podil, e sono a piedi lungo la Discesa di Sant'Andrea, la nota via pedonale che collega la parte alta con la parte bassa della città. Mi fermo per venti minuti in un androne, fra due mura molto spesse, in attesa che l'allarme finisca.

La notte passa tranquilla senza ulteriori allarmi.

Oggi è il 2 giugno, la nostra Festa nazionale. Alle 19 andrò alle celebrazioni organizzate dall'Ambasciata d'Italia al Parkovy Convention and Exhibition Center, all'interno del parco affacciato sul fiume Dnepr, ma la giornata inizia con una serie di incontri alla Verkhovna Rada, il Parlamento dell'Ucraina.

Yulia Sirko ha quarantasette anni ed è deputato dal 2019 eletta nelle liste di Golos,[26] il Partito liberale dell'Ucraina, membro dell'Alde, l'Alleanza dei Liberali e dei Democratici europei.

«Credo che uno dei più grandi problemi dell'Ucraina oggi» mi racconta con sguardo rabbuiato «sia quello del capitale umano: dall'inizio della guerra del febbraio 2022 oltre 7 milioni di ucraini hanno lasciato il paese.

«Prima dell'invasione su larga scala altri 5 milioni di nostri cittadini sono emigrati verso l'Europa e l'America. Stiamo quindi parlando di un paese che si sta svuotando: 12 milioni di ucraini sono emigrati o rifugiati. È una cifra enorme pari al 25-30 per cento della nostra intera popolazione.

«C'è un dato in più che ci preoccupa» insiste «molti dei nostri rifugiati sono donne che hanno lasciato il paese con i propri figli, spesso molto giovani o adolescenti, con i mariti rimasti qui a combattere. Molti di questi ragazzi stanno crescendo in Europa, si stanno integrando, troveranno nei vostri paesi le loro opportunità professionali.

«Insieme alla guerra, questa è, a mio giudizio, la sfida più grande che il nostro paese deve affrontare. Lo svuotamento dell'Ucraina pone limiti enormi al nostro sviluppo e alla nostra economia.» I dati confermano quanto sostiene Yulia Sirko: soltanto nel 2024 sono stati ottocentomila gli ucraini che hanno lasciato il paese, con un trend che non accenna a diminuire. Undici anni di guerra a minore intensità e più di tre di invasione su larga scala stanno lasciando un segno profondo nel paese.

Maria Mezentseva ha trentacinque anni ed è stata eletta alla Verkhovna Rada nel 2019, in occasione delle ultime elezioni generali, nelle liste del partito «Servitore del Popolo» guidato da Volodymyr Zelensky. Il Parlamento mono-camerale dell'Ucraina ha una durata di cinque anni e nel 2024 il suo mandato è stato esteso alla luce del conflitto in corso e dell'oggettiva impossibilità di tenere normali elezioni. È nata a Kharkiv, nel Nord-Est del paese, seconda città dell'Ucraina, centro economico e industriale di primaria importanza. Prima del conflitto il 68 per cento degli abitanti di Kharkiv considerava il russo la propria madre-lingua ed è esattamente su questa statistica che gli strateghi di Mosca hanno costruito la narrazione della «liberazione» della popolazione «russofona».

Ma anche in questo caso Vladimir Putin fece male i suoi calcoli. Il 24 febbraio 2022, Kharkiv fu tra i primi grandi obiettivi dell'attacco russo, anche alla luce della sua vicinanza al confine (circa 40 chilometri). Ma fin dalle prime ore dell'invasione la popolazione resistette compattamente, con una massiccia mobilitazione civile e la nascita di molte unità di difesa territoriale, armate soltanto di qualche decina di bombe molotov.

L'Esercito ucraino riuscì a impedire la conquista di Kharkiv, bloccando l'Esercito russo nei sobborghi. La città ha subito pesanti bombardamenti in questi tre anni: teatri, università, piazze e quartieri residenziali sono stati ripetutamente colpiti e si stima che dal febbraio 2022 oltre 2300 civili abbiano perso la vita. Nella controffensiva di settembre 2022, le forze ucraine liberarono gran parte della regione di Kharkiv, compresi gli importanti nodi logistici di Kupiansk e Izyum.

La incontro durante una pausa dei lavori parlamentari e prendiamo un caffè all'Hotel Natsionalny antistante la Verkhovna Rada.

Maria Mezentseva è oggi vicepresidente della Commissione sull'Integrazione dell'Ucraina nell'Unione Europea e anche a capo della delegazione ucraina all'Assemblea parlamentare del Consiglio d'Europa. «Stiamo lavorando duramente» inizia «su tutti i trentacinque capitoli del diritto comunitario suddivisi in sei *cluster* tematici.

«Siamo nella fase cosiddetta di *screening* nella quale analizziamo la conformità legislativa. Su venti capitoli il lavoro è già stato terminato in questi giorni (Competitività, Agenda Verde, Politica estera e di sicurezza). E contiamo di iniziare la negoziazione entro la fine dell'anno in corso.

«Stiamo facendo la nostra parte» aggiunge «e per l'Ucraina il destino europeo è una scelta strategica, direi quasi esistenziale, ma siamo preoccupati sui tempi e sulle azioni di alcuni paesi che potrebbero sabotare e rallentare il processo.»

«L'Ungheria del populista Orban e la Slovacchia del socialista Fico?»

«Esatto. Ma abbiamo un chiaro obiettivo temporale: il 2029, le prossime Elezioni europee. Per quella data crediamo che il processo di adesione dell'Ucraina possa essere concluso, anche se ci saranno ancora territori militarmente occupati da una potenza straniera e ostile.»

«Mi spieghi meglio.»

«Provi a pensare al modello di integrazione della Germania Ovest nell'Unione Europea e nella Nato. Per lungo tempo nessun paese occidentale ha mai riconosciuto la Germania Est come Stato indipendente e sovrano... poi è caduto il Muro...»

Ma se il destino europeo di Kyiv è la stella polare verso cui tendere, c'è un'emergenza drammatica in Ucraina: il rapimento di migliaia di bambini da parte dell'Esercito e delle forze russe.

Maria Mezentseva collabora attivamente con la piattaforma Bring Kids Back,[27] che svolge un'attività di monitoraggio e di sensibilizzazione su 19.546 bambini deportati illegalmente in Russia dall'inizio del conflitto. Di questi soltanto 1509 sono tornati a casa, grazie alla mediazione di paesi amici, Ong e grazie alle azioni dell'intelligence ucraina.

«Le satrapie sono sempre uguali. La Russia di oggi si comporta come l'impero ottomano sette secoli fa, che rapiva migliaia di bambini cristiani nei territori occupati nei Balcani e in Europa, li indottrinava, li convertiva e li trasformava in soldati o in funzionari dell'amministrazione. I Giannizzeri... La deportazione forzata dei bambini ucraini» prosegue «è la conferma della politica genocida da parte della Federazione Russa contro l'Ucraina.»

Le testimonianze e le prove raccolte dal governo ucraino sono moltissime: prelievo forzato dei bambini dagli orfanotrofi; rapimento di bambini dopo l'uccisione dei genitori; divisione dei bambini dalle famiglie durante i processi di trasferimento dalle zone occupate; la creazione di condizioni di vita insopportabili nelle aree occupate e rapimento dei bambini dalle loro case e scuole dipingono non soltanto una tragedia, ma un attacco deliberato al futuro dell'Ucraina.

La festa del 2 giugno organizzata dall'ambasciatore Carlo Formosa è molto affollata: nonostante gli allarmi, oltre cinquecento invitati raggiungono il Parkovy Convention sulle rive del Dnepr: molti esponenti politici ucraini, la comunità diplomatica insieme a quelle centinaia di connazionali, soprattutto imprenditori che nonostante la guerra non hanno lasciato il paese. Le celebrazioni sono brevi, ma intense: viene suonato l'inno nazionale ucraino, insieme a quello italiano, e il breve discorso del nostro ambasciatore conferma il sostegno politico e militare italiano all'Ucraina e l'attaccamento comune ai valori di democrazia e di libertà.

8. *Il Mejlis dei tatari di Crimea e la piattaforma di Zelensky*

I tatari di Crimea sono da secoli parte integrante della società ucraina e a Kyiv sono ancora in vita le istituzioni della comunità tatara, in esilio. Il nuovo capo del Consiglio di sicurezza nazionale, Rustem Umjerov, è un tataro di Crimea, come Mustafa Džemilev, leader storico ed ex dissidente sovietico, Refat Chubarov, l'attuale presidente del Mejlis e come Tamila Tasheva, oggi deputata alla Verkhovna Rada e per diversi anni nominata dal presidente Volodymyr Zelensky, come sua rappresentante nella Repubblica autonoma di Crimea e direttrice della Piattaforma di Crimea.[28]

Tamila Tasheva è nata a Samarcanda in Uzbekistan, dove la sua famiglia venne deportata nel 1944. Tornata in Crimea nel 1991, quando si è dissolta l'Unione Sovietica, ha partecipato alla rivolta di EuroMaidan nel 2014 e ha poi fondato Crimea SOS, l'organizzazione che si batte per la difesa dei diritti dei tatari di Crimea e il progetto «Crimea Platform» che coordina le tante iniziative per la de-occupazione della penisola e il futuro della Crimea quando tornerà sotto la legittima sovranità dell'Ucraina.

La incontro alla fine d'una lunga giornata di lavori parlamentari e le chiedo quali siano i progetti per la Crimea una volta che sarà liberata... «Innanzitutto il rientro dei tatari di Crimea nella loro terra dalla quale sono stati cacciati nel 1944 da Stalin e nel 2014 e nel 2022 da Putin. Poi il ripristino delle istituzioni di rappresentanza democratica dei tatari di Crimea: il *Qurultay*, il Parlamento di trecento membri eletto dalla popolazione tatara e il *Mejlis*, il "governo" dei tatari di Crimea. Il nostro obiettivo è ottenere una forte autonomia per la minoranza tatara all'interno della Repubblica dell'Ucraina.»

L'invasione su larga scala ha avuto un pesante impatto sulla vita della minoranza tatara... «Tutte le strutture democratiche di rappresentanza della minoranza tatara» prosegue Tamila «sono state sciolte e dichiarate "organizzazioni estremiste" dalle autorità occupanti. Poi abbiamo avuto centinaia di casi documentati di sparizioni, uccisioni e deportazioni in Russia. In più la mobilitazione forzata di molti giovani tatari costretti alla fuga nei territori liberi dell'Ucraina... Prima della guerra vivevano in Crimea circa cinquecentomila tatari, che oggi sono ridotti a poche decine di migliaia... La Crimea è totalmente militarizzata ed è utilizzata come base missilistica per attaccare le città dell'Ucraina. In più c'è stato un ampio programma di immigrazione illegale di oltre ottocentomila cittadini dalla Russia. Cambiare l'assetto demografico di una nazione libera e sovrana è un altro crimine di guerra.»

In questi giorni sono filtrate molte indiscrezioni sulla possibilità che il presidente statunitense Donald Trump ritenga possibile riconoscere la Crimea come parte integrante della Russia per favorire un accordo di pace.

Tamila Tasheva non ha dubbi: «Non possiamo accettare nessuna cessione di territorio. Il nostro obiettivo rimane la liberazione di tutta la penisola. Abbiamo naturalmente ancora bisogno dell'aiuto e del sostegno degli alleati occidentali».

«E il ponte di Kerch?» le chiedo.

«Il ponte di Kerch» risponde senza esitazioni «è un'infrastruttura illegale, nata per scopi militari. Se non sarà distrutta durante la guerra di liberazione, la demoliremo in ogni caso nel modo più sicuro possibile e nel pieno rispetto delle norme di tutela dell'ambiente.»

9. *Il veleno della rana e l'elefante*

La notte fra il 2 e il 3 giugno è arrivata la risposta russa agli attacchi ucraini in Siberia contro le basi dei bombardieri strategici: per tutta la notte si sono susseguiti gli allarmi e gli attacchi a Kyiv e in tutta l'Ucraina sono stati effettuati ancora una volta esclusivamente contro obiettivi civili.

La mattina seguente incontro alla caffetteria del mio albergo nel quartiere di Podil Volodymyr Havrylov, già viceministro della Difesa e attaché militare all'Ambasciata ucraina a Washington DC e Oleh Synianskyi, ex generale di divisione dell'Esercito ucraino. Oggi sono entrambi nel settore privato e sono consulenti di diverse aziende locali e internazionali nel settore della difesa e sicurezza. Dopo pochi minuti dall'inizio del nostro incontro suona nuovamente l'allarme aereo, di nuovo in pieno giorno.

«La guerra sta cambiando rapidamente» inizia Havrylov «la tecnologia e l'innovazione hanno disegnato un campo di battaglia dominato da droni e sistemi robotizzati e in questo campo il nostro Esercito ha raggiunto successi impensabili con il dominio del Mar Nero senza neanche disporre di una Marina e sulla riscrittura della "guerra di attrito" con una grande "zona grigia" dominata da migliaia di droni.»

«La Russia sta però recuperando terreno» si inserisce il generale Synianskyi «per esempio con la produzione su larga scala di droni a fibra ottica che non possono essere fermati con l'elettronica... ma, al tempo stesso ha ancora un approccio ottocentesco per ciò che concerne la fanteria. Sembra che per la Russia le perdite umane, siano una sorta di "danno collaterale". Ogni volta che inviano qualche piccolo reparto in quei 20 chilometri di "zona grigia", controllata dagli sciami di droni, il tasso di mortalità è elevatissimo.

«A partire dal 2024 la Russia ha iniziato a offrire elevati incentivi economici per l'arruolamento soprattutto nelle regioni più povere del paese: 2-3 milioni di rubli (25-30.000 dollari) e i soldati capiscono che si tratta nella maggior parte dei casi di un biglietto di sola andata.

«Questa guerra non verrà però vinta con la fanteria, ma con la tecnologia e con l'innovazione. Quanto costa una portaerei americana? 7 miliardi di dollari. E una portaerei britannica? 5 miliardi di dollari! Le nostre portaerei sono state alcuni Tir del costo di 40.000 dollari l'uno, armati di cento droni Fpv da 500 dollari a testa, che sono stati in grado di distruggere in profondità il 30 per cento dell'intera flotta di bombardieri strategici di Mosca.»

La giornata è calda con un forte vento. Mi sposto a piedi fino da Seylam un noto ristorante con cucina tatara di Crimea, sulla via Petra Sahaidachnoho, da poco pedonalizzata.

Qui incontro Sergey Khorshman, appena tornato da Lviv dove ha partecipato alla European Defense Tech Hackathon, una tre giorni di incontri e di programmazione fra molte start-up ucraine ed europee nel settore della difesa. Le sigle promotrici dell'evento non sono universalmente conosciute, ma nel settore dei giovanissimi che popolano questo mondo sono considerate la punta più avanzata dove difesa, start-up e innovazione si incontrano: AB3 Army, DroneAid Collective, Women Defense Tech, Inflection. Sergey Khorshman è uno dei tecnici e analisti più apprezzati in quell'«ecosistema della difesa» che ha cambiato le regole del gioco nelle pianure dell'Ucraina. «Quando è iniziata l'invasione russa su larga scala nel 2022» attacca «in tutto il paese c'erano soltanto sette aziende nel settore della difesa, fra private e statali, tutte molto lente e tradizionali. Il nostro è un "movimento" nato dal basso, da giovani che hanno capito che senza innovazione saremmo stati travolti dalla Russia.

«Assistevamo alle lentezze nella fornitura di armamenti da parte di Europa e Usa ed è in quel momento che abbiamo capito che avremmo dovuto sostituire l'artiglieria tradizionale con qualcos'altro... ed è in quel momento che è esplosa l'opportunità dei Droni Fpv (First Person View). All'inizio siamo stati visti con diffidenza dall'establishment militare ucraino e anche dei paesi alleati, ma con costi estremamente bassi, sono nate decine di piccole e piccolissime start-up che hanno iniziato ad hackerare e modificare una serie di droni facilmente reperibili in commercio, montandoci delle granate... Molti dei primi droni li abbiamo comprati online, anche su eBay e Amazon o nei siti di commercio elettronico delle aziende produttrici, come i droni Mavic della Dji.»

Poi sono arrivati i droni a fibra ottica, impossibili da fermare con strumenti di guerra elettronica. «Sì, certo» prosegue Khorshman «anche questi sono prodotti estremamente economici e facilmente producibili in grande quantità: si tratta di droni identici a quello Fpv, ma con cavi a fibra ottica che possono raggiungere anche 50 chilometri di lunghezza.»

Sergey mi fa vedere due foto sul suo cellulare: la prima è un campo di grano letteralmente coperto da migliaia di filamenti di cavi a fibre ottiche che creano un paesaggio surreale; la seconda è un nido costruito da un uccello utilizzando legnetti e parti di cavi a fibra ottica abbandonati.

«La Russia sta producendo droni a fibra ottica in enormi quantità» prosegue «anche con forniture di componenti da parte della Repubblica Popolare Cinese. Sul campo di battaglia le azioni di *reverse engineering* sono praticamente immediate, e una parte riproduce rapidamente il meglio delle tecnologie dell'altra parte in conflitto.

«Il sistema di aziende che abbiamo realizzato in Ucraina è un vero e proprio ecosistema grazie al quale emergono idee in continuazione, si sperimentano rapidamente nuove tecnologie... siamo qualcosa di molto diverso da ciò che chiamiamo il "triangolo della tristezza": governo, militari e grandi aziende... Rheinmetall, Leonardo, Lockheed Martin, sono lenti e iperburocratici... noi siamo in una giungla... siamo gente della giungla... che raccoglie il veleno di una piccola rana per uccidere l'elefante.

«Ti faccio un altro esempio: ho incontrato recentemente la Camera di commercio norvegese, che ha aperto da poco un ufficio a Kyiv, e gli ho chiesto come sarebbe stato possibile acquistare una partita molto grande di reti da pesca... sì, quelle reti sottili, ma molto resistenti che i pescatori norvegesi usano nell'Oceano Atlantico... mi hanno guardato stralunati... poi hanno capito.

«Non hai idea» aggiunge «quante vite umane abbiamo salvato al fronte con le reti da pesca norvegesi, realizzando dei lunghi tunnel antidrone, intorno alle strade sulle quali i nostri soldati si muovono nelle zone di combattimento.

«Abbiamo però un problema di "scala": i nostri nemici e i loro alleati hanno una base industriale molto più ampia della nostra. Russia, Iran, Corea del Nord e pure la Cina sono in grado di realizzare uno *scale-up* impressionante. Per questo sono necessarie più sanzioni e anche sanzioni secondarie sui paesi che forniscono componenti civili, facilmente convertibili nel settore bellico, come i cavi a fibre ottiche cinesi.»

Prima di lasciarci gli chiedo degli F-16 che sono entrati in servizio nell'Aviazione ucraina: «Gli F-16, purtroppo, non sono un *game-changer*, anche se sono stati modificati con le migliori tecnologie. Il problema è che ne sono arrivati venticinque, che non sono in grado di cambiare la realtà nel teatro bellico. Ne servirebbero mille».

Prima di lasciare la capitale, riesco a incontrare tre vecchie conoscenze: Oleg Magaletski, Oleg Dunda e Yaroslav Yurchyshyn.

Oleg Magaletski è il fondatore del Forum delle Nazioni libere della post Russia.[29] Il Forum, che ha sede qui a Kyiv, scommette sul collasso della Federazione Russa, sul modello di quanto già successo con l'Unione Sovietica, e sulla nascita di nuove Repubbliche sovrane e indipendenti.

«La Russia è l'unico impero a non avere ancora subito un processo di vera decolonizzazione» mi dice Oleg «noi, lavoriamo insieme a tatari, calmucchi, buriati, yakuti, ceceni, circassi per aiutarli nella loro lotta di liberazione dall'oppressione coloniale di Mosca.» Sono popoli spesso dimenticati dalla storiografia ufficiale che hanno subito ogni forma di oppressione.

All'inizio del secondo conflitto mondiale Stalin ordinò la deportazione collettiva di interi popoli, accusati di collaborazionismo con i nazisti: quattrocentomila tedeschi del Volga vennero deportati in Siberia e in Kazakistan e la loro Repubblica autonoma smantellata; l'intera popolazione dei ceceni e degli ingusci venne trasferita a forza in Asia centrale; l'intera popolazione dei tatari di Crimea, oltre duecentomila persone, venne deportata in Uzbekistan; tutti i calmucchi, oltre centomila, un'etnia asiatica di fede buddista, vennero deportati in Siberia. Si stima che il 30-40 per cento di tutti i popoli deportati sia morto durante la deportazione per fame, freddo e malattie. Poi fu la volta delle minoranze dei greci, bulgari, armeni, polacchi, lituani, lettoni ed estoni, insieme ai milioni di russi rinchiusi nello sconfinato sistema dei gulag. «La fine della Federazione Russa» aggiunge prima di salutarci «renderà il mondo un posto più sicuro.»

Oleg Dunda, è stato eletto in Parlamento nel partito di Zelensky, collabora con l'Atlantic Council e con la Jamestown Foundation di Washington DC e ha un pensiero fisso che lo tormenta: Donald Trump. «Il presidente Trump» attacca «crede che tutto si possa risolvere con la transazionalità, ma non ha capito nulla su quale sia invece il disegno di Vladimir Putin! Il satrapo di Mosca si circonda di oligarchi, ma non è un oligarca, non è direttamente interessato all'accumulo di ingenti fortune. Il suo obiettivo è sanare il *vulnus* della fine della Guerra Fredda e ricostruire lo spazio geopolitico dell'Unione Sovietica... Temo che non si fermerà all'Ucraina» aggiunge con sguardo cupo «e proverà a testare l'articolo 5 della Nato in uno dei paesi baltici con una minoranza di etnia russa, magari in Lettonia o in Estonia.»

Yaroslav Yurchyshyn è stato eletto deputato nel 2019 nella lista del Partito liberale Golos, e anche lui crede che si debba scommettere sul «collasso controllato» della Russia. «La Russia rimarrà il nostro vicino, anche dopo la fine della guerra» racconta «ed è un nostro interesse strategico aiutare ogni suo processo di democratizzazione e di federalizzazione: per questo sosteniamo in ogni modo i dissidenti e tutte le legittime aspirazioni delle tante etnie all'interno del paese, alle quali per troppo tempo è stata negata una vera statualità.»

Ho prenotato una cuccetta sul treno 091 che parte alle 22.36 e che in otto ore mi porterà a Lviv, nel cuore della Galizia ucraina. La stazione ferroviaria di Kyiv ha le luci basse e da quando sono arrivato è già suonato una volta l'allarme aereo con la conseguente processione nei rifugi. Mentre cerco il mio treno sul tabellone delle partenze per capire su quale binario partirà, noto un secondo tabellone con i treni che non ci sono più. Sono le tratte ferroviarie cancellate dall'occupazione russa e dalla violenza della guerra: le linee fra Kyiv e Mariupol, Luhansk, Donetsk, Kerch, Sevastopol sono lì indicate a ricordare un paese mutilato da un'inconcepibile violenza.

10. *Anarchici in Machnovščyna*

Il mio treno è partito ed esce lentamente da una Kyiv al buio per proteggersi dall'ennesimo attacco russo. Questa volta si tratta di uno sciame di droni Shahed-136 di fabbricazione iraniana. La contraerea ne riuscirà ad abbattere il 90 per cento, sono lenti ma micidiali con i loro 50 chilogrammi di esplosivo.

Apro la mappa lungo la linea del fronte e il mio sguardo cade sulla cittadina di Huljajpole a pochi chilometri dal punto di contatto fra i due eserciti. La letteratura mi viene nuovamente in aiuto.

Markijan Kamys, è uno scrittore ucraino il cui padre è stato uno dei cosiddetti «liquidatori» della centrale nucleare di Chernobyl, quei lavoratori che dopo il disastro lavorarono al recupero della zona contaminata e alla costruzione del «sarcofago» per contenere le emissioni del reattore. Ha scritto diversi romanzi, molti ambientati intorno alla defunta centrale nucleare,[30] per poi arruolarsi nell'Esercito ucraino poche settimane dopo l'invasione su larga scala dell'Ucraina.

Nei giorni successivi all'inizio del conflitto ha scritto per alcuni mesi uno splendido «Diario da Kyiv» sul quotidiano «la Repubblica», fra cui questo testo, uno dei più illuminanti per comprendere il retroterra storico e culturale dell'invasione russa dell'Ucraina.

«I russi hanno bombardato la cittadina ucraina di Shchastja, che significa "felicità" e distrutto l'aereo più grande del mondo, chiamato "Sogno"... Poi hanno preso d'assalto Huljajpole, una cittadina nel Sud-Est dell'Ucraina famosa per essere un simbolo dell'anarchia... Disobbedienza e libertà sono alla base dell'identità ucraina. I cosacchi con la loro Repubblica, il Sič di Zaporižžja;[31] la Repubblica anarchica della Machnovščyna o Territorio Libero,[32] creato dagli anarchici durante la guerra civile russa; le varie Maidan del 1991, del 2004 e del 2013... La Russia ha sempre cercato di distruggere tutto questo: liquidò il Sič di Zaporižžja, annientò la Machnovščyna e ha contrastato le varie Maidan in tutti i modi possibili e immaginabili. La guerra, le uccisioni e i bombardamenti di aree residenziali da parte dei russi sono la manifestazione di un desiderio di trasformarci in schiavi, di tornare all'ordine dell'impero russo e dell'Unione Sovietica, dove i russi erano i padroni e gli ucraini gli schiavi. L'invasione del 2022 è semplicemente un nuovo livello di brutalità in questa linea continua. La sistematica distruzione dell'Ucraina, portata avanti da Pietro I, Caterina II, Alessandro II, Lenin, Stalin, ora viene intrapresa da Putin. Sapete perché gli ucraini demolirono i monumenti in onore di Caterina II e di Lenin durante la Rivoluzione della dignità, nel 2014? Per noi sono come i leader della Confederazione per gli afroamericani, che uccidevano e schiavizzavano metodicamente i loro antenati. L'Holodomor del 1932-33, la persecuzione delle figure culturali ucraine nell'Unione Sovietica, gli assassini dei dissidenti, la loro incarcerazione di massa nei gulag, la psichiatria punitiva dei tempi di Jurij Andropov sono solo la punta dell'iceberg degli sforzi infiniti della Russia per distruggerci. Nel 2013-14 furono sconfitti e per questo oggi vogliono prendere i nostri simboli, i puntini magnetici della nostra storia, e distruggerli. Ma sono destinati a fallire, perché l'Ucraina come nazione politica è già nata.»[33]

Lo scorso agosto un missile balistico russo ha distrutto il piccolo Museo di Huljajpole,[34] dedicato a Nestor Ivanovič Machno e alla poco conosciuta Repubblica anarchica della Machnovščyna, nota anche come Territorio Libero.

La Machnovščyna fu un'esperienza politico-sociale unica nel suo genere, nata durante la guerra civile russa tra il 1918 e il 1921 nelle regioni sudorientali dell'Ucraina e la sua storia è indissolubilmente legata al contadino anarchico Nestor Machno, che animò e guidò l'«Esercito insurrezionale rivoluzionario d'Ucraina», dopo avere sconfitto le forze armate dello zar.

Per tre anni la Repubblica anarchica governò su un territorio di oltre 70.000 chilometri quadrati, con una popolazione di quasi 3 milioni di abitanti, fra il Mare di Azov, il fiume Dnepr, il Donbas e la città di Ekaterinoslav (oggi Dnipro).

I grandi latifondi furono espropriati e distribuiti ai contadini, mentre le comunità agricole si autogestivano in modo collettivo, senza un potere centrale. Il modello politico di Machno prevedeva consigli locali, assemblee comunitarie e un forte rifiuto dell'autorità statale, in favore dell'autonomia delle comunità di villaggio e delle cooperative operaie.

Sul piano militare, la Machnovščyna si trovò a combattere su più fronti: le milizie contadine affrontarono l'occupazione austro-tedesca; le truppe zariste dei generali Denikin e Wrangel e, a fasi alterne, anche l'Armata Rossa. Con i bolscevichi infatti ci furono momenti di alleanza tattica, soprattutto contro le armate bianche (dello zar), ma il rapporto degenerò presto: i machnovisti rivendicavano l'indipendenza delle proprie comunità, mentre il potere sovietico non tollerava esperienze autonome fuori dal controllo centrale. Dopo una fase di collaborazione temporanea, i bolscevichi decisero di eliminare i machnovisti, accusandoli di banditismo e reprimendo duramente il movimento.

La sconfitta definitiva arrivò nel 1921. La Machnovščyna cessò di esistere come esperienza concreta, ma lasciò dietro di sé un segno profondo. Il carattere libertario del movimento e lo spirito egualitario e antitotalitario è stato rivalutato storicamente in Ucraina e portato a modello di resilienza e resistenza contro il potere russo.

11. *Lviv Unbroken*

Arrivo nella capitale della Galizia alle 6.39 del mattino. Il treno è puntualissimo. Siamo nel cuore della Galizia, uno dei luoghi storici e culturali più significativi e tormentati di tutta l'Ucraina.

Fin dal XIII secolo un nodo strategico lungo le vie commerciali tra Europa centrale e Mar Nero, venne incorporata nel 1349 nel regno di Polonia per diventare rapidamente una città multietnica e multiculturale: ucraini, polacchi, armeni, ebrei, tedeschi e italiani. Alla fine del XVIII secolo entrò a far parte dell'impero asburgico che diede a Lviv i tratti architettonici e urbanistici ancora oggi dominanti.

Dopo la Prima guerra mondiale Lviv fu contesa tra Polonia e Ucraina, divenne parte della Seconda Repubblica polacca per poi essere occupata prima dai sovietici, poi dai nazisti, e infine annessa all'Urss. Dal 1991 fa parte dell'Ucraina indipendente.

A pochi metri dal Rynok, l'antica piazza del mercato, la cui parte centrale è oggi occupata dal Municipio, la cattedrale armena, la cattedrale dell'Arcidiocesi latina di Lviv, la cattedrale greco-cattolica di San Giorgio e la chiesa ortodossa della Dormizione convivono a breve distanza l'una dall'altra.

Prima di arrivare in Ucraina avevo letto un bel libro, *Mosaico Ucraina*,[35] della scrittrice Olesja Jaremčuk, che qualche anno fa si è messa in viaggio per scoprire, o meglio riscoprire, i tanti «mondi» che convivono in Ucraina.

Il risultato è un viaggio appassionante nelle piccole e grandi comunità greche, armene, svedesi, ungheresi, rumene, ebraiche, turche meschete, liptak, tatare, gagauze, polacche.

La incontro in un caffè del centro. «La piccola comunità svedese nella provincia di Kherson» inizia «è stata divisa fra la zona occupata e quella libera, la chiesa protestante svedese è stata distrutta e molte famiglie stanno approfittando dell'opportunità offerta dal governo svedese per trasferirsi nella loro terra di origine... Il villaggio di Vasjukivka, vicino a Bakhmut nel Donetsk, ospitava alcune centinaia di turchi mescheti... oggi Bakhmut non esiste più, rasa al suolo dai russi. I greci di Mariupol erano più di settantamila fino al 2022, prima del conflitto una grande comunità presente da otto secoli sulle coste del Mare di Azov. Oggi la comunità greca è stata praticamente annientata: molti sono morti durante i violentissimi bombardamenti e la gran parte sfollati, il Museo Nazionale di Storia greca non esiste più e con loro è scomparsa una cultura e una letteratura ricca e vivace, che era riuscita a rinascere dopo gli anni dell'Unione Sovietica nei quali era proibito anche soltanto parlare greco.

«A Lviv» prosegue «puoi trovare molte strade chiamate via dei greci, dei bulgari, degli armeni, degli ebrei... è la nostra storia, fatta di diversità e di convivenza. Oggi quelle storie rischiano di essere cancellate da un'invasione brutale. I russi, come quasi tutti i regimi, tendono all'omologazione, all'appiattimento, alla cancellazione delle diversità.»

Raggiungo a piedi sui vicoli acciottolati del centro storico la Rynok, l'antica piazza del mercato per andare in Municipio a incontrare Andriy Sadovyi, il sindaco della città, eletto più volte fin dal 2006. Mi accoglie nel suo ufficio in divisa militare.

Sadovyi, oltre che essere qui a Lviv estremamente popolare, è una forza della natura e si parla di lui come un possibile candidato alle prossime elezioni presidenziali, quando il conflitto sarà terminato.

«La mia amministrazione si fonda su sette pilastri» attacca con decisione. «Il primo pilastro è il sostegno all'Esercito dell'Ucraina, poi la resilienza urbana, lo sviluppo economico, l'ecosistema Unbroken e il sostegno ai veterani di guerra, cultura e educazione, cooperazione internazionale, coesione sociale e buon governo.

«Il 20 per cento del bilancio della città è destinato all'acquisto di equipaggiamento militare. Ogni settimana compriamo diversi tipi di equipaggiamento militare e li inviamo al fronte. In più abbiamo previsto un finanziamento comunale per le aziende innovative della nostra città nel settore militare, in particolare per lo sviluppo di nuovi droni. Mentre le sto parlando, cinquantamila cittadini di Lviv sono al fronte, a rischiare la loro vita per difendere l'Ucraina.

«Poi c'è Unbroken»[36] si illumina «il progetto a cui tengo di più.» Si alza e mi fa segno di seguirlo verso un grande plastico al centro del suo ufficio. «Unbroken è un sistema complesso di ospedali, centri di riabilitazione, officine e laboratori per la progettazione e la realizzazione di protesi, sostegno psicologico ai veterani e ai civili feriti, un centro specializzato per le vittime delle torture, aiuto alle famiglie dei caduti e dei feriti, re-inserimento lavorativo, attività sportiva di recupero.»

Nel progetto Unbroken e nella sua semantica c'è tutta l'anima dell'Ucraina: «indomita», «non-spezzata», «incrollabile». Tre anni e mezzo di invasione, i morti, i feriti, le torture, le città rase al suolo, gli allarmi continui, non hanno ancora spezzato la resistenza ucraina.

«La nostra rete di ospedali che fa parte dell'ecosistema Unbroken» prosegue «ospita in questo momento diciannovemila feriti in guerra: donne, bambini, anziani e soldati dell'Esercito ucraino, da tutte le regioni del paese, spesso mutilati, senza gambe o senza braccia... Nei nostri laboratori progettiamo e realizziamo le protesi più avanzate al mondo, anche grazie alla collaborazione con molti paesi amici.

«Il 21 giugno 2025 inaugureremo un Centro speciale per il trattamento delle persone torturate e lo intitoleremo a Raphael Lemkin, il giurista polacco di origini ebraiche che ha vissuto e studiato all'università di Lviv e che ha coniato il termine "genocidio". È anche grazie al suo lavoro che le Nazioni Unite adottarono nel 1948 la Convenzione per la prevenzione e la repressione dei crimini di genocidio.

«Abbiamo costruito a tempi record un edificio con alloggi per i feriti più gravi con il contributo della Commissione europea; stiamo costruendo insieme alla Croce Rossa lituana e alla Croce Rossa giapponese un nuovo ospedale pediatrico e una nuova zona a parco... con la collaborazione di Taiwan stiamo ampliando il nostro Centro di riabilitazione per i feriti con protesi... Tutta l'area verrà collegata al centro cittadino con una nuova linea tramviaria.

«Lviv, nonostante si trovi a oltre 1000 chilometri dalla linea del fronte ha sofferto molto durante la guerra: nel settembre del 2024 un attacco combinato di droni e missili balistici russi ha danneggiato 189 edifici e ucciso ottanta persone... anche per questo motivo abbiamo costruito tremila rifugi pubblici!

«Ah, dimenticavo... abbiamo reso obbligatorio l'insegnamento degli scacchi in tutte le scuole, a partire dalle elementari» aggiunge con un largo sorriso «questa è l'unica eredità positiva dell'epoca sovietica. Gli scacchi. Solo gli scacchi. Tutto il resto possiamo buttarlo via.»

Infine l'arte. «Sì, l'arte ha un impatto importante» insiste «nelle attività di recupero dopo le torture e tutti i traumi gravissimi della guerra... ma lo vedrai tu stesso domani quando andrai a visitare il centro Unbroken.»

Dall'inizio dell'invasione su larga scala sono passati da qui quasi 5 milioni di civili in fuga dalla guerra. «A Lviv ospitiamo oltre centocinquantamila sfollati provenienti dalle regioni orientali del paese, moltissimi dalle città di Mariupol e Melitopol, ancora sotto occupazione russa.»

Proviamo a ragionare sulle possibilità di una pace giusta, sulle prospettive di integrazione dell'Ucraina nell'Unione Europea, sulle garanzie di sicurezza che la Nato potrebbe offrire al paese. Ora Andriy Sadovyi si accalora.

«Prevedo tempi bui per l'Europa e per il mondo» inizia «ogni tanto ho la sensazione che gli europei abbiamo perso la capacità di comprendere la realtà... la Russia ha soltanto iniziato e Vladimir Putin crede che l'ordine mondiale debba essere radicalmente modificato.

«La guerra arriva sempre inaspettatamente... nessuno ci crede finché non vede le bombe vicino a casa. Nessuno pensava che la Prima guerra mondiale sarebbe scoppiata e lo stesso è accaduto prima del secondo conflitto mondiale... Fino all'ultimo, nonostante duecentomila truppe russe ammassate ai nostri confini, in Europa c'era chi diceva che l'invasione su larga scala non ci sarebbe mai stata... Ora abbiamo da quasi quattro anni la guerra di nuovo in Europa. L'Europa è di nuovo in pericolo!

«Noi combatteremo fino alla fine... nell'ultimo secolo un uomo ucraino su due e una donna ucraina su tre sono stati uccisi, perché non avevamo un nostro stato: l'Holodomor, le deportazioni di Stalin, la Seconda guerra mondiale... ogni famiglia nella mia città potrebbe raccontarti una storia spaventosa di deportazione dei propri cari.

«Ma oggi abbiamo il nostro Stato... non è perfetto... abbiamo mille problemi... ma è il nostro Stato per il quale vale la pena di combattere.

«Ora lascia che ti mostri una bella vista dal mio balcone...»

La mattina seguente raggiungo il Centro Unbroken nella parte nord della città a 5 chilometri dal centro.

Sto andando a visitare alcuni centri dell'ecosistema integrato di cui mi ha raccontato a lungo Andriy Sadovyi: il Centro di riabilitazione per adulti e bambini che hanno subito amputazioni gravi durante la guerra; Unbroken Mothers, dedicato a donne in gravidanza e madri che hanno dovuto fuggire dalla guerra; Unbroken Art Workshop, il primo centro di arteterapia per veterani, soldati e famiglie colpite dalla guerra; il cantiere appena iniziato del nuovo Centro di riabilitazione di Bryukhovychi, con 9000 metri quadrati e 105 nuovi posti letto; la Fondazione Unbroken istituita da due giovani veterani ucraini, Serhiy Kostiuchenko e Yehor Oliynyk, che coordina la raccolta fondi, la formazione di specialisti in protesi e la promozione di eventi sportivi.

Una delle responsabili del centro mi accompagna fra i vari edifici e i vari reparti: «Dall'inizio del conflitto, abbiamo curato in queste strutture oltre ventimila civili e militari feriti durante la guerra... fra loro molti bambini».

Mi indica la foto di Jana Stepanenko, tredici anni, che l'8 aprile del 2022 perse entrambe le gambe nell'attacco missilistico russo alla stazione ferroviaria di Kramators'k. «È stata curata qui e oggi con le sue due protesi è riuscita a correre la maratona di Boston e di Tokyo! È diventata una nostra ambasciatrice» prosegue entusiasta «e partecipa a incontri con altri bambini feriti e a eventi di *fundraising* per Unbroken.»

Ci dirigiamo in uno dei reparti dove mettono a punto le protesi per sostituire gli arti mutilati. Qui sono tutti molto giovani e tutti soldati.

Dmytro (nome di fantasia) ha vent'anni, è stato ferito nel Kursk, la regione russa occupata dall'Esercito ucraino. Ha perso il braccio sinistro durante un attacco di un drone russo. Faceva parte di un reparto di truppe d'assalto. Viene dalla città di Berdyčiv, nella regione di Žytomyr. Ha finito il liceo e si è subito arruolato. «Perché?» gli chiedo.

«Volevo raggiungere mio padre e mio fratello più grande» mi racconta «non volevo che fossero soli in guerra.»

«Dove sono adesso?»

«Sono ancora nell'Esercito vicino al fronte.» Ha già avuto la sua protesi e dovrà restare qui ancora diversi mesi per la riabilitazione.

«Progetti per il futuro?»

«Credo che tornerò nell'Esercito. Ci sono tante cose da fare, anche in ruoli non di combattimento.» I medici mi confermano che questa scelta è condivisa dal 70-80 per cento dei pazienti di Unbroken.

Mikola ha quarantacinque anni, ha perso entrambe le gambe vicino a Chasiv Yar nel febbraio del 2024. Viene dalla fanteria. Ha due protesi di ultima generazione e ha fatto progressi notevoli. «Tornerai nell'Esercito una volta finite le cure?»

«Non credo... ho altri progetti... ho iniziato ad allenarmi per partecipare alle prossime paraolimpiadi... corsa... al momento riesco a correre fino a 2 chilometri, ma posso fare di meglio.»

12. *L'Asse delle autocrazie: la Corea del Nord in Ucraina e la Cina in Bielorussia*

Nel mese di ottobre del 2024 il capo dell'intelligence di Kyiv, Kyrylo Budanov, e il National Intelligence Service (Nis) di Seul hanno denunciato l'inizio del trasferimento di 10-12.000 truppe dalla Corea del Nord all'Ucraina. Le due agenzie di intelligence hanno svelato l'esistenza di diversi campi di formazione delle truppe di Pyongyang nell'estremo Oriente siberiano.

Le truppe di Kim Jong-un sono partite dalle basi militari nel Nord del paese di Chongjin, Hamhung e Musudan per essere dislocate in Russia a Vladivostok, Ussuriysk, Khabarovsk e Blagoveshchensk. Qui è iniziato un rapido programma di formazione per integrare le reclute nord-coreane con le forze di Mosca: sono state fornite finte identità, uniformi e armamento russo, per farle passare come reggimenti buriati e yakuti, la cui etnia ha tratti fortemente asiatici, confondibili con quelli nord-coreani.

L'intensa cooperazione militare fra Corea del Nord e Russia non è una novità: fin dal mese di agosto 2024, il regime di Pyongyang aveva già inviato lungo la ferrovia Transiberiana oltre 13.000 container di munizioni, 8 milioni di munizioni di artiglieria e alcuni consiglieri nord-coreani erano già presenti sul fronte del Donetsk.

Il presidente sud-coreano Yoon Suk-yeol ha riunito il suo Consiglio di sicurezza nazionale ritenendo che «la diretta cooperazione militare fra Russia e Corea del Nord rappresenti una minaccia per la nostra sicurezza e per l'intera comunità internazionale».

È evidente come tale scelta produca, poi, un radicale cambiamento del conflitto nel cuore dell'Europa, alla luce di un sempre maggiore coinvolgimento di quell'Asse delle autocrazie, che è già realtà. L'invio di truppe nord-coreane non è altro che un effetto collaterale di quella «alleanza senza limiti» annunciata da Vladimir Putin e Xi Jinping pochi giorni prima dell'invasione dell'Ucraina nel febbraio del 2022.

La Corea del Nord è uno Stato vassallo di Pechino, incapace di prendere decisioni autonome e totalmente dipendente dalla Repubblica Popolare Cinese, che alimenta e tiene in vita uno dei regimi più arretrati del pianeta: una casta guerriera di 1,28 milioni di soldati, una spesa militare che supera il 50 per cento del Pil, e una microscopica economia totalmente asservita alle esigenze del «caro leader» e ai suoi sodali.

Con un Pil pro-capite di 538 dollari all'anno, di cui metà sequestrati dalla casta militare, il regime di Pyongyang non è soltanto un incubo totalitario, ma uno dei paesi più poveri del pianeta.

La Corea del Nord è stata usata storicamente da Pechino come un «cavallo pazzo» da mettere in libertà a seconda delle convenienze, rappresentando un utile strumento di destabilizzazione, mai troppo pericoloso però. Il coinvolgimento di truppe nord-coreane in Europa rappresenta però un salto di qualità che certifica l'interoperabilità delle peggiori dittature del pianeta.

La nuova fase «globalizzata» della guerra in Ucraina rende sempre più evidente l'esistenza di un *fil rouge* che lega fra loro le peggiori autocrazie del pianeta, che hanno su più fronti lanciato una sfida alla comunità delle democrazie e a un ordine internazionale fondato sulle regole e sui diritti.

L'Asse delle autocrazie, l'alleanza fra Russia, Cina, Iran e Corea del Nord, ha obiettivi di lungo periodo: mutare in modo radicale il sistema delle relazioni internazionali anche con l'uso arbitrario della forza militare; sfidare le democrazie liberali; cancellare l'universalità dei diritti umani.

E il racconto di questi quattro paesi è pressoché identico: la minaccia esterna da contenere (la Nato...); un presunto «spazio vitale» da conquistare (quel *Lebensraum* che avremmo voluto dimenticare...), nel caso cinese nello stretto di Taiwan e nel mare di fronte alle Filippine, nel caso russo l'impero sovietico perduto; l'affermazione di un'idea assolutistica di «sovranità nazionale», grazie alla quale il «sovrano» all'interno dei propri confini, può esercitare l'arbitrio più assoluto.

L'obiettivo è ambizioso: indebolire l'Occidente su più fronti possibili in Europa, Medio Oriente e Asia.

La Cina sostiene lo sforzo bellico di Mosca con la fornitura di tecnologie *dual use*, migliaia di droni commerciali facilmente modificabili; forniture di semiconduttori e macchinari utensili per la produzione bellica e gli investimenti cinesi in Russia sono quadruplicati dall'inizio della guerra.

I rapporti fra la Russia, l'Iran e i suoi *proxies* sono noti da tempo: gli acquisti russi dei droni Shahed, che ogni notte fanno strage di civili in Ucraina, hanno superato i 900 milioni di dollari. L'Iran ha poi fornito a Mosca i missili R-122mm di fabbricazione nord-coreana e inviato istruttori militari in Crimea.

Prima dell'invio di truppe in Ucraina, la Corea del Nord è stato lo storico fornitore di mitragliatori e lanciagranate ad Hamas ed Hezbollah, molti dei quali trovati a Gaza e da diversi anni collabora con l'Iran nello sviluppo di missili balistici intercontinentali (Icbm) con un raggio di azione superiore ai 5500 chilometri.

Secondo l'intelligence britannica, al giugno 2025, le truppe della Corea del Nord hanno subito perdite pari al 50 per cento dell'intero contingente, al momento dispiegato esclusivamente nella controffensiva russa nel Kursk.[37]

Ma non è l'unico elemento che indica una progressiva «internazionalizzazione» del conflitto in Ucraina.

Da Lviv la frontiera con la Bielorussia dista soltanto 250 chilometri e, contemporaneamente alla presenza di truppe nord-coreane nel teatro ucraino, la Repubblica Popolare Cinese ha dispiegato per la prima volta un proprio contingente militare in Europa.

Le esercitazioni militari congiunte Eagle Assault-2024[38] si sono tenute dall'8 al 19 luglio 2024 vicino alla città di Brest a pochi chilometri dalla frontiera della Polonia e dell'Ucraina.

La dichiarazione congiunta dei due eserciti ha sottolineato il duplice obiettivo di queste prime e inedite esercitazioni: «aumentare l'interoperabilità, rafforzare la cooperazione fra le due forze armate» e persino «fornire un contributo alla pace e alla stabilità regionale».

L'annuncio ha seguito di pochi giorni l'ingresso della Bielorussia nella Shanghai Cooperation Organisation (Sco),[39] che da diversi anni Pechino tenta di trasformare da semplice Forum sulla sicurezza euro-asiatica a vera e propria organizzazione di difesa e sicurezza, alternativa e competitiva dell'Alleanza Atlantica. Ma con le esercitazioni militari congiunte in Bielorussia, Pechino compie un salto di qualità inviando proprie truppe al confine della Nato e nel cuore dell'Europa.

Per i paesi dell'Alleanza Atlantica la minaccia di Pechino all'ordine internazionale fondato sulle regole e sui diritti da oggi assume contorni nuovi, con il dispiegamento, per quanto provvisorio, di truppe cinesi sul suolo europeo, unitamente alle accresciute evidenze del sostegno cinese all'impegno bellico della Russia in Ucraina: cooperazione fra le intelligence russe e cinesi, attacchi cyber, massicce campagne di disinformazione in Europa e negli Usa; sostegno allo sforzo bellico russo con la fornitura di tecnologie *dual use*, a partire da migliaia di droni commerciali facilmente modificabili, semiconduttori e macchinari utensili per la produzione bellica.

Dall'inizio della guerra gli investimenti cinesi in Russia sono quadruplicati, in particolare nel settore bancario ed energetico, garantendo a Mosca il «fiato» necessario per uscire dalla morsa delle sanzioni occidentali.

La presenza dell'Esercito cinese in Bielorussia rende quindi evidente come il teatro europeo ed euro-mediterraneo e quello dell'Indo-Pacifico siano oramai fortemente interconnessi e che Pechino rappresenti una minaccia crescente per l'intero Occidente.

13. *Verso la UE il giorno del D-Day*

È venerdì 6 giugno 2025, l'ottantunesimo anniversario del D-Day ed è difficile non pensare alle guerre di liberazione contro i totalitarismi. Oggi, come allora, la battaglia è la stessa: contro le dittature e per la libertà; contro regimi aggressivi che vogliono riscrivere la storia con i carri armati e per difendere un popolo libero aggredito senza ragione.

Flixbus ha riattivato le linee automobilistiche fra Lviv e Cracovia e oggi passerò gran parte del mio tempo in viaggio. Il paesaggio dalla città alla frontiera di Krakovets è mutato e gli infiniti campi di grano sono progressivamente sostituiti da fitte foreste di conifere che annunciano l'arrivo dell'Europa centrale.

La strada attraversa decine di centri agricoli e non c'è villaggio nel quale non si possa notare un ampliamento recente del cimitero, con decine di bandiere gialle e blu accanto alle tombe dei soldati.

Alla frontiera con la Polonia e con l'Unione Europea c'è una lunga coda: in uscita dall'Ucraina auto e bus con donne, bambini e anziani; in entrata una lunga fila di camion con i mezzi militari della coalizione occidentale in sostegno all'Ucraina. Le guerre seguono purtroppo ritmi e modalità che tendono a ripetersi.

Il viaggio lungo il nuovo Grande Gioco che si sta dispiegando di fronte ai nostri occhi avrebbe dovuto finire qui fra l'Ucraina e la Polonia, ma l'imprevedibile quarantasettesimo presidente degli Stati Uniti d'America, Donald Trump, con le sue mire espansionistiche sulla Groenlandia, territorio autonomo della Danimarca, paese membro della Nato e dell'Unione Europea, mi costringe a un supplemento verso nord, nell'Artico diviso fra Europa, America e Russia.

Viaggio dell'autore
Passaggio a Nord-Ovest
Passaggio a Nord-Est
Base militare Usa di Pitu
Basi navali Russia nell'Art
Elmendorf-Richardson
Alaska
Canada
Pevek
Tiksi
Russia
Dikson
Passaggio a Nord-Ovest
Passaggio a Nord-Est
Polo Nord
Pituffik
Space base
Groenlandia
Svalbard
Nuuk
Murmansk
Svezia
Finlandia
Islanda
Norvegia
Giuk Gap
(Groenlandia, Islanda
Regno Unito)
Groenlandia: l'ultima frontiera

8
Groenlandia: l'ultima frontiera

1. *Nuuk, la capitale inuit e il Grande Gioco dell'Artico*

Cinque ore di volo e da Copenaghen raggiungo Nuuk, la capitale della Groenlandia, la grande isola di ghiaccio nel cuore dello scacchiere geopolitico dell'Artico.

Con i suoi 2,1 milioni di chilometri quadrati, in gran parte coperti dalla calotta glaciale; cinquantaseimila abitanti, che ne fanno il paese con la densità abitativa più bassa del pianeta; pochissimi chilometri di strade e immense risorse naturali ancora da sfruttare, la Groenlandia è al centro della competizione fra le grandi potenze, che ha investito anche le aree remote oltre il Circolo Polare Artico.

Nuuk è abitata da un terzo della popolazione della grande isola ed è un susseguirsi di case colorate che si alternano ai grandi condomini affacciati sugli iceberg che galleggiano nel fiordo. La via pedonale Imaneq è il cuore politico e commerciale della città: i ministeri e gli uffici governativi dell'isola si confondono con i caffè e i centri commerciali.

In questo avamposto di diciannovemila abitanti la storia è di nuovo in movimento lungo percorsi spesso imprevedibili.

L'isola è sospesa fra Europa e America: fra il suo passato coloniale e le forti aspirazioni indipendentiste del popolo inuit. Tre ore di fuso orario dividono Nuuk sia da Bruxelles che da Washington ed è proprio nelle capitali del vecchio e del nuovo continente che il governo locale ha aperto negli anni scorsi le sue due prime «ambasciate», per costruire una rete diplomatica fondamentale per creare le condizioni di una piena futura sovranità.

Geograficamente «americana» e storicamente «europea», l'isola dei ghiacci ed ex colonia danese, è oggi una «nazione costitutiva» del regno di Danimarca, che con due successivi passaggi costituzionali (il Self Rule Act del 1979 e il Self Rule Government Act del 2009)[1] ha conquistato un ampio grado di autogoverno e di autonomia.

Gli inuit eleggono ogni quattro anni un Parlamento di trentuno membri, con un sistema multipartitico e proporzionale; il Naalakkersuisut (governo), che deve ottenere la fiducia in Parlamento, è competente su tutte le materie fatte salve la politica estera, la difesa, la giustizia e la finanza. Il Parlamento elegge poi il Primo ministro.

Ma se fino a pochi anni fa la tensione sull'isola era confinata ai rapporti fra le istanze di autogoverno inuit e l'antica potenza coloniale danese, oggi tutto si è fatto molto più complicato.

I cambiamenti climatici stanno rapidamente mutando non soltanto la quantità e la condizione dei ghiacci, ma hanno già prodotto un'onda tellurica dagli esiti geopolitici imprevedibili.

Il Passaggio a Nord-Ovest (fra Groenlandia e Canada) e quello a Nord-Est (fra Groenlandia e Federazione Russa), non sono più soltanto una chimera inseguita dagli esploratori dei secoli scorsi, ma una possibilità concreta che già oggi permette rotte più brevi e meno costose di quelle tradizionali attraverso il Canale di Suez e quello di Panama.

Su queste possibili future rotte del commercio globale, le grandi potenze hanno iniziato una nuova «corsa all'oro», mettendo in cantiere una pluralità di azioni politiche, militari, diplomatiche e commerciali che stanno mutando in profondità la vita della grande isola del Nord.

Ed è qui che Usa, Russia, Cina, Canada ed Europa potrebbero rapidamente entrare in rotta di collisione.

La via pedonale Imaneq è cosparsa di una compatta lastra di ghiaccio e da poco si è qui compiuta una piccola «tragedia» nazionale: la chiusura dell'unica libreria della città di Nuuk, la

Atuagkat Boghandel, aperta ininterrottamente da settant'anni e riferimento della vita culturale cittadina e dell'orgoglio inuit.

È mattina, il freddo secco non supera i -6 gradi, ma nei caffè della «vecchia Nuuk», di fronte al «porto coloniale» oramai in disuso e sotto la statua con lo sguardo austero e Bibbia nella mano del predicatore Hans Hegede, fondatore della città di Godthåb nel 1728 (il vecchio nome di Nuuk), tutti sembrano avere già dimenticato le mire espansionistiche di Donald Trump e discutono soltanto di quando le mille piccole imbarcazioni rimessate accanto alle case colorate della città, potranno riprendere a navigare.

Ci sono ancora molti iceberg spinti dal vento e dalle onde che giungono in profondità nel fiordo di Nuuk e assediano il porto commerciale. Per le piccole imbarcazioni non è ancora giunto il momento di tornare in mare.

La baia è solcata in questi giorni dal pattugliatore oceanico della Danish Royal Navy, *HDMS Vædderen*, 3500 tonnellate, 118 metri di stazza e un armamento molto italiano: un cannone Oto Melara da 76mm e un elicottero Agusta Westland. È accompagnata anche da una seconda nave della Marina danese, il pattugliatore *HDMS Ejnar Mikkelsen*, a ricordare la sovranità danese sull'isola.

La Danimarca mantiene sull'isola il proprio Comando artico con tre piccole basi militari sulla costa est, fra cui Station North di fronte al Giuk Gap,[2] il corridoio strategico che collega Groenlandia, Islanda e Regno Unito, fondamentale per il controllo delle rotte navali e sottomarine nell'Atlantico settentrionale e terminale del Passaggio a Nord-Est.

Ma non è l'unica presenza militare.

A 1118 chilometri a nord del Circolo Polare Artico nell'estremo Nord-Ovest della Groenlandia, gli Stati Uniti gestiscono la Pituffik Space Base (in passato nota anche come Thule Air Base). La base militare è un pilastro della difesa aerea e missilistica americana nell'Artico fin dai tempi della Guerra Fredda, e oggi assume una nuova centralità alla luce della crescente competizione con Mosca e Pechino.

La criticatissima visita del vicepresidente degli Stati Uniti J.D.

Vance, accompagnato dalla moglie, l'avvocatessa Usha Chilukuri Vance, il 28 marzo 2025, è stata l'occasione del rilancio della retorica molto aggressiva della nuova amministrazione Trump. «Il nostro messaggio alla Danimarca è molto semplice» ha detto Vance. «Non avete fatto un buon lavoro per il popolo della Groenlandia.»

L'idea che l'America possa annettere il territorio sovrano della Danimarca, alleato di lunga data e membro fondatore della Nato, è così assurda che la maggior parte delle persone si è finora rifiutata di prenderla sul serio. Ma negli ultimi giorni e settimane, l'amministrazione Trump ha segnalato in ogni modo possibile che intende davvero espandere il controllo americano sull'isola artica. Un'annessione forzata della Groenlandia da parte degli Stati Uniti avrebbe conseguenze disastrose, sia per l'America che per il mondo e la prospettiva di un'azione del genere è ora molto meno remota di quanto si pensasse.

Cresce la tensione fra i paesi occidentali sul dossier «Groenlandia», inaspettatamente aperto da Donald Trump, e cresce contemporaneamente la competizione con Russia e Cina nell'Artico.

La Russia è storicamente una potenza artica e con le sue cinquanta navi rompighiaccio e sottomarini a propulsione nucleare ha dominato per lungo tempo su quasi la metà delle terre e dei mari nel Circolo Polare Artico.

L'invasione dell'Ucraina del febbraio 2022 ha portato alla sospensione di ogni forma di collaborazione fra la Russia e gli altri Stati membri in seno al Consiglio Artico,[3] tutti anche membri Nato (Canada, Islanda, Svezia, Norvegia, Danimarca, Stati Uniti) e il prolungato impegno militare in Ucraina ha costretto Mosca a rallentare i progetti di costruzione di nuove navi rompighiaccio e di nuovi sottomarini a propulsione nucleare, aprendo così la strada al suo alleato cinese nell'Artico.

La Cina si definisce da tempo un *near arctic power* e su questo fronte ha messo in cantiere una strategia articolata per aumentare la propria presenza geopolitica nell'area con un occhio particolare alla possibilità di sfruttare il Passaggio a Nord-Est come rotta commerciale prioritaria fra Cina, Europa e America.

Pechino ha promosso massicci investimenti tecnologici e cantieristici navali con la costruzione di nuove navi rompighiaccio; investimenti infrastrutturali e minerari in Groenlandia; un'offensiva diplomatica per diventare membro a pieno titolo del Consiglio Artico. Per la Cina la Via della Seta polare è oggi una priorità geostrategica per ridurre le connessioni marittime e commerciali fra Cina ed Europa e per consolidare l'alleanza militare con Mosca.

Nell'incontro bilaterale fra Xi Jinping e Vladimir Putin del 4 febbraio del 2022 quando, pochi giorni prima dell'invasione dell'Ucraina, venne siglato un ampio accordo di partnership fra le due potenze (la oramai nota *limitless alliance*...), per la prima volta l'Artico è stato inserito fra le priorità della cooperazione strategica fra i due paesi.

Nell'Artico l'alleanza fra Cina e Russia è sempre più solida.

«Vladimir Putin sta pensando di costruire una nuova organizzazione internazionale nell'Artico insieme alla Repubblica Popolare Cinese» mi racconta Sarhi Arho Avhen, esperta di geopolitica dell'Artico e ricercatrice del Royal United Service Institute[4] «anche in risposta alla sua sospensione dalle attività del Consiglio Artico dominato dai paesi dell'Alleanza Atlantica. La cooperazione fra Cina e Russia nell'Artico è cresciuta esponenzialmente negli ultimi anni.»

Ogni anno il Pentagono presenta al Congresso Usa un Rapporto di analisi dello sviluppo militare della Repubblica Popolare Cinese e in quello del 2024[5] una parte importante è dedicata al nuovo impegno di Pechino nell'Artico.

Il Rapporto evidenzia in particolare l'impegno industriale e militare cinese nella costruzione di nuove navi rompighiaccio, la *Xue Long 1*, la *Xue Long 2*, alle quali nel 2023 si è aggiunta la terza nave rompighiaccio polare, *Zhong Shan Da Xue Ji* e la crescita della cooperazione militare fra Russia e Cina nell'Artico.

Nel settembre 2022 Pechino e Mosca hanno poi promosso manovre militari congiunte nel Mare di Bering e nel 2024, entrambe le nazioni hanno condotto diverse operazioni congiunte con il coinvolgimento delle forze navali e aeree dei reciproci eserciti.

Il nuovo Grande Gioco è giunto definitivamente fra i ghiacci.

2. *Terre rare fra i ghiacci*

Ciò che qui a Nuuk tiene banco in ogni confronto politico è la grande concessione mineraria di Kvanefjeld, assegnata nel 2007 a un consorzio cinese e australiano (Energy Transition Mineral), controllato dal gruppo Shenge con sede a Pechino, per l'estrazione di terre rare e uranio, con un valore potenziale stimato intorno ai 6 miliardi di dollari.

La ministra Naaja Nathanielsen, quarantanove anni, è stata da poco confermata nel nuovo governo di coalizione nato in seguito alle elezioni generali dell'11 marzo 2025, e formato da quattro dei cinque partiti politici in lizza. Fa parte del partito ecologista, di sinistra e indipendentista Inuit Ataqatigiit e ha un portafoglio ampio: imprese, commercio, minerali, risorse naturali e giustizia.

È lei che nel 2021 ha fatto approvare la legge per il bando dell'estrazione dell'uranio sull'isola ed è sempre lei, insieme all'ex premier Múte Bourup Egede che ha revocato la concessione mineraria di Kvanefjeld, aprendo un contenzioso giuridico con l'impresa cinese-australiana, ancora non concluso.

La incontro nell'edificio con le pareti di legno dipinte di rosso del suo ministero nel centro di Nuuk: «L'azienda cinese è molto aggressiva» mi racconta «ed è in corso un arbitrato. Ora stiamo discutendo su quale sia la corte competente, fra quella groenlandese e quella danese, ma rimane un problema di merito: noi riteniamo che quella concessione sia svantaggiosa per il nostro paese, da un punto di vista economico e ambientale».

«Mi spieghi meglio...»

«Non siamo contrari in linea di principio allo sfruttamento minerario e la Groenlandia ha enormi potenzialità» si alza e mi indica una grande mappa nel suo ufficio con tutte le prospezioni già realizzate e una completa mappa geologica: litio, terre rare, nichel, cobalto, gas naturale. «Vogliamo però che tutte le concessioni per l'estrazione mineraria tengano conto degli elevati standard ambientali che abbiamo imposto all'attività estrattiva... viviamo in un paese molto fragile» prosegue con decisione «minacciato dai cambiamenti climatici, in un delicatissimo equilibrio con il mare e le sue risorse... sottovalutare tutto ciò e permettere attività estrattive fuori controllo è per noi un rischio esistenziale.

«Sono a favore dell'attività estrattiva» insiste «come lo sono tutti gli inuit, ma essendo noi un popolo che ha sempre vissuto soltanto grazie al proprio rapporto con le risorse naturali, vogliamo realizzare l'attività mineraria nel pieno rispetto dell'ambiente, garantendo un adeguato sviluppo per le comunità locali e naturalmente anche un elevato impatto occupazionale.»

Secondo lo U.S. Geological Survey[6] il sottosuolo della Groenlandia ospita riserve di petrolio e gas naturale pari rispettivamente al 13 per cento e al 30 per cento di quelle mondiali. Sono stati inoltre individuati depositi di materie prime critiche, tra cui le terre rare, la grafite, il nichel, il litio e lo zinco. Il sottosuolo ospita anche giacimenti di uranio, oro, diamanti e rubini.

Le sole riserve di terre rare, sempre secondo lo U.S. Geological Survey, nel 2023 ammontavano a 1,5 milioni di tonnellate. Poi ci sono il grande giacimento di molibdeno di Malmbjerg, il giacimento di platino, titanio e vanadio di Skaergaard e il giacimento di stronzio di Karstryggen; i depositi di feldspati di Majoqqap, Qaava e Qaqortorsuaq. Un'altra risorsa in Groenlandia è l'uranio presente in abbondanza nel giacimento di Kvanefjeld e l'oro nell'area del fiordo di Sermiligaarsuk e sul Monte Nalunaq.

«Nel 2021 abbiamo vietato l'estrazione di petrolio e gas naturale» prosegue Naaja Nathanielsen. «Ed è stata una scelta ponderata e, come dite voi in Occidente, adottata con *heart and mind*. Certo siamo un partito ecologista e riteniamo il fossile una tecnologia del passato e crediamo che l'estrazione di petrolio vada vietata in tutto l'Artico, ma le assicuro che abbiamo anche analizzato con attenzione gli aspetti economici e il *business case* e non abbiamo finora trovato nessuna proposta convincente e fattibile: i costi di prospezione e di estrazione in Groenlandia sono elevatissimi e i pochi potenziali investitori non hanno mai proseguito seriamente.

«Preferiamo dunque puntare sulla transizione ecologica, anche per un fattore "tempo": ci vorrebbero almeno dieci anni per vedere il primo barile di petrolio e preferiamo puntare sulle tecnologie rinnovabili. Il modello che abbiamo in mente è la strada che sta seguendo oggi la Norvegia: eolico off-shore, geotermia, mobilità elettrica. Loro hanno estratto petrolio cento anni fa. Ora non avrebbe per noi più alcun senso.

«In più abbiamo grandi potenzialità» insiste «nel campo idroelettrico e nello sviluppo delle tecnologie di cattura e stoccaggio della CO_2.»

Cambiamenti climatici e questione ambientale dominano molte delle discussioni nella terra dei ghiacci e l'emergenza climatica divide la società. Per alcuni la riduzione dei ghiacci, l'apertura di nuove rotte commerciali a nord-ovest e a nord-est e la maggiore facilità nello sfruttamento delle risorse minerarie sono considerate un'opportunità, ma non per Naaja Nathanielsen. «Nessuno può uscirne vincitore dalla crisi climatica» mi dice con decisione «lo spessore del ghiaccio si sta riducendo, i ghiacci si sciolgono a una velocità inedita, il livello medio delle acque sale, aumentano gli eventi meteorologici estremi. Siamo inuit e abbiamo sempre vissuto in una forte "connessione" fra attività umane e attività naturali. La crisi climatica distrugge brutalmente questa connessione.»

Il quotidiano groenlandese «Sermitsiaq»[7] apre oggi con un editoriale della sua direttrice Masaana Egede sulla nuova vicenda «americana» che potrebbe mutare in profondità i connotati dell'isola.

Fino a qualche anno fa i quotidiani a Nuuk erano due, ma la crisi della carta stampata ha raggiunto anche l'estremo Nord e il secondo quotidiano del paese «AG» (Atuagagdliutit/Grønlandsposten), si è fuso con «Sermitsiaq» in un'unica realtà editoriale. Da qui la scelta di usare il dominio internet di Antigua e Barbuda «.ag», per ricordare l'unione delle due iniziative editoriali.

«Non abbiamo ancora superato lo shock successivo alle ripetute dichiarazioni di Donald Trump degli ultimi mesi sul "bisogno americano di esercitare un controllo totale sulla Groenlandia"» continua Naaja Nathanielsen «e continuiamo a ripeterci che la logica, il rispetto e il buon senso prevarranno, ma in molti iniziamo a temere il peggio...

«L'ossessione di Trump per le terre rare, in Canada, Ucraina e Groenlandia, la spregiudicatezza sul controllo delle rotte commerciali da Panama fino alle nostre acque, svela un pensiero espansionistico che a mio giudizio è totalmente anacronistico e pure pericoloso e rischia di legittimare altre mire espansionistiche: la Russia in Ucraina ieri, l'America in Groenlandia oggi, la Cina a Taiwan domani.

«Sappiamo quanto la Groenlandia sia importante per l'Occidente da un punto di vista geopolitico e geostrategico e non siamo contrari anche a un incremento della presenza militare di forze Nato e occidentali sul nostro territorio, ma qualunque scelta deve essere negoziata con il nostro governo.

«Il cammino che abbiamo iniziato conduce alla piena indipendenza e la Groenlandia raggiungerà questo obiettivo. Saremo un paese indipendente» conclude «libero, democratico e pienamente parte dell'alleanza occidentale. Ma tempi e modalità li decideremo noi.»

3. *«Never... Never... Never...»*

Il nuovo Consolato degli Stati Uniti d'America in Groenlandia è stato inaugurato il 10 gennaio del 2020 ed è ospitato in una piccola casa tradizionale di legno rosso con tetti di ardesia a ridosso del porto di Nuuk.

È spesso chiuso e il 15 marzo del 2025 ha visto sfilare sotto le sue finestre la più grande manifestazione dell'intera storia della Groenlandia con oltre diecimila manifestanti, praticamente la metà della popolazione della capitale, per protestare contro le ripetute rivendicazioni del nuovo presidente Donald Trump sull'isola.

«Per motivi di sicurezza nazionale e libertà in tutto il mondo» ha dichiarato il quarantasettesimo presidente «gli Stati Uniti d'America ritengono che la proprietà e il controllo della Groenlandia siano una necessità assoluta.»

La grande marcia degli inuit era guidata dal premier uscente Múte Bourup Egede, del partito Inuit Ataqatigiit[8] e da quello appena nominato Jens Frederik Nielsen, leader del partito Demokraatit,[9] uscito vincente dalle elezioni generali dell'11 marzo 2025.

We are not for sale e *Yankee go Home* i cartelli più diffusi, di cui c'è ancora traccia nella piccola capitale fra i ghiacci.

«Lasciatemelo ripetere: la Groenlandia appartiene al popolo groenlandese» mi racconta senza mezzi termini il premier uscente Múte Bourup Egede. «Il nostro futuro e la lotta per l'indipendenza sono affari nostri. Mentre altri, inclusi danesi e americani, hanno diritto alle proprie opinioni, noi non dovremmo lasciarci travolgere dall'isterismo e dalle pressioni esterne che ci distraggono dal nostro percorso. Il futuro è nostro e sta a noi plasmarlo. Ci impegniamo a esercitare i nostri diritti di popolo e a adempiere ai nostri doveri con saggezza e attenzione. Ogni giorno lavoriamo per diventare indipendenti.

«Fino a poco tempo fa potevamo contare con fiducia sugli americani, che erano nostri alleati e amici, e con i quali ci piaceva lavorare a stretto contatto. Ci hanno mostrato rispetto e abbiamo costruito solidi rapporti di cooperazione destinati a durare per molti anni. Ma quel periodo è finito, dobbiamo riconoscerlo. La nuova leadership americana è completamente indifferente a ciò per cui ci siamo battuti insieme in precedenza. Ora, il loro unico obiettivo è prendere il controllo del nostro paese.»

Nei giorni in cui ero a Nuuk è stata inaugurata una nuova connessione aerea con la provincia canadese del Nunavut: a partire dal 2 aprile del 2025 ogni settimana un piccolo aereo rosso della Greenlandair collega Nuuk con la città di Iqaluit attraversando lo stretto di Baffin, che separa l'isola dal Canada.

Ma c'è di più: a partire dal mese di giugno del 2025 la compagnia statunitense United Airlines ha inaugurato un collegamento fra l'aeroporto di Newark nel New Jersey e Nuuk, interrompendo decenni di isolamento transatlantico che obbligava a passare dall'Europa chi volesse volare dagli Stati Uniti alla Groenlandia.

Ma ciò che fino a pochi mesi prima sarebbe stato considerato un grande successo diplomatico per favorire interscambio economico e turismo, oggi è visto con angoscia.

«La Groenlandia sarà americana?» chiedo al tassista che avanza a fatica fra le strade ghiacciate di Nuuk e lui senza neanche aspettare la fine della mia frase, si volta agitato gridando «*Never... never.... never*», «Mai».

E lo stesso «*Never*», me lo ripete un secondo tassista, e poi di nuovo «*Never!*» urlato dai baristi del caffè Cafetuaq al Centro culturale Natuaq, cuore nevralgico della vita sociale cittadina.

E ancora «*Never*» mi dice con convinzione Lars Jørgen Kleist, imprenditore prima e oggi tassista, il quale mi segnala anche, sfogliando rapidamente il suo tablet al semaforo, una dichiarazione rilasciata poco prima dal ministro degli Affari Esteri della Francia Jean-Noël Barrot, il quale sostiene che «i confini europei non siano negoziabili». «La visita ufficiale del re di Danimarca Frederik X a Parigi» prosegue il capo della diplomazia francese «rappresenta un'opportunità per sottolineare la vicinanza, l'amicizia e l'alleanza fra i nostri due paesi. La pressione degli Stati Uniti nei confronti della Danimarca, paese membro della Nato e dell'Unione Europea, è totalmente ingiustificata. Ieri Francia e Danimarca hanno siglato un accordo bilaterale di partenariato strategico che riafferma il nostro impegno all'integrità territoriale e alla sovranità della Danimarca e grazie a questo accordo incrementeremo la cooperazione fra i nostri due paesi soprattutto nel campo della difesa.»[10]

Solo qualche mese fa sarebbe stato impensabile un accordo di reciproca difesa fra due paesi europei in seguito a mire territoriali degli Stati Uniti d'America.

4. *Maga a Nuuk*

Ma c'è anche chi l'America la vuole e che considera la possibilità di diventare il cinquantunesimo Stato americano un'opportunità unica, da cogliere al volo.

Incontro Gørgen Boassen al caffè Keto nel Centro Commerciale di Nuuk in una giornata ventosa che fa crollare la temperatura percepita a molti gradi sotto lo zero e rende il ghiaccio sulle strade della piccola città sempre più insidioso.

Si presenta con una T-shirt Maga e l'immagine dell'attentato a Donald Trump il 13 luglio del 2024 a Butler in Pennsylvania con la scritta «American Badass».

«Sono io» mi racconta «che ho organizzato la visita e il comitato di accoglienza di Don J. Trump Jr lo scorso 7 gennaio 2025.» Sa di essere una piccola minoranza nel paese, ma non demorde.

«La cosa migliore che gli Stati Uniti possono offrire alla Groenlandia è quella di diventare il cinquantunesimo Stato dell'Unione» attacca «oppure diventeremo una Repubblica con un nostro seggio alle Nazioni Unite e accordo di libera associazione con gli Stati Uniti sul modello di quanto già accade con Palau, le Isole Marshall e la Micronesia.»[11]

Ma l'Europa chiedo io? «Niente, l'Europa è finita e diventerà a maggioranza islamica in quindici-vent'anni...» per poi continuare con il solito armamentario complottista sulla «sostituzione etnica», sull'invasione islamica dall'Africa e via dicendo...

Gørgen si è fatto le ossa come volontario Maga in Pennsylvania in occasione della campagna presidenziale dell'ottobre del 2024 ed è anche uno dei promotori della Ong American Daybreak[12] che ha svolto un ruolo chiave nelle recenti relazioni fra la Groenlandia e l'amministrazione Trump.

«Ho deciso di andare a fare campagna elettorale» proclama «dopo che ho saputo che il Partito laburista britannico aveva inviato più di cento volontari per sostenere Kamala Harris. Sono un pacifista, Donald Trump farà finire la guerra in Ucraina e farà la pace con la Russia.»

Ci raggiunge al caffè Keto, Kuno Fencker, deputato di Naleraq,[13] partito sovranista e indipendentista che ha ottenuto il 18 per cento alle ultime elezioni generali ed è rimasto fuori dalla coalizione governativa.

«L'attuale grande coalizione» inizia Kuno «non vuole davvero l'indipendenza ma è per il mantenimento dello *status quo* con Copenaghen e il partito che ha vinto le elezioni [Demokraatit, N.d.A.] è un partito senza bussola ed è sostanzialmente populista.»

Kuno Fencker non esclude l'ipotesi «americana» e anzi la ritiene una possibilità concreta.

Ha partecipato alla cerimonia di inaugurazione presidenziale a Washington DC il 20 gennaio 2025 e ha le idee chiare sul percorso da intraprendere.

«Dobbiamo tenere aperte tutte le opzioni: negoziare con la Danimarca un nuovo accordo fra Stati sovrani» mi racconta «o in alternativa un accordo di libera associazione con gli Usa. E in ogni caso quando saremo indipendenti sarà fondamentale siglare un accordo di difesa e sicurezza con Washington. Facciamo parte del continente nordamericano e non possiamo prescindere da un rapporto organico con gli Stati Uniti.»

Kuno crede anche che sia stato un errore cacciare la Russia dal Consiglio Artico dopo l'invasione dell'Ucraina e accusa la coalizione di governo di voler trasformare la Groenlandia in uno zoo.

«Abbiano enormi risorse» insiste «petrolio, gas naturale, minerali di tutti i tipi che dovrebbero essere sfruttati... non possiamo vivere solo di turismo... l'attuale governo sta facendo scappare tutti i possibili investitori internazionali.

«E per fortuna che è stato eletto Donald Trump: l'America si sta svegliando dall'incubo *woke* e ha finalmente un presidente che vuole investire nuovamente nel gas, nel petrolio e nell'estrazione dei minerali strategici. La Groenlandia è dunque molto interessante per la nuova amministrazione Trump.

«La Groenlandia è già oggi un paese con riserve aurifere e nella miniera di Nalunaq [che in lingua inuit vuol dire "il posto difficile da trovare" e si trova nell'estremo Sud del paese, N.d.A.] sono già stati prodotte 11,7 tonnellate di oro. Pensa che l'Islanda ha appena 2 tonnellate d'oro come riserva aurifera...

«Sono anche favorevole alla revoca dell'embargo sullo sfruttamento dell'uranio in Groenlandia. Dobbiamo fare questo sacrificio, nell'interesse dell'Occidente. L'America non può comprarlo dalla Russia e a parte la Groenlandia non vi sono molte altre opportunità nel pianeta.»

Concludiamo il nostro incontro sui temi del nuovo Grande Gioco, che ha investito con vigore in queste lande artiche.

«I passaggi di Nord-Ovest e quello di Nord-Est» prosegue Kuno «sono oggi più convenienti di Suez e di Panama, permettendo connessioni molto più efficienti fra Asia, Europa e America. La Russia domina la connessione a est, la Cina è sempre più presente nell'Artico e sta costruendo rompighiaccio e navi polari con un'intensità mai vista prima; non passa giorno che non venga avvistato un sottomarino nucleare russo... È quindi normale che la nuova amministrazione Usa, il Canada e le potenze occidentali abbiano aumentato di molto l'attenzione sul grande Nord.»

5. *La madre del mare*

La cattedrale luterana del Salvatore, Annaassisitta Oqaluffia in lingua locale, è rivestita con pannelli di legno rosso ed è la chiesa principale di Nuuk. Si affaccia sul vecchio porto coloniale ed è stata fondata nel 1849 quando i danesi hanno imposto la religione protestante a colpi di conversione forzata della popolazione inuit.

Su tutta l'isola però negli ultimi anni c'è stata una riscoperta delle radici «pagane» che dominavano l'isola prima della colonizzazione.

Il Museo d'Arte di Nuuk[14] con la sua collezione molto eclettica di arte contemporanea inuit, oli paesaggistici danesi del XIX secolo, finti manifesti patriottici con l'invito a «riprodursi per difendere la patria» e di slitte motorizzate con installati sistemi missilistici, testimonia la *nouvelle vague* di orgoglio inuit e di rifiuto di un'identità esogena europea o americana.

La mostra temporanea *Melting Barricades* («Barricate che si sciolgono»), realizzata dagli artisti inuit Inuk Silis Høegh e Asmund Havsteen-Mikkelsen, immagina una realtà alternativa con la nascita dell'Esercito della Groenlandia, marce e appelli all'arruolamento. «Ricordate quando ci si poteva arruolare nell'Esercito groenlandese? Quando soldati in uniforme, con indosso l'equipaggiamento militare completo, marciavano sotto la bandiera groenlandese per le strade di Nuuk?»

I fotomontaggi sono ironici ed efficaci: interi condomini trasformati in basi per l'artiglieria; finti iceberg che celano basi missilistiche; slitte armate trainate da cani.

«*Melting Barricades* ha generato un grande dibattito» dice Nivi Christensen la direttrice del Museo «e una riflessione sulle questioni militari, sulla sovranità, sul rapporto coloniale con la Danimarca e sui valori groenlandesi in generale.»

Torno a piedi sulla costa dove decine di iceberg sono stati spinti a riva dalla forte corrente. Nella baia domina la scena la statua della «Madre del Mare»: è la statua più amata di tutta la città e rappresenta il simbolo della rinascita inuit e della riscoperta degli antichi culti sciamanici in contrapposizione al protestantesimo nordeuropeo.

Come soleva dire uno dei più noti e apprezzati intellettuali groenlandesi, Jens Rosing, scrittore, artista e a lungo direttore del Museo Nazionale della Groenlandia: «La stella del paganesimo ha perso il suo splendore, ma non si spegnerà finché l'aurora boreale danzerà nel cielo, finché infurieranno le tempeste e le onde si infrangeranno contro la roccia, finché il vento, la corrente e la torcia del sole faranno andare alla deriva gli iceberg».

Allontanandomi dalla città di Nuuk e dal suo inevitabile inquinamento luminoso, riesco a vedere l'aurora boreale che riempie il cielo del fiordo di Nuuk con lampi verdi e quinte ondulate in movimento a testimoniare l'instabilità permanente e la sospensione in cui vivono queste terre fragili.

Conclusioni

Il mondo libero contro le autocrazie: come vincere il nuovo Grande Gioco

The line it is drawn
The curse it is cast
The slow one now
Will later be fast
As the present now
Will later be past
The order is rapidly fadin'.
And the first one now
Will later be last
For the times they are a-changin'.

Bob Dylan, *Chronicles. Volume One*

Mentre questo libro sta per andare in stampa, il presidente Donald Trump ha fissato l'ennesimo ultimatum a Vladimir Putin, dopo averlo ospitato sul suolo americano nella base militare di Elmendorf-Richardson ad Anchorage, mentre la cosiddetta «coalizione di volenterosi» (gran parte dei paesi Nato più Giappone, Australia e altri alleati dell'Occidente), sta definendo una serie di garanzie di sicurezza da offrire all'Ucraina sul modello dell'articolo 5 dell'Alleanza Atlantica, unitamente alla possibilità di dispiegare sul terreno fino a trentamila soldati occidentali.

Intanto l'Ucraina continua a resistere e ogni notte le sue città vengono colpite da missili russi, droni Shahed di fabbricazione iraniana e droni a fibra ottica con componenti cinesi. La tv di stato della Corea del Nord ha, per la prima volta mostrato i soldati di Pyongyang che combattono sul suolo europeo contro le truppe ucraine nelle regione del Kursk, a fianco dei soldati russi.

Nel nostro lungo viaggio fra il Giappone e l'Europa, abbiamo osservato e analizzato quel *fil rouge* che lega eventi e soggetti distanti fra loro, ma che si stanno configurando sempre più come un «unico teatro» di un «nuovo Grande Gioco».

Mentre l'Occidente appare più diviso che mai fra Europa e Stati Uniti, le autocrazie di Russia, Cina, Iran e Corea del Nord stanno incrementando le proprie azioni di coordinamento e di sfida alla comunità delle democrazie, con un progetto chiaro in mente: cambiare in modo radicale il vecchio ordine internazionale fondato sulle regole e sui diritti.

E se dopo i due fronti «caldi» in Europa e in Medio Oriente, se ne aprisse un terzo in Asia? Quale sarebbe la reazione del mondo democratico se la Cina optasse per un azzardo militare nello stretto di Taiwan, magari con un blocco navale prolungato, o se tentasse di forzare ulteriormente l'occupazione illegale del Mar Cinese Meridionale, giungendo a uno scontro con le Filippine?

Per prima cosa dovremmo, in ogni modo possibile, evitare la «sindrome di Chamberlain».

Neville Chamberlain fu il Primo ministro britannico che il 30 settembre del 1938 firmò l'accordo di Monaco, che certificò la cessione della regione dei Sudeti (la minoranza di lingua tedesca della Boemia e della Moravia) alla Germania nazista che l'aveva poche settimane prima occupata con la forza, in modo unilaterale e senza alcuna motivazione se non assecondare il folle disegno di Hitler del *Lebensraum*, l'occupazione del presunto «spazio vitale» necessario al nuovo Reich.

Molti storici concordano nel ritenere che quel gesto di *appeasement*, quel segnale di «buona volontà» e di accondiscendenza nei confronti di un regime violento e aggressore, fu il via libera all'invasione della Polonia esattamente undici mesi dopo (il 1° settembre del 1939) e dunque l'elemento scatenante il secondo conflitto mondiale.

Il fantasma di Chamberlain riecheggia nelle parole di Donald Trump che chiede all'Ucraina di fermare la propria guerra di liberazione, invitando l'aggredito a ricercare una soluzione di pace con l'aggressore, cedendo per sempre le regioni di Kherson, Zaporižžja, Donetsk e Lugansk al regime brutale di Mosca; rinuncia a fornire adeguate garanzie di sicurezza all'Ucraina; pretende che l'Ucraina interrompa il proprio percorso di avvicinamento all'Unione Europea e alla Nato; vorrebbe concessioni di terre rare e litio per ripagare gli aiuti bellici americani di questi anni.

Questo «mondo alla rovescia» ribalta le categorie non soltanto della geopolitica ma anche del buon senso: gli aggressori vengono legittimati nel loro agire contro la legalità internazionale e gli aggrediti costretti in nome di una presunta, quanto velleitaria «pace» a cedere alle ragioni del più forte.

La resa al nemico come strumento per la ricerca della pace, la rinuncia a difendere un mondo fondato sulle regole e sullo stato di diritto, la pretesa furbesca di accondiscendenza con i dittatori in cambio di presunta stabilità e sviluppo, corre il rischio di diventare un pericoloso *new normal*.

Per evitare questo rischio l'Europa deve tentare in ogni modo di riannodare i fili della propria alleanza transatlantica: non possiamo «perdere l'America» e con essa quell'architettura di sicurezza che ha garantito ottant'anni di pace e stabilità fra le due sponde dell'Atlantico e in definitiva nel mondo intero.

Le istituzioni transatlantiche, a cominciare dalla Nato, andranno dunque rafforzate a cominciare da un'azione di riequilibrio: il «fronte europeo» deve incrementare contemporaneamente spese militari, integrazione e coordinamento. L'Europa deve ritrovare se stessa, accelerando il processo di integrazione e riuscendo anche a fornire risposte politiche e militari coerenti con le dimensioni delle nuova sfida.

L'Ucraina andrà rapidamente accolta a pieno titolo nella famiglia europea. L'Ucraina è Europa, geograficamente, culturalmente e storicamente e una sua sconfitta militare, con un possibile esito a «sovranità limitata», rappresenterebbe una minaccia esistenziale per l'Europa stessa.

Il destino di Kyiv è europeo e andrà pensata una corsia rapida, preferenziale e a tappe forzate per permettere la sua piena integrazione nelle istituzioni comunitarie.

Il Parlamento europeo dovrebbe accogliere da subito un gruppo di deputati ucraini indicati dal Parlamento di Kyiv, anche senza diritto di voto, ma con diritto di parola.

Vanno poi fornite garanzie europee di sicurezza all'Ucraina. I dubbi della nuova amministrazione Usa hanno interrotto il processo di avvicinamento dell'Ucraina alla Nato e se anche tale prospettiva va tenuta sempre aperta, non è, almeno per il momento, realistica.

Vanno dunque realizzati accordi militari bilaterali, sotto l'egida europea, fra l'Ucraina e i singoli Stati membri, più il Regno Unito. Accordi ampi che prevedano un processo costante nel tempo di forniture belliche; la realizzazione di joint venture euro-ucraine per la produzione bellica sul suolo ucraino; accordi di reciproca difesa in caso di attacco (sul modello dell'articolo 5 della Nato); apertura di basi militari permanenti sul suolo ucraino degli eserciti dei paesi europei firmatari.

L'Europa ha due potenze nucleari (Francia e Regno Unito); due paesi leader nella produzione bellica (Italia e Germania); un paese che ha già superato il 5 per cento del proprio Pil nella difesa (la Polonia); paesi che hanno già conosciuto la dittatura sovietica e che sono pronti a difendere la propria libertà senza cedimenti (Lituania, Estonia, Lettonia, Cechia, Romania, Bulgaria).

L'Europa deve essere pronta a inviare proprie truppe in Ucraina. La «coalizione di volenterosi» che sta muovendo i suoi primi passi è la strada giusta da percorrere.

L'Unione Europea deve escludere dal Patto di stabilità le spese militari, rendendo molto più agevole ai paesi membri un aumento significativo della propria spesa nel settore della difesa, prevedendo anche incentivi fiscali per le aziende che siano disponibili a investire nella produzione bellica congiunta in Ucraina.

Il Progetto ReArm Europe della Commissione, con 800 miliardi di euro destinati a rafforzare le capacità militari dei paesi dell'Unione Europea per sostenere adeguatamente l'Ucraina durante il conflitto in corso, sarà la spina dorsale sulla quale costruire una nuova politica comune di difesa e per realizzare anche un primo embrione di Esercito europeo con Comando unificato, in grado di affiancare gli eserciti dei singoli Stati membri nel fornire garanzie di sicurezza a Kyiv.

Infine, la Francia, unica potenza nucleare della Ue, e unico membro del Consiglio di sicurezza delle Nazioni Unite fra i paesi dell'Unione (dopo la Brexit), potrà fornire, anche congiuntamente al Regno Unito, un «ombrello nucleare» sul vecchio continente per fornire nuove garanzie di sicurezza nel caso venissero meno gli accordi transatlantici.

L'Ucraina si merita un destino europeo. Lo ha ricordato alla Conferenza sulla sicurezza di Monaco del febbraio del 2025 Volodymyr Zelensky, leader di una nazione che da tre anni resiste alla barbara e anacronistica invasione militare della Russia: «Vi esorto ad agire – per il vostro bene, per il bene dell'Europa – per i popoli d'Europa, per le vostre nazioni, per le vostre case, per i vostri figli e per il nostro futuro condiviso».

Ma non sarà ancora sufficiente. La sfida è molto più grande e non è limitata all'Europa, come abbiamo provato a raccontare nel nostro lungo viaggio attraverso quell'«unico teatro», lungo il quale si sta svolgendo sotto i nostri occhi il nuovo Grande Gioco del XXI secolo.

È sempre più necessario costruire una nuova architettura di sicurezza in grado di aumentare le capacità di deterrenza della comunità delle democrazie fra il Mediterraneo e l'Indo-Pacifico e non è più rinviabile la definizione di una coerente dottrina in grado di integrare le esigenze di sicurezza euro-atlantica con quelle dell'Indo-Pacifico.

I molti accordi «minilaterali», già realizzati, andranno integrati ed evoluti in forme più avanzate di «alleanza», fra paesi *like-minded*.

La cooperazione strategica Nato-IP4 fra i paesi dell'Alleanza e Corea del Sud, Giappone, Australia e Nuova Zelanda; il Quadrilateral Security Dialogue (Quad) fra India, Giappone, Australia e Stati Uniti; l'alleanza fra Regno Unito, Australia e Stati Uniti (Aukus); l'accordo trilaterale di Camp David fra Corea del Sud, Giappone, Stati Uniti; l'accordo di sicurezza nel Mar Cinese Meridionale fra Australia, Filippine, Giappone, Stati Uniti (Squad); il possibile allargamento della rete delle intelligence del mondo anglosassone (Five Eyes); I2U2 fra Emirati

Arabi Uniti, India, Israele, Stati Uniti (e il suo *spin-off* di Imec); il Global Compact Air Program fra Giappone, Italia, Regno Unito; il dialogo trilaterale Australia, Francia, India sulla sicurezza marittima, saranno la cornice nella quale collocare questa nuova stagione di cooperazione.

La nuova «coalizione globale» sarà lo strumento per garantire un Indo-Pacifico libero e aperto e fornire un'adeguata deterrenza per evitare conflitti futuri, a cominciare da quello con la Cina.

La Repubblica Popolare Cinese è oggi un fattore di instabilità dal subcontinente indiano all'Asia Orientale: alimenta una tensione permanente lungo 3800 chilometri di frontiera con l'India e rivendica come proprio l'intero Stato indiano dell'Arunachal Pradesh; occupa illegalmente una porzione enorme del Mar Cinese Meridionale rischiando ogni giorno un conflitto aperto con le Filippine; promuove manovre militari con la Russia nel Mar del Giappone; minaccia di riunificare con la forza Taiwan alla madrepatria e quasi ogni mese simula un blocco navale dell'isola.

Per prevenire un futuro conflitto è necessaria un'ampia alleanza fra le democrazie dell'Indo-Pacifico e le democrazie dell'area euro-atlantica in grado di mettere in cantiere una reale deterrenza: Pechino deve sapere che la piccola Cina democratica di Taiwan se attaccata, sarà difesa da una rete di paesi amici e alleati.

Poi c'è l'India il cui posizionamento sarà la vera «chiave di volta» di questo «nuovo Grande Gioco».

Non c'è infatti un solo dossier nel quale non siano chiari i vantaggi di un'alleanza globale fra India e Occidente: la costruzione di percorsi alternativi alla Via della Seta di Pechino, a cominciare dal Corridoio economico India-Medio Oriente-Europa; la libertà di navigazione nell'Indo-Pacifico; il *de-coupling* e il *de-risking* da Pechino; la partnership per costruire una nuova stagione di cooperazione congiunta euro-indiana in Africa e nel Sud globale; la cooperazione avanzata nel settore della sicurezza e della difesa.

L'India può rappresentare un nuovo e solido pilastro sul quale l'Occidente può poggiare le proprie strategie di lungo periodo in una crescente integrazione fra la sfera transatlantica e quella dell'Indo-Pacifico. Ma servono scelte concrete e urgenti. Due idee: allargamento del G7 all'India, facendo nascere un nuovo G8 fra le grandi economie del pianeta che condividono i fondamentali valori di libertà e democrazia e nascita di un trilaterale India-Unione Europea-Stati Uniti per costruire una partnership strategica di lungo periodo fra i tre grandi «blocchi democratici».

Infine è sempre più necessaria un nuova Alleanza fra le democrazie, grazie alla quale il mondo libero possa coordinare le proprie strategie di lungo periodo e rifondare un multilateralismo sempre più indebolito e travolto dalla crescente assertività delle autocrazie. Assertività che, peraltro, ha sempre più reso inefficiente il sistema delle Nazioni Unite, bloccato dai veti di Russia e Cina in Consiglio di sicurezza e non più in grado di svolgere compiutamente la sua missione prioritaria, quella di garantire globalmente pace e sicurezza.

Promuovere, diffondere e difendere democrazia e diritti è una garanzia di sicurezza per il mondo libero e i regimi e le dittature non sono immutabili nel tempo: possono cadere e dipende anche da noi.

Glossario

Aagc Asia-Africa Growth Corridor (Corridoio di crescita fra Asia e Africa). Progetto promosso dal governo dell'India in alternativa alla Via della Seta di Pechino

Accordi di Abramo Accordo di pace fra Israele, Stati Uniti, Bahrein, Emirati Arabi Uniti siglato il 13 agosto 2020. Successivamente si è unito anche il Marocco

Afu Armed Forces of Ukraine. Forze armate ucraine

Anp Autorità nazionale palestinese

Arunachal Pradesh Stato nel Nord-Est dell'India rivendicato interamente dalla Cina che lo ha rinominato Zangnam, «Tibet del Sud»

Asean Association of South East Asian Nations. Associazione degli Stati del Sudest asiatico (Brunei, Cambogia, Filippine, Indonesia, Laos, Malesia, Myanmar, Thailandia, Singapore, Vietnam)

Aukus Accordo di sicurezza fra Australia, Regno Unito e Stati Uniti siglato il 15 settembre 2021

B3W Build Back Better World è un'iniziativa lanciata il 12 giugno 2021 al G7 in Cornovaglia in risposta alla nuova Via della Seta cinese per lo sviluppo delle infrastrutture nei paesi del Sud del mondo

Biot British Indian Ocean Territory è un territorio britannico d'oltremare nell'Oceano Indiano che ospita la base militare anglo-americana di Diego Garcia sull'isola di Chagos

Bjp Bharatiya Janata Party. Partito del popolo indiano guidato da Narendra Modi, Primo ministro dell'India e al governo dell'India dal 26 maggio 2014. Ha 180 milioni di iscritti

Bri Belt and Road Initiative, acronimo inglese della nuova Via della Seta promossa dalla Repubblica Popolare Cinese

Brics Organizzazione internazionale promossa nel 2009 da Brasile, Russia, India, Cina, Sudafrica e ampliata nel 2024 a Egitto, Emirati Arabi Uniti, Etiopia, Iran, Indonesia

Cpec China-Pakistan Economic Corridor (Corridoio economico Cina-Pakistan)

Crimea Platform La Piattaforma della Crimea è un'iniziativa diplomatica promossa da Volodymyr Zelensky per denunciare l'occupazione russa della Crimea e per creare le condizioni per il recupero della sovranità ucraina sulla regione.

Csto Collettive Security Treaty Organisation. L'Organizzazione del Trattato della sicurezza collettiva è un'alleanza militare nata il 15 maggio 1992 fra sei paesi appartenenti alla ex Unione Sovietica: Armenia, Bielorussia, Kazakistan, Kirgizistan, Russia, Tagikistan

Cta Central Tibetan Administration. Governo tibetano in esilio con sede a Dharamsala in India

Daesh Vedi «Isis»

Dpp Democratic Progressive Party. Partito democratico del progresso di Taiwan, di ispirazione liberale

Eas East Asia Summit. È il summit annuale dei paesi dell'Asia Orientale cui partecipano 18 paesi dell'Indo-Pacifico

First Island Chain La «Prima catena di isole» fa parte della «Strategia della catena di isole» elaborata durante la Guerra Fredda da Stati Uniti e alleati nel Pacifico per contenere Cina e Unione Sovietica. Si svolge fra Giappone, arcipelago di Ryukyu, Taiwan, Filippine e Borneo

Five Eyes Accordo fra le Agenzie di intelligence di Australia, Canada, Nuova Zelanda, Regno Unito, Stati Uniti

Foip Free and Open Indo-Pacific. La dottrina dell'Indo-Pacifico libero e aperto è stata lanciata nel 2016 dall'allora Primo ministro giapponese Shinzo Abe e poi rilanciata dall'amministrazione Usa nel 2019

G7 Gruppo dei Sette (Canada, Francia, Germania, Giappone, Italia, Regno Unito, Stati Uniti)

G8 Gruppo degli Otto (Canada, Francia, Germania, Giappone, Italia, Regno Unito, Russia, Stati Uniti), dissolto nel 2014 in seguito all'invasione russa della Crimea, del Donetsk e del Luhansk

G20 Gruppo dei Venti (Arabia Saudita, Argentina, Australia, Brasile, Canada, Cina, Corea del Sud, Francia, Germania, Giappone, India, Indonesia, Italia, Messico, Regno Unito, Russia, Sudafrica, Turchia, Stati Uniti, Unione Europea)

Gagauzia Entità territoriale autonoma della Moldavia

Gcap Global Combat Air Program. Accordo fra Italia, Giappone e Regno Unito per lo sviluppo di caccia da combattimento di 6ª generazione

Global Gateway Progetto dell'Unione Europea lanciato nel 2021 per promuovere azioni di cooperazione allo sviluppo nel campo infrastrutturale nel Sud del mondo. È considerata la risposta europea alla Via della Seta di Pechino

Gsi Global Security Initiative. Iniziativa globale per la sicurezza lanciata da Xi Jinping il 21 aprile 2022, sotto il cui ombrello sono stati promossi diversi accordi nel settore della difesa e della sicurezza con i paesi aderenti alla nuova Via della Seta

Hamas Acronimo di Ḥarakat al-Muqāwama al-Islāmiyya, organizzazione terroristica che controlla la Striscia di Gaza dal gennaio del 2006

Hezbollah Partito di Dio, organizzazione politica e militare di stampo terroristico che controlla una parte rilevante del Sud del Libano

Houthi Ansar al-Allah, organizzazione politica e militare che controlla una parte dello Yemen grazie al sostegno dell'Iran

Hts al-Sham-Hts, eredi del gruppo jihadista di al-Nusra, la filiale siriana di al-Qaeda. Alla guida della Siria dal dicembre del 2024 dopo il crollo del regime di Bashar al-Assad

Icc International Criminal Court. Corte penale internazionale con sede all'Aja e con competenza in materia di genocidio, crimini di guerra e crimini contro l'umanità

Icj International Court of Justice. Corte internazionale di giustizia nota anche come Tribunale internazionale dell'Aja. È l'organo giudiziario delle Nazioni Unite

Idf Israel Defense Force, l'Esercito dello Stato di Israele

Imec India-Middle East-Europe Economic Corridor. Il Corridoio economico India-Medio Oriente-Europa è un progetto di connessioni infrastrutturali via mare e terra fra l'India, i paesi del Golfo, Israele e l'Europa lanciato in occasione del G20 di Nuova Delhi nel settembre del 2023

Inc Indian National Congress. Il Partito indiano del Congresso

Iora Indian Ocean Rim Association. Associazione dei paesi rivieraschi dell'Oceano Indiano

Irgc Il Corpo delle Guardie della Rivoluzione dell'Iran, noto anche come i «Guardiani della Rivoluzione», è una forza militare istituita dopo la rivoluzione del 1979 che risponde direttamente alla Guida suprema

I2U2 Nota anche come Alleanza indo-abramitica, riunisce Emirati Arabi Uniti, India, Israele e Stati Uniti. È considerata la cornice entro la quale è nato Imec

Isis Islamic State of Iraq and Syria. Stato islamico dell'Iraq e della Siria (ad-Dawla al-Islāmiyya) che nel 2015 ha fondato un califfato controllando oltre un terzo di Iraq e Siria

Jdf Japanese Defense Force. Le Forze di autodifesa del Giappone, termine con il quale vengono definite le forze armate del Giappone.

Kmt Kuomintang. Partito nazionalista cinese fondato da Sun Yat-sen nel 1919, sconfitto nella guerra civile dal Partito comunista cinese nel 1949, che costrinse alla fuga a Taiwan tutti i suoi membri

Krg Kurdistan Regional Government, governo regionale del Kurdistan (Iraq)

Kri Kurdistan Region of Iraq. La regione autonoma curda nel Nord dell'Iraq con capoluogo Erbil

Lac Line of Actual Control. La Linea di controllo effettivo rappresenta il confine *de facto* fra India e Cina lungo la catena himalayana dopo la guerra fra i due paesi del 1962

Lok Sabha Camera bassa del Parlamento indiano

Nato North Atlantic Treaty Organisation. Organizzazione del Trattato dell'Atlantico del Nord

Nato-IP4 Nato-Indo Pacific 4. Gruppo informale di dialogo fra la Nato e Australia, Giappone, Nuova Zelanda, Corea del Sud

Nsc National Security Council. Consiglio di sicurezza nazionale degli Stati Uniti

Ong Organizzazione non governativa

Osce Organizzazione per la sicurezza e la cooperazione in Europa composta da 57 paesi

Palm Pacific Islands Leaders Meeting. Vertice con scadenza triennale fra il Giappone e gli Stati insulari del Pacifico

Pcc Partito comunista cinese.

Pif Pacific Islands Forum. Il Forum degli Stati insulari del Pacifico è l'organizzazione regionale che riunisce 18 Stati e territori del Pacifico

Ramsi Regional Assistance Mission to Solomon Islands

Quad Quadrilateral Security Dialogue. Dialogo quadrilaterale di sicurezza fra Australia, Giappone, India e Stati Uniti

Rajya Sabha Camera alta del Parlamento indiano

Raisina Dialogue Il principale Forum sui temi della geopolitica e della sicurezza internazionale promosso dal governo dell'India e dal think tank Observer Research Foundation (Orf)

Roc Republic of China. Il nome ufficiale di Taiwan

Sco Shanghai Cooperation Organisation. L'Organizzazione della cooperazione di Shanghai è un organismo di cooperazione in materia di sicurezza promosso da Cina, Russia, Kazakistan, Kirgizistan e Tajikistan

Scri La Supply Chain Resilience Initiative è un accordo trilaterale promosso dai ministri del Commercio di India, Giappone e Australia il 27 aprile 2021 durante la pandemia di Covid-19

Second Island Chain La «Seconda catena di isole» fa parte della «Strategia della catena di isole» elaborata durante la Guerra Fredda da Stati Uniti e alleati nel Pacifico per contenere Cina e Unione Sovietica. Si svolge fra Giappone, Guam, Palau, Micronesia e Papua Nuova Guinea

Sff Special Frontier Forces. Forze speciali di frontiera, composte da soldati tibetani e inquadrate nell'Esercito indiano

Squad Accordo di cooperazione militare nel Mar Cinese Meridionale fra Filippine, Usa, Giappone e Australia

String of Pearls Per «Filo di perle» si intende la pluralità degli investimenti cinesi in campo militare, infrastrutturale e commerciale nell'Oceano Indiano (Sri Lanka, Maldive ecc.) con l'obiettivo di contenere la presenza dell'India.

Third Island Chain La «Terza catena di isole» fa parte della «Strategia della catena di isole» elaborata durante la Guerra Fredda da Stati Uniti e alleati nel Pacifico per contenere Cina e Unione Sovietica. Si svolge fra le isole Midway, Hawaii, Samoa, Tonga e la Nuova Zelanda

Tpie Tibetan Parliament in Exile. Parlamento tibetano in esilio con sede a Dharamsala in India

Transnistria Pridnestrovskaja Moldavskaja Respublika. La Repubblica moldava della Transnistria è una Repubblica autoproclamata nel territorio fra la sponda sinistra del fiume Dnestr e il confine dell'Ucraina

Trilaterale di Camp David Accordo strategico politico e militare fra Stati Uniti, Giappone e Corea del Sud promosso dal presidente Joe Biden e siglato a Camp David il 18 agosto 2023

Unclos United Nations Convention on the Law of the Sea. La Convenzione delle Nazioni Unite sul diritto dei mari dirime le controversie marittime fra gli Stati membri

Unrwa United Nations Relief and World Agency for the Palestine Refugee in the Near East. È l'organizzazione delle Nazioni Unite che si occupa dei rifugiati palestinesi

Note

Prologo

[1] Hopkirk, P., *Il Grande Gioco*, Adelphi, Milano 2010.

Capitolo 1

[1] Wenders, W., *Perfect Days*, sito ufficiale: https://www.perfect-days-movie.jp/en/

[2] Museo Ghibli, Tokyo, https://www.ghibli-museum.jp/en/

[3] Ministry of Defense of Japan, *2025 Defense of Japan Pamphlet*, https://www.mod.go.jp/j/press/wp/wp2025/pdf/DOJ2025_Digest_EN.pdf

[4] *Infographic: How Chinese and Russians intrude into Japan's territory*, in «Nikkei Asia», 27 dicembre 2024.

[5] Jones, S.G., *China Is Ready for War*, in «Foreign Affairs», ottobre 2024.

[6] *Ibid.*

[7] Ministry of Foreign Affairs of Japan, *Free and Open Indo-Pacific*, https://www.mofa.go.jp/files/000430632.pdf

[8] Walia, S., *India Looks For Tech Transfer In Fighter Jets, Subs, Advanced Radars As New Delhi Seeks Deeper Defense Ties With Japan*, in «Eurasian Times», 10 giugno 2025.

[9] Global Compact Air Program, sito ufficiale del consorzio italiano: https://www.leonardo.com/it/business/gcap

[10] Ministry of Foreign Affairs of Japan, *Confluence of the Two Seas*, Speech by H.E. Mr Shinzo Abe, Prime Minister of Japan at the Parliament of the Republic of India, https://www.mofa.go.jp/region/asia-paci/pmv0708/speech-2.html

[11] Sasakawa Peace Foundation, sito ufficiale: https://www.spf.org/en/

[12] Ministero degli Affari Esteri del Giappone, *Resoconto di tutti gli incontri del QUAD, Quadrilateral Security Dialogue*, https://www.mofa.go.jp/fp/nsp/page1e_000396.html

[13] America's Navy, *India hosts Australia, Japan and U.S. forces in Exercise Malabar 2024*, 9 ottobre 2024.

[14] The Japan Institute of International Affairs, sito ufficiale: https://www.jiia.or.jp/en/

[15] Martin, P. e Westcott, B., *The U.S. Is Assembling a 'Squad' of Allies to Counter China in the Indo-Pacific*, in «Time», 3 maggio 2024.

[16] Ministry of Foreign Affairs of Japan, *The Spirit of Camp David: Joint Statement of Japan, the Republic of Korea, and the United States*, 18 agosto 2023, https://www.mofa.go.jp/files/100541827.pdf

[17] Ispi-Istituto per gli studi di politica internazionale, *"Aukus", triplice alleanza per l'Indo-Pacifico*, 16 settembre 2022.

[18] Rising, D., *Secretary of State Rubio on Day 1 meets with Quad countries focused on countering China's influence*, in «Associated Press», 21 gennaio 2025.

[19] Articolo 9 della Costituzione del Giappone:

(1) Aspirando sinceramente a una pace internazionale fondata sulla giustizia e sull'ordine, il popolo giapponese rinuncia per sempre alla guerra come diritto sovrano della nazione e alla minaccia o all'uso della forza come mezzo di risoluzione delle controversie internazionali.

(2) Per conseguire il fine del comma precedente, non saranno mantenute forze armate terrestri, navali e aeree, né alcun altro potenziale bellico. Il diritto dello Stato alla belligeranza non sarà riconosciuto.

[20] Nato, *Relations with partners in the Indo-Pacific region*, 23 giugno 2025, https://www.nato.int/cps/en/natohq/topics_183254.htm

[21] Detsch, J. e Gramer, R., *NATO Wants to Plant its Flag in Asia*, in «Foreign Policy», 9 luglio 2024.

[22] Molinelli, G., *GCAP, inaugurata a Reading la sede del GIGO e della joint venture Edgewing*, in «Rivista Italiana di Difesa», 10 luglio 2025.

[23] Lo Shangri-La Dialogue è promosso con scadenza annuale dall'International Institute for Strategic Studies (Iiss) e si tiene a Singapore.

[24] *Japan PM vows continued support for Ukraine in unannounced visit*, in «Kyodo News», 22 marzo 2023

[25] Kitamatsu, M. e Hayashi, E., *Over 30 Ukrainian companies to visit Japan for reconstruction conference*, in «Nikkei Asia», 6 febbraio 2024.

[26] *Giappone e UE firmano un patto di difesa e sicurezza nel contesto di crescente tensione regionale*, in «Euronews», 1° novembre 2024, https://it.euronews.com/my-europe/2024/11/01/giappone-e-ue-firmano-un-patto-di-difesa-e-sicurezza-nel-contesto-di-crescente-tensione-re

[27] Yosuke Suzuki, sito ufficiale: https://yosukesuzuki.net/

[28] Yagisawa, S., *I miei giorni alla libreria Morisaki*, Feltrinelli, Milano 2022.

[29] Free Nations of Post-Russia Forum, https://www.freenations-rf.org/en

[30] McKirdy, A., *Japan, U.S. and Philippine coast guards simulate crisis amid China threat*, in «The Japan Times», 21 giugno 2025.

[31] Per approfondire la ricca e complessa storia delle Ryukyu si rimanda a: Takara Kurayoshi, *The Legacy of the Ryukyu Kingdom. An Okinawan History*, Japan Publishing Industry Foundation for Culture, Tokyo 2025.

[32] Nakazawa, K., *Analysis: Xi throws Okinawa into East Asia geopolitical cocktail. President speaks of Ryukyu Kingdom's history, with emphasis on ties with China*, in «Nikkei Asia», 15 giugno 2023.

[33] Ono, T. e Hata, S., *Governor of Okinawa visits city in China with shared past*, in «Asahi Shimbun», 7 luglio 2023.

[34] Xuanzun, L., *Japan's Patriot missile deployment on Miyako Island slammed as further attempt to interfere in Taiwan question*, in «Global Times», 9 maggio 2023.

[35] Isola di Yonaguni, sito ufficiale: https://welcome-yonaguni.jp/

[36] *Japan Intends to Boost Defense Capabilities on Yonaguni Island; Area Set to Deploy Ballistic Missile Countermeasures*, in «The Japan News», 23 gennaio 2025.

[37] Mahadzir, D., *U.S. Marines Deploy Radar on Japanese Island Near Taiwan*, US Naval Institute, 5 agosto 2024.

[38] *You Si-kun leads delegation to Japan's Yonaguni Island*, in «Taipei Times», 6 luglio 2023.

Capitolo 2

[1] Taipei City Urban Regeneration Office, Urban Regeneration Stations (URSs).

[2] Pompili, G., *Sotto lo stesso cielo. Giappone, Taiwan e Corea, i rivali di Pechino che stanno facendo grande l'Asia*, Mondadori, Milano 2021.

[3] Democratic Progressive Party, sito ufficiale: https://www.dpp.org.tw/en/

[4] Taiwan Relations Act, https://www.congress.gov/bill/96th-congress/house-bill/2479, è lo strumento legislativo approvato da Congresso e Senato Usa nel marzo del 1979 con il quale sono stati definiti i rapporti fra gli Usa e Taiwan in campo politico, economico e militare.

[5] Chen, K., *Former Japan military official pushes for closer military cooperation with Taiwan. Yamashita Hirotaka says Japanese version of 'Taiwan Relations Act' needed*, in «Taiwan News», 16 maggio 2024.

[6] American Institute of Taiwan, sito ufficiale: https://www.ait.org.tw/

[7] Piccioli, L., *La guerra ibrida cinese passa dagli incidenti d'auto. Il piano svelato dall'intelligence di Praga*, in «Formiche News», 27 giugno 2025.

[8] Taiwan FactCheck Center, sito ufficiale: https://en.tfc-taiwan.org.tw/

[9] Ping-Li, W., *Tracking Chinese-Language Disinformation After the 2024 U.S. Presidential Election*, Taiwan FactCheck Center, 10 dicembre 2024.

[10] Piattaforma Infodemic, sito ufficiale: https://infodemic.cc/en

[11] *Wu'er Kaixi, il ragazzo con il pigiama*, in Vernetti, G., *Dissidenti*, Rizzoli, Milano 2022.

[12] Chau, T., *Taiwan's ex-defense chief calls for sweeping military reforms. Adm. Lee Hsi-min says island must prioritize cheaper, asymmetric weapons*, in «Nikkei Asia», 20 luglio 2022.

[13] Prospect Foundation, sito ufficiale: https://www.pf.org.tw/en/pfen

[14] Ketagalan Forum, sito ufficiale: https://www.ketagalanforum.tw/

[15] Institute for National Defense and Security Research, sito ufficiale: https://indsr.org.tw/en/index

[16] Sul tema di un possibile blocco navale di Taiwan, si rimanda a: Kardon, I. e Kavanagh, J., *How China Will Squeeze, Not Seize, Taiwan*, in «Foreign Affairs», 21 maggio 2024.

[17] Alperovitch, D., *Taiwan Is the New Berlin. A Cold War Lesson for America's Contest With China*, in «Foreign Affairs», 15 maggio 2024.

[18] Initium Media, sito ufficiale: https://theinitium.com/

[19] Vernetti, G., *Pelosi, uno scudo a Taipei*, in «la Repubblica», 4 agosto 2022.

[20] Taiwan Institute of Economic Research, sito ufficiale: https://english.tier.org.tw/

[21] Hsinchu Science Park, sito ufficiale: https://web.sipa.gov.tw/english/

[22] Chen, K.W., *Disciplining Taiwan: The Kuomintang's Methods of Control during the White Terror Era (1947-1987)*, in «Taiwan International Studies Quarterly», 2008.

[23] Museo Nazionale dei Diritti Umani di Taiwan, sito ufficiale: https://www.nhrm.gov.tw/w/nhrmEN/About

Capitolo 3

[1] Ministry of Foreign Affairs of Japan, *G7 Hiroshima Leaders' Communiqué*, 20 maggio 2023, https://www.mofa.go.jp/files/100506878.pdf

[2] Kaplan, R., *Asia's cauldron. The South China Sea and the end of a stable Pacific*, Random House, New York 2014.

[3] Bhaat, P., *Nine Dash Line. Deciphering the South China Sea Conundrum*, Routledge, New York 2024.

[4] United Nations Convention on the Law of the Sea, https://www.un.org/depts/los/convention_agreements/texts/unclos/unclos_e.pdf

[5] Permanent Court of Arbitration, *The South China Sea Arbitration (The Republic of Philippines v. The People's Republic of China)*, 12 luglio 2016, https://pca-cpa.org/en/cases/7/

[6] Nakashima, E. e Karklis, L., *China built a $50 billions stronghold in the South China Sea*, in «The Washington Post», 31 ottobre 2024.

[7] Asia Maritime Transparency Initiative, Center for Strategic and International Studies, Washington DC, *China Island Tracker*, https://amti.csis.org/island-tracker/china/

[8] Valencia, M., *Seeds of war in the South China Sea. As belligerent rhetoric and provocations heat up on both sides, the risk of military conflict is running dangerously high*, in «Asia Times», 27 luglio 2021.

[9] Heydarian, R.J., *China-Philippines one step closer to armed conflict. Latest collision harms Philippine sailors and raises question of how much Chinese aggression it will take for the US to intervene*, in «Asia Times», 20 giugno 2024.

[10] Yale Law School, *Testo completo del Trattato di Mutua Difesa fra Stati Uniti e Filippine del 1951*, https://avalon.law.yale.edu/20th_century/phil001.asp

[11] U.S. Department of Defense, *New EDCA Sites Named in the Philippines*, 3 aprile 2023, https://www.defense.gov/News/News-Stories/Article/Article/3350297/new-edca-sites-named-in-the-philippines/#:~:text=

[12] U.S. Embassy in the Philippines, *Enhanced Defense Cooperation Agreement. Fact Sheet*, 20 marzo 2023, https://ph.usembassy.gov/enhanced-defense-cooperation-agreement-edca-fact-sheet/

[13] Maitem, J., *Philippines and U.S. kick off Balikatan 2025 large-scale exercise*, in «Naval News», 22 aprile 2025.

[14] Leoni, R., *Anche l'Italia nel Mar Cinese. Il Cavour con Usa e Australia*, in «Formiche», 16 settembre 2024.

[15] Department of Foreign Affairs, Republic of the Philippines, *Not One Inch, 2016 South China Sea Arbitration Award Online Resource*, https://sites.google.com/dfa.gov.ph/wpstest/home

[16] Heydarian, R.J., *"Never give in": Philippine top diplomat has choice words for China*, in «Asia Times», 13 Settembre 2024.

[17] Raisina Dialogue, *Kālachakra, people, peace, planet*, 17-19 marzo 2025, Nuova Delhi.

[18] Haldar, S. e Sharma, A., *Squad and the rise of minilateralism in the Indo-Pacific*, Observer Research Foundation, 22 maggio 2024.

[19] Moriyasu, K., *U.S.-Japan-Philippines hold first trilateral, with 'many more' to come*, in «Nikkei Asia», 15 aprile 2024.

[20] Matthews, A., *The Reciprocal Access Agreement and the Trajectory of Japanese-Filipino security relations*, Australian Institute of International Affairs, 9 settembre 2024.

[21] Royandoyan, R. e Hoang, L., *Vietnam and Philippines sign deal on South China Sea security. Pact comes as China more aggressively asserts itself in the disputed area*, in «Nikkei Asia», 30 gennaio 2024.

[22] Firn, M., *Vietnam, Philippines to sign defense cooperation agreement*, Radio Free Asia, 31 agosto 2024.

[23] Ordoñez, J.V.D., *UK defense deal may boost Philippines military modernization program*, in «Business World», 21 gennaio 2024.

[24] Abarca, C., *Philippines, New Zealand to begin talks on enhancing defense pacts*, in «The Inquirer», 10 giugno 2024.

[25] Ministry of Foreign Affairs of Japan, *Signing of the Japan-Philippines Reciprocal Access Agreement*, 8 luglio 2024, https://www.mofa.go.jp/s_sa/sea2/ph/pageite_000001_00432.html#:~:text=The Japan-Philippines RAA is,status of the visiting force

[26] Tajima, Y., *China and Russia extend military cooperation to South China Sea. Activities follow increased drills among Japan, U.S. and Philippines*, in «Nikkei Asia», 17 luglio 2024.

[27] Roy-Chaudhury, S., *From 'Look East' to 'Act East': Mapping India's Southeast Asian Engagement*, Observer Research Foundation, 5 maggio 2025.

[28] BrahMos Aerospace, sito ufficiale https://www.brahmos.com/

[29] Honrada, G., *Philippine BrahMos missile base drops a sea gauntlet on China. India-supplied missiles aim to alter strategic balance with China in South China Sea but military shortcomings will limit their deterrent impact*, in «Asia Times», 19 giugno 2024.

[30] Department of Foreign Affairs of Philippines, *Statement of the Secretary Enrique A. Manalo for the joint press conference with Indian External Affairs Minister Subrahmanyam Jaishankar*, 26 marzo 2024.

[31] Grossman, D., *India Is Becoming a Power in Southeast Asia. New Delhi and its partners are inching together to balance Beijing's aggressive posture*, in «Foreign Policy», 7 luglio 2023.

[32] Rothwell, D., *Barbie wades into a nine-dash line political minefield. Vietnam bans Hollywood blockbuster over Chinese map depiction of the hotly contested South China Sea*, in «Asian Times», 5 luglio 2023.

[33] *Statement of the Ministry of Foreign Affairs on Vietnam submission on the limits of the extended continental shelf beyond 200 nautical miles in respect of the central area of the East Sea*, in «Vietnam Pictorial», 18 luglio 2024.

[34] Tan, R. e Karklis, L., *Vietnam accelerates island building to challenge China's maritime claims*, in «The Washington Post», 9 agosto 2024.

[35] NDTV, *Eye On China, India Hands Over Missile Corvette INS Kirpan To Vietnam*, 22 luglio 2023.

[36] Testo completo del *Joint Statement on the Elevation of the Japan-Viet Nam Relations to the Comprehensive Strategic Partnership for Peace and Prosperity in Asia and the World*, Tokyo, 27 novembre 2023, https://www.mofa.go.jp/files/100587102.pdf

[37] Center for Strategic and International Studies, *An Indispensable Upgrade: The U.S.-Vietnam Comprehensive Strategic Partnership*, 19 agosto 2024.

[38] Radio Free Asia, *Vietnam to buy Israeli satellites to spy on China*, 4 marzo 2025.

[39] Accademia diplomatica del Vietnam, sito ufficiale: https://www.dav.edu.vn/en/

[40] Simmala, B. e Lee, C., *China's Mekong River Dams Expected to Worsen Southeast Asian Economies During Drought*, in «Voice of America», 4 agosto 2023.

[41] Office of the United States Trade Representative, Vietnam, https://ustr.gov/countries-regions/southeast-asia-pacific/vietnam

[42] Vingroup, sito ufficiale: https://vingroup.net/en

[43] VinFast, sito ufficiale: https://vinfast.com/

[44] Invest Vietnam, *Foxconn continues to expand production in Vietnam*, 17 maggio 2024, https://investvietnam.vn/foxconn-continues-to-expand-production-in-vietnam-n2984.html

[45] Commissione europea, *Accordo di libero scambio UE-Vietnam*, https://trade.ec.europa.eu/access-to-markets/it/content/accordo-di-libero-scambio-ue-vietnam

Capitolo 4

[1] Il Pacific Islands Forum è l'organizzazione regionale che riunisce diciotto Stati indipendenti e territori del Pacifico, sito ufficiale: https://forumsec.org/pacific-islands-forum

[2] Comunicato ufficiale della Repubblica di Cina-Taiwan sulla rottura delle relazioni diplomatiche fra Taiwan e le Isole Salomone, 16 settembre 2019, https://en.mofa.gov.tw/News_Content.aspx?n=1330&s=34155

[3] Piringi, C., *China 'gifts' and cost concerns: Pacific Games stir controversy in Solomon Islands*, in «The Guardian», 5 settembre 2023.

[4] Solomon Islands Government, *Solomon Islands-China Security Cooperation signed*, https://solomons.gov.sb/solomon-islands-china-security-cooperation-signed/. Più in generale sui complessi rapporti fra Repubblica Popolare Cinese e Isole Salomone, si veda: Georgina Keira, *The Solomon Islands-China Relationship: 5 Years On*, in «The Diplomat», 1° settembre 2024.

[5] Global Security Initiative Concept Paper, http://it.china-embassy.gov.cn/ita/xwdt/202302/t20230221_11028842.htm

[6] U.S. Department of State, *Opening of the U.S. Embassy in Honiara, Solomon Islands*, Statement by Antony Blinken, 1° febbraio 2023, https://2021-2025.state.gov/opening-of-the-u-s-embassy-in-honiara-solomon-islands/

[7] Naval History and Heritage Command, *Naval Battle of Guadalcanal, 12-15 November 1942.*

[8] Zhuang, Y., *Three Bodies Found Amid Violence in Solomon Islands*, in «The New York Times», 27 novembre 2021.

[9] Cave, D., *China Is Leasing an Entire Pacific Island. Its Residents Are Shocked*, in «The New York Times», 16 ottobre 2019.

[10] Tuvalu Climate Change Portal, https://www.tuvaluclimatechange.gov.tv/climate-change-unit

[11] Australian Government, *Australia-Tuvalu Falepili Union*, https://www.dfat.gov.au/geo/tuvalu/australia-tuvalu-falepili-union

[12] Progetti di cooperazione agricola a Tuvalu promossi dall'Icdf, https://www.icdf.org.tw/wSite/ct?xItem=65024&ctNode=31673&mp=2

[13] Icann, Internet Corporation for Assigned Names and Numbers, https://www.icann.org/

[14] Kane, M., *VeriSign buys Tuvalu's .tv*, in «ZD Net-Tech», 7 gennaio 2022.

[15] Stewart, A., *Tuvalu strikes digital gold with new .tv domain deal*, in «ABC Pacific», 12 gennaio 2022.

[16] Li, L. e Ting-Fang, C., *Nauru cuts diplomatic ties with Taiwan after Lai election win Pacific island's move leaves Taipei with just 12 formal allies*, in «Nikkei Asia», 15 gennaio 2024.

[17] Trumbull, R., *World richest little isle*, in «The New York Times», 7 marzo 1982.

[18] United Nations Human Rights Office of the High Commissioner, *Australia responsible for arbitrary detention of asylum seekers in offshore facilities, UN Human Rights Committee finds*, 9 gennaio 2025.

[19] Yamaguchi, M., *Japan links Chinese hacker MirrorFace to dozens of cyberattacks targeting security and tech data*, in «AP News», 8 gennaio 2025.

[20] AFP, *Palau confirms 'major' cyberattack, points to China*, in «France 24», 5 giugno 2024.

[21] Australian Government, Australian Signals Directorate, *PRC state-sponsored cyber group APT40's expanding tradecraft and tactics*, 9 luglio 2024, https://www.asd.gov.au/news-events-speeches/news/2024-07-09-prc-state-sponsored-cyber-group-apt40s-expanding-tradecraft-and-tactics

[22] Hirosawa, M., *Japan and five Pacific Islands countries plan cyberdefense drill. Cybersecurity experts from Palau, Nauru, 3 others to gather in Guam for exercise*, in «Nikkei Asia», 8 febbraio 2024.

[23] Ministry of Foreign Affairs of Japan, Pacific Islands Leaders Meeting (Palm), https://www.mofa.go.jp/region/asia-paci/palm/index.html

[24] Turton, S., *10th Pacific Islands Leaders Meeting: 5 things to know. Three-day meeting is latest step in Japan's deeper engagement to counter China*, in «Nikkei Asia», 16 luglio 2024.

[25] Dayant, A., Duke, R., Ahsan, N., Rajah, R. e Lemahieu, H., *Pacific Aid Map 2024*, Lowy Institute, novembre 2024.

[26] Ministry of Foreign Affairs and Immigration, Government of the Cook Islands, *Action Plan 2025-2030 for the Comprehensive Strategic Partnership between the Cook Islands and the People's Republic*

of China, https://mfai.gov.ck/sites/default/files/2025-02/2025-2030 - Action Plan for Strategic Partnership_0.pdf

[27] China Aid Data, https://china.aiddata.org/projects/37748/

[28] U.S. Department of State, *U.S.-Pacific Island Country Summit September 28-29, 2022 in Washington, D.C.*, https://2021-2025.state.gov/u-s-pacific-islands-country-summit/

[29] Pearl, H., *PNG reveals defense deal with US worth $864M*, in «Benar News», 10 dicembre 2024.

[30] Moriyasu, K., *U.S. bolsters 'second island chain' defense with eye on China investment on Pacific island reflects threat of Beijing's growing missile capabilities*, in «Nikkei Asia», 1° aprile 2025.

[31] U.S. Congress, Compact of Free Association with Palau, Marshall Island and Federated States of Micronesia, Compact Renewal 2024, https://www.congress.gov/crs-product/IF12194

[32] Needham, K., *US military, seeking strategic advantages, builds up Australia's northern bases amid China tensions*, in «Reuters», 26 luglio 2024.

[33] Pearl, H., *Pacific aid groups 'devastated' by Trump's USAID freeze*, in «Benar News», 31 gennaio 2025.

Capitolo 5

[1] Le *Upanishad* sono un insieme di testi filosofico-religiosi redatti fra l'VIII e il IV secolo a.C. e rappresentano uno dei testi più rilevanti di tutta la tradizione induista.

[2] Balakrishner, A., *India is set to be the world's fourth-largest economy*, CNBC, 29 maggio 2025.

[3] Mohan, R.C., *It's Time to Tie India to the West*, in «Foreign Policy», 9 febbraio 2023.

[4] Pareek, P., *What is India-Middle East-Europe Corridor and how will it benefit India?*, in «India Today», 13 febbraio 2025.

[5] Hopkirk, *Il Grande Gioco*, cit.

[6] Bharatiya Janata Party, sito ufficiale: https://www.bjp.org/

[7] Sulla Conferenza di Simla e sulla Linea McMahon si rimanda a: Claude Arpi, *1962 and the McMahon Line saga*, Lancer, Nuova Delhi 2021.

[8] Snehesh, A.P., *Modi govt moves with Arunachal Frontier Highway, among India's 'toughest' projects yet, China in mind*, in «The Print», 26 novembre 2022.

[9] Border Roads Organisation, sito ufficiale: https://marvels.bro.gov.in/

[10] Chombay, S., *In between the blurry lines*, NotionPress, Nuova Delhi 2025.

[11] Xiao, M. e Chang, A., *China's Great Wall of Villages*, in «The New York Times», 10 agosto 2024.

[12] Government of Arunachal Pradesh, Vibrant Villages Programme, https://www.arunachalplan.gov.in/vibrant-village-programe/

[13] Fravel, T., *Danger at Doklam for India and China*, in «East Asia Forum», 27 luglio 2017.

[14] Rajagopalan, R.P., *Explaining the Latest Clashes on the Sino-Indian Border*, Observer Research Foundation, 20 dicembre 2022.

[15] Sharma, R., *China's 'Mother Of All Dams' Threatens More Tensions With India; Delhi Responds By Building Another Dam On Its Side*, in «The EurAsian Times», 15 ottobre 2024.

[16] Palmo, D. e Samdup, T., *China Cracks Down on Tibetan Protest Against a Hydropower Project in Dege*, in «The Diplomat», 14 febbraio 2024.

[17] United Nations, Testo completo della *UN Watercourses Convention* (*Convention on the Law of the Non-navigational Uses of International Watercourses*, New York 1997), https://legal.un.org/ilc/texts/instruments/english/conventions/8_3_1997.pdf

[18] Kipling, R., *Kim*, Adelphi, Milano 2000.

[19] Raisina Dialogue, *Kālachakra, people, peace, planet*, cit.

[20] Per le sue caratteristiche sia geoeconomiche che geopolitiche il Raisina Dialogue può essere considerato una sorta di ibrido fra la Conferenza di Monaco sulla sicurezza e il Forum di Davos sull'economia.

[21] Jaishankar, S., *Why Bharat matters*, Rupa Publications India, Nuova Delhi 2024.

[22] I Brics sono un raggruppamento di economie emergenti formato da Brasile, Russia, India, Cina, Sudafrica.

[23] L'Observer Research Foundation (https://www.orfonline.org/) è uno dei più autorevoli think tank dell'India e l'organizzatore insieme al Ministero degli Affari Esteri dell'India del Raisina Dialogue.

[24] Organisation for Research on China and Asia (Orca), https://orcasia.org/

[25] Singh, S., *Line of Actual Control (Lac): Where it is located, and where India and China differ*, in «The Indian Express», 1° giugno 2020.

[26] Commissione europea, Strategia Global Gateway, https://commission.europa.eu/strategy-and-policy/priorities-2019-2024/stronger-europe-world/global-gateway_it

[27] School of International Studies, Jawaharlal Nehru University, Nuova Delhi, https://www.jnu.ac.in/sis

[28] Vernetti, G., *Perché l'Italia deve lasciare la Via della Seta*, in «la Repubblica», 7 maggio 2023.

[29] Kasturi, B., *Tracing the Origins of India's Special Frontier Force*, Observer Research Foundation, 14 febbraio 2025.

[30] Sud, V. e Starr, B., *US to take part in military exercise near India's disputed border with China*, CNN, 6 agosto 2022.

[31] Bye, H.G., *The US and Indian Armies Kickoff Training Exercise in Alaska*, in «High North News», 29 settembre 2023.

[32] Central Tibetan Administration, Official Celebration of His Holiness the Dalai Lama's 90th Birthday, *Lista completa delle delegazioni straniere presenti*, 6 luglio 2025, https://tibet.net/official-celebration-of-his-holiness-the-dalai-lamas-90th-birthday/

[33] International Campaign for Tibet, sito ufficiale: https://savetibet.org/

[34] Verni, P., *Dalai Lama. Biografia autorizzata*, edizione aggiornata, Jaca Book, Milano 2024.

[35] Associazione Italia-Tibet, sito ufficiale: https://www.italiatibet.org/

[36] Norbulingka Institute, https://norbulingka.org/

Capitolo 6

[1] Mezzaluna sciita è ciò che era comunemente definito il progetto del regime di Teheran di costruire un'area senza soluzione di continuità fra Iran e Israele, collegando milizie sciite in Iraq, il regime di Assad in Siria e le milizie sciite di Hezbollah in Libano.

[2] Soliman, M., *An Indo-Abrahamic alliance on the rise: How India, Israel, and the UAE are creating a new transregional order*, Middle East Institute, 28 luglio 2021.

[3] Vernetti, G., *Asse del male. L'alleanza militare tra Cina, Russia e Iran è un messaggio all'Occidente diviso*, in «Linkiesta», 15 marzo 2025.

[4] Ispi, *Hormuz: l'improbabile teatro di guerra?*, 8 ottobre 2024.

[5] Pareek, *What is India-Middle East-Europe Corridor and how will it benefit India?*, cit.

[6] Testi completi degli Accordi di Abramo: Abraham Accords Peace Institute di Washington DC, https://www.aapeaceinstitute.org/ e Dipartimento di Stato USA, https://www.state.gov/the-abraham-accords

[7] Rabinovitch, A., *Adani-led group completes purchase of Israel's Haifa Port*, in «Reuters», 10 gennaio 2023.

[8] Embassy of Israel New Delhi, *Timeline of Bilateral Relations between India & Israel*, https://new.embassies.gov.il/india/en/the-embassy/bilateral-relations

[9] Memri, *Speech By Pakistan Army Chief General Asim Munir At Islamabad Convention Seven Days Before April 22 Terror Attack In Kashmir*, 7 maggio 2025.

[10] Ladwig, W., *Calibrated Force: Operation Sindoor and the Future of Indian Deterrence*, in «RUSI», 21 maggio 2025.

[11] Aamir, A., *Turkey bolsters ties with Pakistan during and after India conflict*, in «Nikkei Asia», 17 maggio 2025.

[12] China-Pakistan Economic Corridor (Cpec), sito ufficiale: https://cpec.gov.pk/

[13] Per un'analisi esaustiva della storia e delle ribellioni in Belucistan si veda il lavoro della giornalista italiana Francesca Marino, *Balochistan. Bruised, Battered and Bloodied*, Bloomsbury India, Nuova Delhi 2020.

[14] Baloch National Movement (Bnm), sito ufficiale: https://thebnm.org/

[15] Business & Human Rights Resource Centre, *Pakistan: Violent protests in Gwadar heighten security concerns for Chinese-funded Belt and Road projects, raising questions about CPEC's future*, 12 agosto 2024.

[16] Council on Foreign Relations, *Tracking China's Control of Overseas Ports*, https://www.cfr.org/tracker/china-overseas-ports

[17] Ford, M., *India: Modi boosts Maldives ties as China looms*, in «DW», 26 luglio 2025.

[18] Lee Myers, S., *China Offers the Taliban a Warm Welcome While Urging Peace Talks*, in «The New York Times», 28 luglio 2021.

[19] Mohan, G., *Taliban invite six nations for Afghan government formation event. What role do they play?*, in «India Today», 7 settembre 2021.

[20] Sito del Ministero degli Affari Esteri dello Stato di Israele con tutti gli aggiornamenti sui morti del 7 ottobre e sugli ostaggi liberati durante le operazioni militari o rilasciati nei mesi successivi, *Swords of Iron: Hostages and Missing Persons Report. Hostages and missing persons update*, aggiornato al 22 febbraio 2025, https://www.gov.il/en/pages/hostages-and-missing-persons-report

[21] Parchizadeh, R., *The Shiite Crescent: The Middle East's Arc of Crisis*, The Begin-Sadat Center for Strategic Studies, 7 marzo 2021.

[22] Center for Preventive Action, *Global Conflict Tracker, Israeli-Palestinian conflict*, Global Conflict Tracker, 27 luglio 2025.

[23] Leatherby, L. e Holder, J., *Mapping Israel's Invasion of Lebanon*, in «The New York Times», 26 novembre 2024.

[24] Alshamary, M., *The Assad regime falls. What happens now*, The Brookings Institution, 9 dicembre 2024.

[25] League of Arab States, sito ufficiale: http://www.leagueofarabstates.net/en/Pages/default.aspx

[26] Vernetti, G., *Il trionfo dell'impunità*, in «la Repubblica», 19 maggio 2023.

[27] Syrian Network for Human Rights (Snhr), *Summary of the Assad Regime's Crimes Against the Syrian People Over the Last 14 Years*, 20 dicembre 2024.

[28] Sdf-Syrian Democratic Force è un'alleanza di milizie curde, arabe e assiro-siriache costituitasi nell'ottobre 2015, all'inizio della guerra civile siriana ed è la struttura armata della Amministrazione autonoma della Siria del Nord-Est, nonché il principale interlocutore militare della coalizione globale contro l'Isis.

[29] Azhari, T., *More than 1,000 killed in Syrian crackdown on Alawite region, war monitor says*, in «Reuters», 8 marzo 2025.

[30] Davenport, K., *Iran Ramps Up Nuclear Program Ahead of Trump's Return*, in «Arms Control Today», gennaio/febbraio 2025.

[31] Ferragamo, M., *U.S., Israel Attack Iranian Nuclear Targets-Assessing the Damage*, Council on Foreign Relations, 25 giugno 2025.

Capitolo 7

[1] Vernetti, G., *La Transnistria ci riprova: "Pronti ad aderire alla Russia"*, in «la Repubblica», 26 febbraio 2024.

[2] Moisé, G.M., *Moldova, condanna per Evghenia Guţul*, Osservatorio Balcani e Caucaso Transeuropa, 4 agosto 2025.

[3] Kundera, M., *Un Occidente prigioniero*, Adelphi, Milano 2022.

[4] President of Russia Official Website, *Address by the President of the Russian Federation*, 21 febbraio 2022, http://www.en.kremlin.ru/events/president/news/67828

[5] Garry Kasparov in Vernetti, *Dissidenti*, cit.

[6] Vernetti, G., *Cina, nuova sfida alla Nato*, in «la Repubblica», 7 luglio 2024.

[7] Commissione europea, *Il percorso dell'Ucraina verso l'adesione all'UE*, https://commission.europa.eu/topics/eu-solidarity-ukraine/ukraines-path-towards-eu-accession_it

[8] Nato, *Relations with Ukraine*, 19 febbraio 2025, https://www.nato.int/cps/en/natohq/topics_37750.htm

[9] Consiglio dell'Unione Europea, *L'UE avvia i negoziati di adesione con l'Ucraina*, 25 giugno 2024, https://www.consilium.europa.eu/it/press/press-releases/2024/06/25/eu-opens-accession-negotiations-with-ukraine/

[10] Nato, *Washington Summit Declaration*, 10 luglio 2024, https://www.nato.int/cps/cn/natohq/official_texts_227678.htm

[11] Rocca, C., *L'Ucraina siamo noi*, Linkiesta Books, Milano 2024.

[12] Un Fpv (First Person View) è un drone radiocomandato che viene pilotato attraverso la visuale in prima persona, fornita da una telecamera montata sul drone e trasmessa in tempo reale a un ricevitore indossato dal pilota.

[13] Babel, I., *Racconti di Odessa*, Mondadori, Milano 2018.

[14] King, C., *Odessa. Splendore e tragedia di una città di sogno*, Einaudi, Torino 2013.

[15] Ukrainian Sea Ports Authority, sito ufficiale: https://www.uspa.gov.ua/en/homepage-en

[16] Sulla storia dell'Holodomor si veda Applebaum, A., *La grande carestia. La guerra di Stalin all'Ucraina*, Mondadori, Milano 2022.

[17] Vernetti, G., *L'arma della fame*, in «la Repubblica», 23 luglio 2023.

[18] Black Sea Security Forum 2025, sito ufficiale: https://odesaforum.org/

[19] Sito di Lord Ashcroft con i suoi principali progetti filantropici, https://www.lordashcroft.com/

[20] Jsc Ukrainian railways, sito ufficiale: https://uz.gov.ua/en/

[21] Fiera del libro di Kyiv, XIII Book Arsenal, https://book.artarsenal.in.ua/en/about-us/festival-history/

[22] Come Back Alive, sito ufficiale: https://savelife.in.ua/en/

[23] Zarembo, K., *Il Donbas è Ucraina*, Linkiesta Books, Milano 2025.

[24] Truth Hounds, sito ufficiale: https://truth-hounds.org/en/homepage/

[25] Amelina, V., *Guardando le donne guardare la guerra. Diario di una scrittrice dal fronte ucraino*, Guanda, Milano 2025.

[26] Golos, sito ufficiale: https://goloszmin.org/

[27] Bring Kids Back, sito ufficiale: https://www.bringkidsback.org.ua/

[28] Crimea Platform, sito ufficiale: https://crimea-platform.org/en/

[29] Free Nations of Post Russia Forum, https://www.freenations-rf.org/en

[30] Kamys, M., *Una passeggiata nella zona*, Keller, Rovereto 2019.

[31] Il Sič di Zaporižžja è stata una Repubblica dei cosacchi nell'Ucraina meridionale fra il 1552 e il 1775.

[32] Sulla storia della Repubblica anarchica della Machnovščyna si rimanda a: Shubin, A.V., *Nestor Machno bandiera nera sull'Ucraina*, Elèuthera, Milano 2022.

[33] Kamys, M., *Diario da Kyiv. Siamo anarchici e disobbedienti, ecco perché Mosca vuole annientarci*, in «la Repubblica», 8 marzo 2022.

[34] Sanko, A., *Russian shelling destroys museum-estate of Nestor Makhno's family in Huliaipole*, in «The New Voice of Ukraine», 24 agosto 2024.

[35] Jaremčuk, O., *Mosaico Ucraina*, Bottega Errante, Udine 2022.

[36] Unbroken, sito ufficiale: https://unbroken.org.ua/

[37] Pakhnyuk, L., *North Korean losses exceed 6,000 in Russia's Kursk Oblast, UK intelligence reports*, in «The Kyiv Independent», 16 giugno 2025.

[38] Analisi Difesa, *La Bielorussia entra nella SCO e ospita truppe cinesi per esercitazioni*, 15 luglio 2024.

[39] Shanghai Cooperation Organisation (Sco), sito ufficiale: https://eng.sectsco.org/

Capitolo 8

[1] Testo completo del Greenland Self Rule Government Act del 12 giugno del 2009, https://english.stm.dk/media/4vgewyoh/gl-selvstyrelov-uk.pdf

[2] International Institute for Strategic Studies (Iiss), *The GIUK Gap's strategic significance*, ottobre 2019, https://www.iiss.org/sv/publications/strategic-comments/2019/the-giuk-gaps-strategic-significance/

[3] Consiglio Artico, sito ufficiale: https://arctic-council.org/

[4] Royal United Service Institute, https://www.rusi.org/

[5] U.S. Department of Defense, *Military and Security Developments Involving the People's Republic of China*, Annual Report to Congress, 2024.

[6] U.S. Geological Survey (Usgs), https://www.usgs.gov/publications/geology-and-assessment-undiscovered-oil-and-gas-resources-east-greenland-rift-basins

[7] «Sermitsiaq», sito ufficiale: https://www.sermitsiaq.ag/

[8] Partito Inuit Ataqatigiit, sito ufficiale: https://ia.gl

[9] Partito Demokraatit, sito ufficiale: https://demokraatit.gl/

[10] Accordo di partnership strategica tra Francia e Danimarca,

2 aprile 2025, https://uk.ambafrance.org/Europe-s-borders-are-non-negotiable-says-Minister

[11] US Congress, *The Compact of Free Association*, https://www.congress.gov/crs-product/IF12194

[12] Thorsson, E., *Obscure U.S. group 'American Daybreak' central to controversial Greenland visit*, in «Arctic News», 26 marzo 2025.

[13] Partito Naleraq: sito ufficiale: https://naleraq.gl/

[14] Nuuk Art Museum, https://www.nuukkunstmuseum.com/en/3134-2/

Bibliografia ragionata

La bibliografia che segue si propone di costruire un percorso ragionato di fonti e riferimenti sull'insieme dei temi affrontati nel volume. Accanto alle fonti relative alle singole aree geografiche, lungo le quali si sviluppa il nuovo Grande Gioco, ho ritenuto utile costruire anche un percorso di riferimenti tematici utili al lettore per meglio comprendere il contesto storico, geografico e politico della nuova competizione fra le grandi potenze raccontata nel volume.

Sul Grande Gioco del XIX secolo

Dean, Riaz, *Mapping the Great Game*, Casemate Publishers, Havertown (PA) 2019

Edwardes, Michael, *Playing the Great Game. A Victorian Cold War*, Hamish Hamilton, Londra 1975

Fleming, Peter, *Baionette a Lhasa. L'invasione britannica del Tibet*, Edizioni Settecolori, Milano 2021

Hopkirk, Peter, *Il Grande Gioco*, Adelphi, Milano 2010

Hopkirk, Peter, *Diavoli stranieri sulla Via della Seta*, Adelphi, Milano 2006

Hopkirk, Peter, *Alla conquista di Lhasa*, Adelphi, Milano 2008

Hopkirk, Peter, *Sulle tracce di Kim. Il Grande Gioco nell'India di Kipling*, Medhelan, Milano 2021

Ingram, Edward, *The Beginning of the Great Game in Asia. 1828-1834*, Clarendon Press, Oxford 1989

Kipling, Rudyard, *Kim*, Adelphi, Milano 2000

Sul confronto fra democrazie e autocrazie

Applebaum, Anne, *Autocrazie. Chi sono i dittatori che vogliono governare il mondo*, Mondadori, Milano 2024
Applebaum, Anne, *Il tramonto della democrazia. Il fallimento della politica e il fascino dell'autoritarismo*, Mondadori, Milano 2021
Albright, Madeleine, *Fascismo. Un avvertimento*, Chiarelettere, Milano 2019
Brennan, Jason, *Contro la democrazia*, Luiss University Press, Roma 2016
Fukuyama, Francis, *La fine della storia e l'ultimo uomo*, Utet, Milano 2023
Fukuyama, Francis, *Esportare la democrazia. State-building e ordine mondiale nel XXI secolo*, Lindau, Torino 2005
Garton Ash, Timothy, *Free World: America, Europa e il futuro dell'Occidente*, Mondadori, Milano 2005
Hitchens, Christopher, *La vittoria di Orwell*, Libri Scheiwiller, Milano 2008
Johnson, Matt, *Hitchens può salvare la sinistra. Come difendere senza paura la libertà dal fascino per i dittatori e dalla tentazione dell'autocensura*, Linkiesta Books, Milano 2024
Lévy, Bernard-Henri, *L'Empire et les cinq rois*, Grasset, Parigi 2018
Molinari, Maurizio, *La nuova guerra contro le democrazie*, Rizzoli, Milano 2024
Mounk, Yascha, *Popolo vs. Democrazia*, Feltrinelli, Milano 2018
Runciman, David, *Così finisce la democrazia. Paradossi, presente e futuro di un'istituzione imperfetta*, Bollati Boringhieri, Torino 2018
Sciutto, Jim, *The return of Great Powers. Russia, China and The Next World War*, Dutton, New York 2024
Sharansky, Natan, *In difesa della democrazia. Il potere della libertà contro ogni forma di regime*, Sperling & Kupfer, Milano 2005
Snyder, Timothy, *La paura e la ragione. Il collasso della democrazia in Russia, Europa e America*, Rizzoli, Milano 2018
Vernetti, Gianni, *Dissidenti*, Rizzoli, Milano 2022

La geografia del nuovo Grande Gioco: vie, alleanze e percorsi in competizione

Balding, Christopher, *Why Democracies are turning against Belt and Road*, in «Foreign Affairs», 24 ottobre 2018

Darlymple, William, *The Golden Road. How Ancient India Transformed the World*, Bloomsbury, Londra 2024

Frankopan, Peter, *Le vie della seta. Una nuova storia del mondo*, Mondadori, Milano 2017

Giraudo, Alessandro, *La storia straordinaria delle materie prime*, ADD, Torino 2019

Kaplan, Robert, *The Revenge of Geography. What the Map Tells Us about Coming Conflicts and the Battle Against Fate*, Random House, New York 2014

Kaplan, Robert, *Il Grande Medio Oriente*, Marsilio, Venezia 2024

Khan, Wajahat e Fang, Alex, *US and Australia propose 'network of alliances' to curb China. Five Eyes, Quad and ASEAN tapped as guardians of Indo-Pacific security*, in «Nikkei Asia», 29 luglio 2020

Maçães, Bruno, *The Dawn of Eurasia*, Allen Lane, Londra 2018

Michel, Serge e Beuret, Michel, *Cinafrica. Pechino alla conquista del continente nero*, il Saggiatore, Milano 2009

Pei, Minxin, *China's expensive bet on Africa has failed*, in «Nikkei Asia», 1° maggio 2020

Ryavec, Karl E., *A Historical Atlas of Tibet*, University of Chicago Press, Chicago 2015

Shugart, Thomas e Jackson, Van, *Who's to Blame for Asia's Arms Race?*, in «Foreign Affairs», 1° dicembre 2021

Sulla sfida della Cina alle democrazie liberali

Brands Hal e Beckley, Michael, *Danger Zone. The Coming Conflict with China*, Norton & Company, New York 2022

Doshi, Rush, *The Long Game. China's Grand Strategy to Displace American Order*, Oxford University Press, Oxford 2021

Edel, Charles e Shullman, David, *How China Exports Authoritarianism. Beijing's Money and Technology Is Fueling Repression Worldwide*, in «Foreign Affairs», 16 settembre 2021

Green, Mark, *China's Debt Diplomacy*, in «Foreign Policy», 22 aprile 2019

Griffiths, James, *The Great Firewall of China. How to Build and Control an Alternative Version of the Internet*, Zed Books, Londra 2019

Jones, Seth G., *China Is Ready for War*, in «Foreign Affairs», 2 ottobre 2024

Robinson, Peter, *China's Defense Budget Is Much Bigger Than It Looks*, in «Foreign Policy», 19 settembre 2023

Selvatici, Antonio, *La Cina e la nuova Via della Seta: progetto per un'invasione globale*, Rubbettino, Soveria Mannelli (CZ) 2018

The Economist, *Under Xi Jinping, the number of Chinese asylum-seekers has shot up. More and more people are fleeing his rule*, in «The Economist», 28 luglio 2021

Small, Andrew, *No Limits. The Inside Story Of China's War with the West*, Melville House, London 2022

Zhu, Zhiqun, *Interpreting China's «Wolf-Warrior Diplomacy»*, in «The Diplomat», 15 maggio 2020

Sul Giappone e la Prima catena di isole

Baru, Sanjaya, *The Importance of Shinzo Abe. India, Japan and the Indo-Pacific*, HarperCollins, Nuova Delhi 2023

Green, Michael J., *Line of Advantage. Japan's Grand Strategy in the Era of Abe Shinzo*, Columbia University Press, New York 2022

McGregor, Richard, *Asia's Reckoning. China, Japan, and the Fate of U.S. Power in the Pacific Century*, Viking Press, New York 2017

Pfimlin, Edouard, *La politique de défense de Shinzo Abe: avancées et limites*, Éditions universitaires européennes, Parigi 2017

Pompili, Giulia, *Sotto lo stesso cielo. Giappone, Taiwan e Corea, i rivali di Pechino che stanno facendo grande l'Asia*, Mondadori, Milano 2021

Solingen, Etel, *Geopolitics, Supply Chains, and International Relations in East Asia*, Cambridge University Press, Cambridge 2021

Solis, Mireya, *Japan's Quiet Leadership. Reshaping the Indo-Pacific*, Brookings Institution Press, Washington DC 2023

Takara, Kurayoshi, *The Legacy of the Ryukyu Kingdom. An Okinawan History*, Japan Publishing Industry Foundation for Culture, Tokyo 2025

Su Taiwan, la Cina democratica minacciata da Pechino

Alperovitch, Dmitri, *A Cold War Lesson for America's Contest With China*, in «Foreign Affairs», 15 maggio 2024

Brown, Kerry, *Perché Taiwan conta. Breve storia di una piccola isola che decide il nostro futuro*, Einaudi, Torino 2025

Brown, Kerry e Wu Tzu-hui, Kalley, *The Trouble with Taiwan*, Zed Books, Londra 2021

Clements, Jonathan, *Isola ribelle. L'incredibile storia di Taiwan*, EDT, Torino 2025

Easton, Ian, *The Chinese Invasion Threat. Taiwan's Defense and American Strategy in Asia*, Eastbridge Books, Londra 2019

Kastner, Scott L., *War and Peace in the Taiwan Strait*, Columbia University Press, New York 2022

Pelaggi, Stefano, *L'isola sospesa. Taiwan e gli equilibri del mondo*, Luiss University Press, Roma 2022

Rigger, Shelley, *Why Taiwan Matters*, Rowman & Littlefield, Lanham (MD) 2011

Skylar Mastro, Oriana, *The Taiwan Temptation. Why Beijing Might Resort to Force*, in «Foreign Affairs», luglio-agosto 2021

«Taiwan Review», Numero speciale in occasione dell'inaugurazione presidenziale di Lai Ching-te, maggio 2024

Wasif Khan, Sulmaan, *The Struggle for Taiwan. A History of America, China, and the Island Caught Between*, Allen Lane, New York 2024

Sul rischio di conflitto nel Mar Cinese Meridionale

Bhaat, Pooja, *Nine Dash Line. Deciphering the South China Sea Conundrum*, Routledge, New York 2024

Cabalza, Chester, *Philippine Territorial Defense*, CentralBooks, Quezon City 2024

Kaplan, Robert, *Asia's Cauldron. The South China Sea and the End of a Stable Pacific*, Random House, New York 2015

Matthews, Aidan, *The Reciprocal Access Agreement and the Trajectory of Japanese-Filipino security relations*, Australian Institute of International Affairs, 9 settembre 2024

Nakashima, Ellen e Karklis, Laris, *China built a $50 billions stronghold in the South China Sea*, in «The Washington Post», 31 ottobre 2024

Valencia, Mark, *Seeds of war in the South China Sea. As belligerent rhetoric and provocations heat up on both sides, the risk of military conflict is running dangerously high*, in «Asian Times», 27 luglio 2021

Sul nuovo Vietnam

Hastings, Max, *Vietnam. Una tragedia epica. 1945-1975*, Neri Pozza, Milano 2019

Hayton, Bill, *Vietnam. Rising Dragon*, Yale University Press, New Haven (CT) 2020

Kiernan, Ben, *Viêt Nam. A History from Earliest Times to the Present*, Oxford University Press, Oxford 2019

Karnow, Stanley, *Storia della guerra del Vietnam*, Bur Rizzoli, Milano 2000

Ljunggren, Börje e Perkins, Dwight H., *Vietnam. Navigating a Rapidly Changing Economy, Society, and Political Order*, Harvard University Asia Center, Cambridge (MA) 2023

Sull'Oceano Pacifico di nuovo in ebollizione

Baldacchino, Godfrey, *The Routledge International Handbook of Island Studies. A World of Islands*, Routledge, New York 2020

Constant, Fred, *Géopolitique des outre-mer*, Le Cavalier Bleu, Parigi 2023

Erickson, Andrew S. e Wuthnow, Joel, *Barriers, Springboards and Benchmarks: China Conceptualizes the Pacific «Island Chains»*, in «The China Quarterly», vol. 225, marzo 2016

González Levaggi, Ariel, *Great Power Competition in the Southern Oceans. From the Indo-Pacific to the South Atlantic*, Palgrave Macmillan, Londra 2024

Gyngell, Allan, *Fear of Abandonment. Australia in the World since 1942*, La Trobe University Press, Melbourne 2017

Keira, Georgina, *The Solomon Islands-China Relationship: 5 Years On*, in «The Diplomat», 1° settembre 2024

Rich, Roland, *Political Parties in the Pacific Islands*, Pandanus Books, Perth 2006

Sull'India, la «chiave di volta» del nuovo Grande Gioco

Arpi, Claude, *1962 and the McMahon Line saga*, Lancer, Nuova Delhi 2021

Ayres, Alyssa, *Our Time Has Come. How India is Making its Place in the World*, Oxford University Press, New York 2018

Bhasin, Singh Avtar, *Nehru, Tibet and China*, Penguin Random House India, Nuova Delhi 2021

Chombay, Sonam, *In Between The Blurry Lines*, Notion Press, Chennai (India) 2025

Jaishankar, Subrahmanyam, *The India Way*, HarperCollins, Nuova Delhi 2022

Jaishankar, Subrahmanyam, *Why Bharat matters*, Rupa Publications India, Nuova Delhi 2024

Jaishankar, Subrahmanyam e Saran, Samir, *Raisina Chronicles. India's Global Public Square*, Rupa Publications India, Nuova Delhi 2025

Menon, Shivshankar, *India and Asian Geopolitics*, Brookings Institution Press, Washington DC 2021

Saran, Samir e Deo, Akhil, *Pax Sinica. Implications for the Indian Dawn*, Rupa Publications India, Nuova Delhi 2019

Saran, Samir e Sarma, Anirban, *Geotechnography. Mapping Power and Identity in the Digital Age*, India Viking, Nuova Delhi 2025

Sharma, Ruchir, *Democracy on the Road*, Penguin Random House, Nuova Delhi 2019

Sul Tibet al centro del nuovo Grande Gioco

Bhasin, Singh Avtar, *Nehru, Tibet and China*, Penguin Random House India, Nuova Delhi 2021

Buldrini, Carlo, *Lontano dal Tibet. Storie da una nazione in esilio*, Lindau, Torino 2015
Cardelli, Claudio, *Tibetan Shadows*, Mediane, Assago 2008
Gyaltsen Gyari, Lodi, *The Dalai Lama's Special Envoy*, Columbia University Press, New York 2022
H.H. The Dalai Lama, *Una rivoluzione per la pace*, Sperling & Kupfer, Milano 1999
H.H. The Dalai Lama, *Voice for the Voiceless. Over Seven Decades of Struggle with China for My Land and My People*, William Morrow, New York 2025
Kuzmin, Sergius L., *Hidden Tibet. History of Independence and Occupation*, LTWA, Dharamsala 2011
Namgyal Wangdue, Gyaltse, *The Political and Military History of Tibet*, LTWA, Dharamsala 2012
Norbu, Jamyang, *Echoes from Forgotten Mountains. Tibet in War and Peace*, Penguin Random House India, Nuova Delhi 2024
Van Grasdorff, Gilles, *Panchen Lama ostaggio di Pechino*, Sperling & Kupfer, Milano 1998
Verni, Piero, *Dalai Lama. Biografia autorizzata*, edizione aggiornata, Jaca Book, Milano 2024

Sul nuovo Grande Gioco dell'Oceano Indiano

Baruah, Darshana M., *The Contest for the Indian Ocean and the Making of a New World Order*, Yale University Press, New Haven (CT) 2024
Cannon, Brendon J. e Hakata, Kei, *Indo-Pacific Strategies. Navigating Geopolitics at the Dawn of a New Age*, Routledge, New York 2021
Kaplan, Robert, *Monsoon. The Indian Ocean and the Future of American Power*, Random House, New York 2011
Ramachandran, Sudha, *The China-Maldives Connection*, in «The Diplomat», 25 gennaio 2018
Rhode, Grant F., *Great Power Clashes along the Maritime Silk Road. Lessons from History to Shape Current Strategy*, Naval Institute Press, Annapolis (MD) 2023

Su Belucistan e la guerra alla Via della Seta

Devasher, Tilak, *Pakistan. The Balochistan Conundrum*, HarperCollins, Nuova Delhi 2019

Marino, Francesca, *Balochistan. Bruised, Battered and Bloodied*, Bloomsbury India, Nuova Delhi 2020

Marx, Willem e Wattrelot, Marc, *Balochistan. At a Crossroads*, Niyogi Books, Calcutta 2014

Sul conflitto fra Israele e Iran, Hamas, Hezbollah, Houthi

Battista, Pierluigi, *La nuova caccia all'ebreo*, Liberilibri, Macerata 2024

De Benedetti, Claudia, Elber, David, Ferretti, Niram e Volli, Ugo, *Ritorno a Sion. Breve storia dello Stato di Israele dalle origini a oggi*, Marcianum, Venezia 2025

Ebadi, Shirin, *Finché non saremo liberi. Iran: la mia lotta per i diritti umani*, Bompiani, Milano 2016

Luzzatto Voghera, Gadi, *Antisemitismo a sinistra*, Einaudi, Torino 2007

Van Creveld, Martin, *La spada e l'ulivo. Storia dell'Esercito israeliano*, Carocci, Roma 2004

Nirenstein, Fiamma e Tiliacos, Nicoletta, *La guerra antisemita contro l'Occidente*, Giubilei Regnani, Cesena 2024

Nirenstein, Fiamma, *7 ottobre 2023. Israele brucia*, Giubilei Regnani, Cesena 2024

Ottolenghi, Emanuele, *La bomba iraniana. Che ne sarà del mondo se l'Iran disporrà di armi nucleari e che cosa può fare l'Europa per impedirlo*, Lindau, Torino 2008

Panella, Carlo, *Il libro nero di Hamas. L'antisemitismo islamico e il miraggio dei due Stati*, Lindau, Torino 2024

Parchizadeh, Reza, *The Shiite Crescent: the Middle East's Arc of Crisis*, The Begin-Sadat Center for Strategic Studies, 7 marzo 2021

Sul rapporto fra Indo-Pacifico e Mediterraneo e su Imec (Corridoio economico India-Medio Oriente-Europa)

Abulafia, David, *Il grande mare. Storia del Mediterraneo*, Mondadori, Milano 2013

Ivetic, Egidio, *Il grande racconto del Mediterraneo*, Il Mulino, Bologna 2022

Kaplan, Robert, *Adriatico. Un incontro di civiltà*, Marsilio, Venezia 2022

Khan, Kashif H., *Strategic Navigation through Economic Corridors. Intersecting Geoeconomics and Geopolitics*, Palgrave Macmillan, Londra 2025

Molinari, Maurizio, *Mediterraneo conteso*, Rizzoli, Milano 2023

Pareek, Priya, *What is India-Middle East-Europe Corridor and how will it benefit India?*, in «India Today», 13 febbraio 2025

Ranjan, Amit e Shuja, Asif, *Circumventing the Middle East Chokepoints. Infrastructure, Strategy and Geopolitics*, World Scientific Publishing, Chennai (India) 2025

Soliman, Mohammed, *An Indo-Abrahamic alliance on the rise: How India, Israel, and the UAE are creating a new transregional order*, Middle East Institute, 28 luglio 2021

Sull'Ucraina e la nuova guerra nel cuore dell'Europa

AA.VV., *The Free Voices of Crimea, Stories of Crimean journalists prisoner of the Kremlin*, Vivat, Kyiv 2025

Amelina, Victoria, *Guardando le donne guardare la guerra. Diario di una scrittrice dal fronte ucraino*, Guanda, Milano 2025

Grusha Possamai, Yarina, *Dimensione Kyiv*, Bur Rizzoli, Milano 2023

Jaremčuk, Olesja, *Mosaico Ucraina*, Bottega Errante, Udine 2022

King, Charles, *Odessa. Splendore e tragedia di una città di sogno*, Einaudi, Torino 2013

Marinovich, Myroslav, *The Universe behind Barbed Wire. Memoirs of a Ukrainian Soviet Dissident*, University of Rochester Press, Rochester (NY), 2022

Poletti, Ugo, *Nel cuore di Odessa*, Rizzoli, Milano 2022

Rocca, Christian, *L'Ucraina siamo noi*, Linkiesta Books, Milano 2024

Shubin, Alexander V., *Nestor Machno bandiera nera sull'Ucraina*, Elèuthera, Milano 2022

The Ukrainian Review, *Black Sea Security Forum Special Number*, Kyiv, maggio 2025

Zelensky, Volodymyr, *Per l'Ucraina*, La Nave di Teseo, Milano 2022

Sulla Groenlandia e la geopolitica dell'Artico

Brimmer, Esther D., *Changing Geopolitics in the Arctic*, Council of Foreign Relations, luglio 2023

Kraska, James, *Arctic Security in an Age of Climate Change*, Cambridge University Press, Cambridge 2011

Mian, Marzio G., *Guerra bianca. Sul fronte artico del conflitto mondiale*, Neri Pozza, Milano 2022

Terrone, Donato, *Geopolitics of the Arctic Region: Mapping New Frontiers*, in Iari-Istituto analisi relazioni internazionali, 7 febbraio 2025

Thorsson, Elias, *Obscure U.S. group 'American Daybreak' central to controversial Greenland visit*, in «Arctic News», 26 marzo 2025

Indice

Finito di stampare nel mese di settembre 2025
per conto di RCS MediaGroup S.p.A.,
da Rotolito S.p.A., Via Sondrio, 3, Pioltello (Milano)
Printed in Italy